Sharmela F.

Puntos de vista

Hermila Galindo

Puntos de vista

Narrativa moderna española

Sandra N. Harper
Ohio Wesleyan University

D. C. Heath and Company
Lexington, Massachusetts   Toronto

Address editorial correspondence to:

D. C. Heath and Company
125 Spring Street
Lexington, MA 02173

Acquisitions Editor: Denise St. Jean
Developmental Editor: Sheila McIntosh
Production Editor: Renée M. Mary
Designer: Cornelia Boynton
Photo Researcher: Billie Porter
Production Coordinator: Charles Dutton
Permissions Editor: Margaret Roll
Cover: Juan Gris, *Guitar on a Table,* 1915. Collection: State Museum Kröller-Müller, Otterlo, The Netherlands.
Cover designer: Tama Hochbaum

For permission to use copyrighted materials, grateful acknowledgment is made to the copyright holders listed on page 299, which is hereby considered an extension of this copyright page.

Copyright ©1993 by D. C. Heath and Company.

All rights reserved. No part of this publication may be reproduced or transmitted in any form or by any means, electronic or mechanical, including photocopy, recording, or any information storage or retrieval system, without permission in writing from the publisher.

Published simultaneously in Canada.

Printed in the United States of America.

International Standard Book Number: 0-669-21787-5.

Library of Congress Catalog Number: 93-80476.

10 9 8 7 6 5 4 3 2 1

Preface

Puntos de vista: narrativa moderna española is a collection of twentieth-century prose works from Spain, designed for third-year students. The seventeen short stories, two essays, and one novelette in *Puntos de vista* span the major literary movements and trends in modern Spanish prose, including *la generación del '98, realismo social, tremendismo,* and *la nueva narrativa*. The collection features some of this century's best-known authors as well as newer voices, with a balance of male and female writers. *Puntos de vista* can be used alone, as the text for an introductory Spanish literature course or a survey of modern Spanish prose, or as a supplement for conversation/composition or culture courses.

OBJECTIVES AND METHODOLOGY

Puntos de vista has the following objectives:

- To increase students' ability to understand unabridged works in Spanish.
- To familiarize students with historical and social influences on modern Spanish prose.
- To encourage an appreciation of Spanish literature.
- To enable students to learn and practice systematically the perceptive abilities and critical thinking skills essential for literary interpretation.
- To develop students' skills in oral and written communication in ways that transcend the classroom.
- To provide instructors with a flexible teaching tool that can be tailored to their students' needs, abilities, and interests.

To achieve these objectives, *Puntos de vista* incorporates a communicative, student-centered methodology that integrates the multiple perspectives and experiences of students into the teaching/learning process. A structured sequence of activities facilitates comprehension and teaches strategies essential to critical reading. Reading selections, chosen for their student appeal and demonstrated ability to stimulate lively, thought-provoking discussions, are supported by pre-reading sections that situate the author and the reading in a meaningful context and familiarize students with key terms and concepts. A three-step, post-reading sequence of preinterpretive, interpretive, and synthesis activities guides students through the reading process, develops their ability to make and substantiate interpretations, and emphasizes the universal and personal dimensions of the reading. Finally, students apply their analytical skills intertextually, comparing various aspects of two or more readings.

Instructors can implement *Puntos de vista* flexibly, depending on students' abilities and classtime available. The pre-reading section and each step of the post-reading sequence may receive varying degrees of attention; most of the activities can be done orally, in large or small groups or pairs, or used as writing assignments.

Text Features

HISTORICAL AND LITERARY BACKGROUND

Spain in the Twentieth Century: An Overview gives students the background information necessary to appreciate the context of the reading selections. A timeline of key dates and a brief historical and literary analysis traces twentieth-century Spain from the aftermath of the Spanish-American War to the post-quincentennial present.

PRE-READING SECTIONS

A brief introduction, written in English and illustrated with a photo of the author, provides information on the author's life and works, background on the selection to follow, and a text-specific reading strategy. *Conceptos e imágenes*, a pre-reading activity, facilitates comprehension of literary language and ideas by having students brainstorm associations with terms or concepts that are central to each reading.

READING SUPPORT

To facilitate students' comprehension, marginal glosses provide contextual definitions of unfamiliar terms the first time they appear in a reading. These definitions also appear in the end vocabulary for students' reference in subsequent readings. Footnotes explain historical events, geographic locations, local customs, and idiomatic expressions. Every fifth line in the readings is numbered for easy reference during class discussions.

POST-READING SECTIONS

- **Actividades preinterpretativas** set the stage for literary analysis by verifying students' understanding of the reading and reinforcing content. **Comprensión** activities utilize a variety of formats, including questions, true/false, multiple choice, and summarization. **Buscando claves** has students locate key textual elements in the readings, preparing them to substantiate interpretations with specific references.

- **Actividades interpretativas** encourage students to consider diverse points of view and to express, defend, and refine their own judgments and interpretations. **Opiniones y análisis** present a set of open-ended questions in which students analyze and infer meaning from textual elements and narrative style. As a follow-up, students formulate and substantiate responses to statements of opinion about the reading (**¿Está Ud. de acuerdo?**) or assess how a specific passage or line of dialogue supports its themes and principal ideas (**Identificación y comentario de citas**). These activities provide freedom for originality and negotiation within a format that ensures critical thought and analysis.

- **Actividades de síntesis** call upon students to view the reading as a unique whole, to appreciate the interdependence of its parts, and to consider its universal and personal dimensions. The essay topics in **Temas para escribir** prompt students to analyze themes, symbols, stylistic techniques, and other textual elements to synthesize various aspects of the reading. The discussion topics and oral activities, such as debates and dramatizations, offered under the heading **Otras perspectivas** provide a context for students to make value judgments and relate the text to their own personal experiences.

- At the end of each chapter, **Enlaces** topics have students compare and contrast thematic and stylistic aspects of two or more readings, challenging them to employ critical-thinking skills and to delve beneath the surface of what they have read.

APENDICE LITERARIO

This reference section, a valuable tool for students new to literary interpretation in Spanish, defines common literary terms in clear, accessible language. This information will assist students in making oral and written analyses of the reading selections in this text, and prepare them for advanced-level courses in literature.

ACKNOWLEDGMENTS

This text is the culmination of a quest to enrich the literary experience of students at the undergraduate level. I wish to thank Professors Robert G. Mead and Claire Kramsch, whose research both inspired this project and helped to shape my ideas.

I am grateful to Vince Duggan and Denise St. Jean of the Modern Languages editorial staff of D. C. Heath and Company for their invitation to undertake this project and their confidence in its outcome. Special recognition and gratitude must be given to my developmental editor, Sheila McIntosh, who assumed direction of the project in difficult times, skillfully established a professional, productive, and friendly working relationship, and contributed valuable expertise in language and literature to coordinate and improve the varied facets of the text.

As is often the case with such projects, family played a central role. I would like to express special appreciation to my husband, Don, for his support, understanding, and encouragement, and for the numerous tasks that he undertook to lighten my load; to my daughter, Anne, for the many ways in which she assisted me with library research, typing, and other tasks; and to my father, Dr. Chris Nacci, for his assistance with proofreading.

I would also like to thank the following colleagues, who contributed valuable comments and suggestions during the development of *Puntos de vista:* José A. Alonso, Eastern Washington University; Patricia K. Beattie, South Dakota State University; Donna D. Binkowski, Kansas State University; Joan F. Cammarata, Manhattan College; Emilio E. DeTorre, City University of New York, Queens College; Austin Dias, University of Hawaii at Manoa; Agnes Dimitriou, University of California-Berkeley; Gene DuBois, University of North Dakota; Robert R. Ellis, Occidental College; Carmen C. Esteves, City University of New York, Herbert H. Lehman College; Nicolás Hernández Jr., Russell Sage College;

Catherine M. Jaffe, Southwest Texas State University; Mary Jane Kelley, Ohio University Main Campus; Nina L. Molinaro, University of Colorado at Boulder; Oliver T. Myers, University of Wisconsin-Milwaukee; Catherine Nickel, University of Nebraska-Lincoln; Walter Oliver, California State University-San Bernardino; Luis A. Ramos-García, University of Minnesota; Janie Spencer, Birmingham Southern College; and Vera Regina Teixeira, Northwestern University.

              Sandra N. Harper

Contents

Preface	v
Spain in the Twentieth Century: An Overview	1
Don Payasito ANA MARIA MATUTE	9
Fábula JUAN BENET	18
En la edad del pato CARMEN LAFORET	25
Los viejos MIGUEL DELIBES	33
Las ataduras CARMEN MARTIN GAITE	42
El cementerio de Djelfa MAX AUB	88
A ninguna parte JOSEFINA RODRIGUEZ	101
La beca MIGUEL DE UNAMUNO	109
Quince de agosto BEATRIZ DE MOURA	122
El inquisidor FRANCISCO AYALA	138
Redacción ANA MARIA MOIX	160
La despedida IGNACIO ALDECOA	171
La mujer y los libros MERCEDES BALLESTEROS	181
La naranja es una fruta de invierno CAMILO JOSE CELA	188
Orquesta de verano ESTHER TUSQUETS	201
El viajero perdido JOSE MARIA MERINO	217
Como la vida misma ROSA MONTERO	233
Cuento de la peluca VICENTE MOLINA FOIX	240
A través de las ondas SOLEDAD PUERTOLAS	249
Muerte y resurrección JOSE ORTEGA Y GASSET	264
Apéndice literario	277
Vocabulario	279
Text / Photo Acknowledgments	299

Puntos de vista

Spain in the Twentieth Century: An Overview

KEY DATES

1898	Spain is defeated by the United States in the Spanish-American War and loses its remaining overseas colonies: Cuba, Puerto Rico, Guam, and the Philippines.
1902	Alfonso XIII assumes the throne of Spain.
1914–1918	World War I. Spain declares neutrality.
1923	General Miguel Primo de Rivera stages a coup d'etat on September 23 and establishes a military dictatorship.
1930	Primo de Rivera is ousted.
1931	Alfonso XIII abdicates the throne and is forced into exile. The Second Republic is declared.
1936	General Francisco Franco leads a rebellion against the Republic on July 17, beginning the Spanish Civil War.
1939	The Civil War ends. Franco's Nationalists are victorious and a dictatorship is established with Franco as head of state.
1939–1945	World War II. Spain declares neutrality.
1953	Spain reaches an agreement with the United States allowing United States military bases in Spain in exchange for economic and military aid.
1955	Spain is admitted to the United Nations.
1969	Juan Carlos de Borbón, the grandson of Alfonso XIII, is named heir to the Spanish crown.
1972	Juan Carlos is named Franco's successor as head of state.
1975	Francisco Franco dies after a long illness. Juan Carlos assumes the throne.
1977	Open elections are held for the first time since 1936. Adolfo Suárez of the centrist Union of the Democratic Center party is elected prime minister.

1978	A new constitution is approved through a popular referendum.
1981	In October, members of the Civil Guard, led by Colonel Antonio Tejero, take over the Spanish Parliament in an unsuccessful coup attempt.
1982	Spain becomes a full member of NATO. The Socialist party, headed by Felipe González, wins control of the government in national elections.
1986	Spain enters the European Economic Community.
1992	The summer Olympic Games are held in Barcelona. The World's Fair is held in Seville. Madrid is named European City of Culture and hosts celebrations of the quincentennary of Columbus's voyage to the New World.

HISTORICAL BACKGROUND

Spain entered the twentieth century in the wake of a humiliating defeat by the United States in the Spanish-American War. The loss of Cuba, Puerto Rico, the Philippines, and Guam in the war contributed to a climate of uncertainty and social unrest. Faced with the decline of their empire, Spaniards began to question the value of social, political, and religious systems that no longer seemed to assure Spain a privileged position in the world.

The reign of Alfonso XIII faced major difficulties: Spain was involved in a colonial war in Morocco; socialist and anarchist labor unions had the power to call paralyzing strikes; Catalonia and the Basque Country, regions with their own languages and cultures, chafed under control by Madrid and pressed for greater autonomy. These strains were exacerbated by World War I, even though Spain took a neutral position in that war and was not directly involved in the fighting.

On September 23, 1923, General Miguel Primo de Rivera staged a coup d'etat with the support of the army, conservatives, and the beleaguered king. Assuming dictatorial powers, Primo de Rivera launched efforts to stabilize local governments, establish a public works program, and implement protectionist policies. As years passed and the economy did not improve, the repressive military regime lost its supporters, and Primo de Rivera's opponents began to consolidate their forces behind the Republican party. Alfonso XIII forced Primo de Rivera's resignation in January 1930, but his earlier support of the dictator kept the two men linked in the public mind. When Republican candidates achieved overwhelming victory in the municipal elections of April 1931, the Second Republic was declared and Alfonso XIII went into exile.

The newly-elected Republican government had ambitious plans. A new constitution declared Spain a workers' republic. Reforms were instituted regarding land distribution, workers' conditions, regional autonomy, and voting rights. In particular, the Republic sought to separate church and state through actions such as the establishment of a secular public school system and the legalization of divorce. But the moderate administration of President Niceto Alcalá Zamora faced opposition both from communists and socialists on the far left, who thought the government was not doing enough, and from the right wing — particularly monarchists, the clergy, and the army — who worried that Spain was heading for a Russian-style communist regime. A coalition of conservative parties won the general elections in 1933, the same year that Antonio Primo de Rivera, son of the deposed dictator, founded the Falange, a right-wing, strongly anti-Marxist group. In 1936 the elections were won by the Popular Front, a leftist coalition. By that time, left and right had polarized to such extremes that the country seemed ungovernable. The Falange and the right-wing National Front party encouraged the military to enter the fray, and on July 17, 1936, General Francisco Franco Bahamonde, commander of the Spanish armed forces in the Canary Islands and Morocco, led a military rebellion against the Republican government. This rebellion marked the beginning of the Spanish Civil War, which cost the lives of nearly a million Spaniards.

The Spanish Civil War was an ideological conflict between left and right. The "Republican" left consisted of factions that were supported by liberal intellectuals and reformers, by the industrial working classes, and by large majorities in Catalonia and the Basque Country, which had enjoyed greater autonomy under the Republic. Additional military and economic support came from Russia, Mexico, and the International Brigade, a coalition of volunteers from various countries. But these factions were poorly organized, and were often at odds with each other. Many local committees and trade unions viewed the war as a workers' revolution and ignored the legal government as they pursued their own agenda. This antagonized not only the government, but also the Communists, who played an important role in the war effort because they controlled the flow of arms from Russia.

In contrast, the right-wing Nationalists were led by Franco, a general who had a well-organized standing army at his disposal, and who had the support of the clergy and the upper class. Franco's glorification of the Spanish state and autocratic leadership style were analogous to the fascist movements in Germany and Italy, and he was able to obtain assistance from Hitler and Mussolini. In the end, Franco prevailed and the Spanish Civil War ended after Nationalist forces took Madrid on March 28, 1939. Franco assumed control of the government and established a dictatorship that lasted for thirty-six years.

The Civil War cast a tragic shadow on twentieth-century Spain. The nation suffered physical and economic ruin. The immediate postwar years were grim; labor shortages and the destruction of the country's infrastructure led to widespread hunger and deprivation. The war left a cultural void as well, for many of the country's intellectuals and artists had died, gone into exile, or were imprisoned. The constitution was suspended. In keeping with the fascist goal of uniting the people in allegiance to a single state and culture, regional languages were banned. No books or periodicals could be published in Catalan, Basque, or Galician, and those languages could not be taught in schools; people heard speaking them on the street were admonished to **hablar *cristiano***. The Franco regime installed a repressive system of censorship that affected all forms of public communication, effectively isolating Spain from outside political and cultural influences. The church assumed responsibility for education, and Republican laws that contradicted church doctrine on matters such as divorce were overturned.

Although Spain was officially neutral during World War II, Franco's sympathy with Germany and Italy was clear. Denounced by the allied victors as a fascist dictator, Franco took advantage of this ostracism to encourage a sense of national pride and independence. In the 1950s, however, as protests against the regime emerged within Spain, Franco took steps to move the country beyond the isolationist policies it had adopted after World War II. Although Western leaders had little political common ground with Franco, Spain's strong anti-communist stance made it a potential ally in the Cold War. In 1953, the United States and Spain reached an agreement that allowed the United States to establish four military bases in Spain in exchange for economic and military aid. In 1955, Spain was admitted to the United Nations.

In the 1960s, the Franco regime began to promote Spain as a tourist attraction to foreigners. The "economic miracle" wrought by tourism and foreign investment raised the nation's standard of living significantly, and large numbers of people moved from rural areas to the cities in search of jobs. The automobile and television set, symbols of a consumer society, were revered. The influx of foreigners brought along not only much-needed foreign currency, but also the popular culture and political movements of other countries. Although foreign newspapers continued to be subjected to the censor's scissors, and "objectionable" lines of foreign pop songs were beeped out of records, there was no stopping the flow of new ideas into Spain. Some of the harsher aspects of censorship were relaxed with the passage of the Open Press Law in 1966.

The economic development and cultural changes of the sixties moved Spain toward reintegration with the rest of Europe and, at the same time, widened the gap between the people and the repressive Franco regime. Signs of dissent became more visible as students and workers organized demonstrations and strikes, and terrorist activity became more frequent, culminating in the assassination of Prime Minister Luís Carrero Blanco by the Basque separatist group ETA in 1973.

The death of Francisco Franco on November 20, 1975, marked the beginning of a new political and social era. Astonishing changes took place during the years 1976–1982, a period known as *la transición*. Franco's hand-picked successor, Juan Carlos de Borbón, the grandson of Alfonso XIII, was crowned king and immediately stunned the nation and the world by abandoning the conservative ideology of the dictatorship. Juan Carlos worked to shape Spain as a modern constitutional monarchy and initiated a process of liberalization that included recognition of political parties, legalization of labor unions, and amnesty for hundreds of political prisoners. In 1977, open elections were held for the first time since 1936; a new constitution was approved by popular referendum in 1978. The transition was marked by the gradual disappearance of censorship, the return of many political exiles, official recognition of regional languages, and social changes such as the legalization of divorce.

The increase in personal freedoms was accompanied by ongoing economic and political problems. Unemployment, inflation, and continued terrorist activity dogged the moderate government of the first democratically-elected prime minister, Adolfo Suárez González. Moreover, not everyone was happy about the changes that were taking place in society. The most serious threat to the new Spain occurred in October 1981, when members of the Civil Guard entered the Spanish parliament in an attempted coup d'etat. Juan Carlos deflated the coup by using the media; he appeared on television to denounce the rebels and affirm his support of democracy, and order was restored almost immediately.

The first post-transition government was established with the election of Felipe González Márquez of the Spanish Socialist Workers Party as prime minister in October 1982. González, a pragmatic moderate, embarked on a program to modernize Spain. The socialists achieved significant military, industrial, legal, and educational reforms, including the expansion of women's rights in those areas. Progress was made in dealing with the questions of regional autonomy and how to combat separatist terrorism. González was re-elected in 1986, the year in which Spain joined the European Economic Community, and again in 1990.

The eighties saw the advent of a Spanish cultural renaissance. The pop culture explosion known as *la movida* brought a new energy to Spanish music, film, theater, and art, and established Madrid as a vibrant cultural center. In

1992, Spain drew the attention of the world as Barcelona hosted the summer Olympic Games, Seville hosted the World's Fair, Madrid was named the year's European City of Culture, and numerous events were held in celebration of the 500th anniversary of Spain's unification and Columbus's voyage to the New World. Spain in the nineties is a modern country that enjoys the high standard of living and confronts many of the same economic and political problems of other Western European countries.

MODERN SPANISH PROSE

After their defeat in the Spanish-American War, Spaniards wanted change. Turn-of-the-century Spain was fertile ground for new philosophies that supported rationalism, affirmed the individual as the sole measure of morality, and lauded science as the solution to all problems. Convinced that industrial and economic progress would be useless unless accompanied by spiritual and intellectual renewal, a group of writers, among them Miguel de Unamuno, began an introspective search for the roots of Spanish identity. These writers, who came to be known as the Generation of '98, examined the positive and negative aspects of Spain's history, values, and traditions. Although their works show widely varying personal styles and opinions, each writer was motivated by a deep love of country and by great concern for its future.

After World War I, a new group of writers emerged whose intellectual leader was the essayist and philosopher José Ortega y Gasset. While Ortega y Gasset wrote as extensively about the need to revitalize Spanish culture, society, and politics as the Generation of '98 writers, it was his more esoteric philosophical essays that had the strongest influence on Spanish prose. Ortega y Gasset's 1925 essay, *"La deshumanización del arte,"* supported new, depersonalized art forms that sought to challenge conventional notions of reality and aesthetics, and some writers attempted to apply Ortega's ideas to fiction. Like their counterparts in the art world who embraced cubism and surrealism, they adopted an experimental style that placed a greater emphasis on form than on content. The resulting "dehumanized" fiction, deliberately lacking in emotion or reference to human problems, was clearly intended for an elite readership of the writers' intellectual peers.

Narrators who took a dim view of experimental, socially uncommitted prose responded in the decade preceding the Spanish Civil War with a number of novels that utilized the mode of realism to portray the current social climate. The resurgence of realism was thwarted, however, by the outbreak of the war.

Spanish prose experienced a period of dormancy during and immediately after the Spanish Civil War, as many of Spain's most prominent writers went into forced or voluntary exile and publication of books, newspapers, and literary journals was restricted. The 1942 publication of Camilo José Cela's novel *La familia de Pascual Duarte* heralded the rebirth of the Spanish novel and of a new literary style called **tremendismo,** a selective realism that focused on negative aspects of life such as violence and brutality.

Cela's novel generated a surge of fictional works by writers committed to expressing the realities of life in post-Civil War Spain. Witnesses in a heavily censored society that could not rely on the press or other modes of popular communication to provide testimony, the first generation of postwar writers sought to achieve some understanding of the nation's catastrophe. The works of writers such as Carmen Laforet, Miguel Delibes, Francisco Ayala, and Max Aub probed the origins and consequences of the war in human terms and frequently depicted a negative, hypocritical society. In the 1950s, social realism became the dominant narrative mode of the second postwar generation. Ana María Matute, Carmen Martín Gaite, Ignacio Aldecoa, and other writers viewed literature as an instrument that could change society by drawing attention to its injustices, and they used fictional worlds to document social problems.

In the sixties and early seventies, as censorship was relaxed somewhat and the Spanish economy improved, the reading public began to tire of social realism and writers no longer felt obligated to function primarily as advocates of social change. In addition, increasingly available foreign literatures, especially from Latin America, provided new sources and models for literary creativity. A new emphasis on the writer as artist emerged; creativity and invention were valued over observation and documentation by writers like Juan Benet, Ana María Moix, José María Merino, and Vicente Molina Foix, and by more established writers who began to experiment with new styles. This period set the stage for the *nueva narrativa* of post-Franco Spain.

Since *la transición*, Spanish literature has been transformed by the emergence of Spain as a modern consumer society. As in other mass markets, works of prose are now more often evaluated by publishers for their potential as best-sellers rather than for their appeal to an intellectual elite. An expanded market has led to increased popular interest in a number of genres, including mysteries, science fiction, historical fiction, metafiction (fiction that reflects on itself and addresses the creative process), and feminist fiction and nonfiction. Contemporary Spanish women writers such as Esther Tusquets, Rosa Montero, and Soledad Puértolas are attracting unprecedented attention both in Spain and abroad.

The popularity of narrative references to film, pop songs, television, magazines, and other media reflects the presence of a new generation of writers who grew up immersed in the popular culture of the sixties. The hallmark of the *nueva narrativa* writers is not youth, however, but rather a desire to experiment; their ranks include established novelists, such as Camilo José Cela, who continue to reinvent their narrative styles. It is too early to tell which works of the *nueva narrativa* will stand the test of time. But the prose of this latest wave of Spanish writers, like that of their predecessors from the Generation of '98 on, vividly reflects the tumultuous and dramatic changes that continue to shape Spain's destiny in the twentieth century.

Don Payasito

Ana María Matute
(1926–   )

Ana María Matute is one of the most prominent authors of Spain's post-Civil War period. Her early years were divided between her native city of Barcelona, Madrid, and her grandparents' country home in the Castilian mountain village of Mansilla de la Sierra. Sickly as a child, she spent several long, lonely periods in the village convalescing from serious illnesses. She was ten years old when the Spanish Civil War began, and her direct experience with the hostilities profoundly affected her life. For Matute, as for so many, the war meant the end of security and of childhood.

The hardships of Matute's youth are in evidence throughout her fiction. Her main characters are usually children or adolescents whose lives suggest Matute's own experience of childhood as a time of conflict in which innocence is lost and fantasy often provides the only relief from a harsh world. Matute's highly subjective narrative voice and use of metaphor and poetic images reinforce her characters' vision of the world.

PRINCIPAL WORKS

1948   *Los Abel* (novel)

1952   *Fiesta al noroeste* (novel): Premio Café Gijón

1956   *Los niños tontos* (stories)

1958	*Los hijos muertos* (novel): Premio de la Crítica, Premio Nacional de la Literatura
1960	*Primera memoria* (novel): Premio Nadal
1961	*Historias de la Artámila* (stories)
1964	*Los soldados lloran de noche* (novel): Premio Fastenrath
1965	*Algunos muchachos* (stories)
1969	*La trampa* (novel)
1971	*La torre vigía* (novel)
1983	*Sólo un pie descalzo* (novel): Premio Nacional de Literatura Infantil
1990	*La virgen de Antioquía y otros relatos* (stories)

PREPARATION

"Don Payasito" comes from Historias de la Artámila, a collection of stories inspired by the mountain village of Matute's childhood. It tells the story of two children and their relationship with Lucas de la Pedrería, an old man who, disguised as a clown, creates a magical world of fantasy for them. As you read, notice how the author uses visual images to create mood and to portray the events in the story through a child's eyes.

CONCEPTOS E IMAGENES

¿Qué conceptos e imágenes le sugieren las palabras siguientes?

1. el niño / el adulto
2. el payaso
3. las máscaras
4. la realidad / la fantasía
5. la amistad

Don Payasito

En la finca° del abuelo, entre los jornaleros,° había uno muy viejo llamado Lucas de la Pedrería. Este Lucas de la Pedrería decían todos que era un pícaro° y un marrullero,° pero mi abuelo le tenía gran cariño y siempre contaba cosas suyas, de hacía tiempo:

—Corrió mucho mundo°—decía—. Se arruinó siempre. Estuvo también en las islas de Java...

Las cosas de Lucas de la Pedrería hacían reír a las personas mayores. No a nosotros, los niños. Porque Lucas era el ser más extraordinario de la tierra. Mi hermano y yo sentíamos hacia él una especie de amor, admiración y temor, que nunca hemos vuelto a sentir.

Lucas de la Pedrería habitaba la última de las barracas,° ya rozando° los bosques del abuelo. Vivía solo, y él mismo cocinaba sus guisos° de carne, cebollas y patatas, de los que a veces nos daba con su cuchara de hueso,° y él se lavaba su ropa en el río, dándole grandes golpes con una pala.° Era tan viejo que decía perdió el último año y no lo podía encontrar. Siempre que podíamos nos escapábamos a la casita de Lucas de la Pedrería, porque nadie, hasta entonces, nos habló nunca de las cosas que él nos hablaba.

—¡Lucas, Lucas! —le llamábamos, cuando no le veíamos sentado a la puerta de su barraca.

Él nos miraba frotándose° los ojos. El cabello, muy blanco, le caía en mechones° sobre la frente. Era menudo, encorvado,° y hablaba casi siempre en verso. Unos extraños versos que a veces no rimaban mucho, pero que nos fascinaban:

—Ojitos de farolito° —decía—. ¿Qué me venís a buscar?...

Nostros nos acercábamos despacio, llenos de aquel dulce temor cosquilleante° que nos invadía a su lado (como rodeados° de mariposas° negras, de viento, de las luces verdes que huían° sobre la tierra grasienta° del cementerio...).

—Queremos ver a Don Payasito... —decíamos, en voz baja, para que nadie nos oyera. Nadie que no fuera él, nuestro mago.°

Él se ponía el dedo, retorcido° y oscuro como un cigarro, a través de los labios:

—¡A callar, a bajar la voz, muchachitos malvados° de la isla del mal!

Ana María Matute

Siempre nos llamaba «muchachitos malvados de la isla del mal». Y esto nos llenaba de placer. Y decía: «Malos, pecadores,° cuervecillos»,° para referirse a nosotros. Y algo se nos hinchaba° en el pecho, como un globo° de colores, oyéndole.

<small>sinners
little crows / **se**... welled up in us
balloon</small>

5 Lucas de la Pedrería se sentaba y nos pedía las manos:

—Acá las «vuesas°» manos, acá pa «adivinasus» todito el corazón¹...

<small>your</small>

Tendíamos las manos, con las palmas hacia arriba. Y el corazón nos latía° fuerte. Como si realmente allí, en las manos, 10 nos lo pudiera ver: temblando, riendo.

<small>would beat</small>

Acercaba sus ojos y las miraba y remiraba, por la palma y el envés° y torcía el gesto:

<small>the back</small>

—Manitas de «pelandrín°», manitas de cayado°, ¡ay de las tus manitas, cuitado°..., ... !

<small>**Manitas**... Little worker's hands / shepherd's crook
wretch</small>

15 Así, iba canturreando,° y escupía° al suelo una vez que otra. Nosotros nos mordíamos° los labios para no reír.

<small>humming / he would spit
We would bite</small>

—¡Tú mentiste tres veces seguidas, como San Pedro!² —le decía, a lo mejor, a mi hermano. Mi hermano se ponía colorado y se callaba. Tal vez era cierto, tal vez no. Pero, ¿quién 20 iba a discutírselo a Lucas de la Pedrería?

—Tú, golosa,° corazón egoísta, escondiste pepitas de oro° en el fondo del río, como los malos pescadores de la isla de Java...

<small>glutton / **pepitas**... gold nuggets</small>

Siempre sacaba a cuento° los pescadores de la isla de Java. 25 Yo también callaba, porque ¿quién sabía si realmente había yo escondido pepitas de oro en el lecho° del río? ¿Podría decir acaso que no era verdad? Yo no podía, no.

<small>**sacaba**... brought up

bed</small>

—Por favor, Lucas, queremos ver a don Payasito...

Lucas se quedaba pensativo, y, al fin, decía:

30 —¡Saltad y corred, diablos, que allá va don Payasito, camino de la gruta°... ! ¡Ay de vosotros, ay de vosotros, si no le alcanzáis° a tiempo!

<small>grotto
si... if you don't reach him</small>

Corríamos mi hermano y yo hacia el bosque y en cuanto nos adentrábamos entre los troncos nos invadía la negrura ver-35 dosa,° el silencio, las altas estrellas del sol acribillando° el ramaje.° Hendíamos el musgo, trepábamos° sobre las piedras cubiertas de líquenes junto al torrente. Allá arriba, estaba la cuevecilla de don Payasito, el amigo secreto.

<small>**negrura**... greenish blackness / piercing
branches / **Hendíamos**... We parted the moss, we climbed</small>

---

¹ «adivinasus»... to find out everything that is in your heart.
² ¡Tú mentiste... Peter, one of the twelve apostles of Jesus Christ, denied knowing him three times.

Llegábamos jadeando° a la boca de la cueva. Nos sentábamos, con todo el latido° de la sangre en la garganta, y esperábamos. Las mejillas nos ardían° y nos llevábamos las manos al pecho para sentir el galope del corazón.

Al poco rato, aparecía por la cuestecilla° don Payasito. Venía envuelto en su capa encarnada,° con soles amarillos. Llevaba un alto sombrero puntiagudo° de color azul, el cabello de estopa,° y una hermosa, una maravillosa cara blanca, como la luna. Con la diestra° se apoyaba en un largo bastón, rematado° por flores de papel encarnadas, y en la mano libre llevaba unos cascabeles° dorados que hacía sonar.

Mi hermano y yo nos poníamos de pie de un salto° y le hacíamos una reverencia. Don Payasito entraba majestuosamente en la gruta, y nosotros le seguíamos.

Dentro olía fuertemente a ganado,° porque algunas veces los pastores guardaban allí sus rebaños,° durante la noche. Don Payasito encendía parsimoniosamente el farol enmohecido,° que ocultaba° en un recodo° de la gruta. Luego se sentaba en la piedra grande del centro, quemada por las hogueras° de los pastores.

—¿Qué traéis hoy? —nos decía, con una rara voz, salida de tenebrosas profundidades°.

Hurgábamos° en los bolsillos y sacábamos las pecadoras monedas que hurtábamos° para él. Don Payasito amaba las monedillas de plata. Las examinaba cuidadosamente, y se las guardaba en lo profundo de la capa. Luego, también de aquellas mágicas profundidades, extraía un pequeño acordeón.

—¡El baile de la bruja° Timotea! —le pedíamos.

Don Payasito bailaba. Bailaba de un modo increíble. Saltaba y gritaba, al son de su música. La capa se inflaba a sus vueltas y nosotros nos apretábamos° contra la pared de la gruta, sin acertar a reírnos o a salir corriendo. Luego, nos pedía más dinero. Y volvía a danzar, a danzar «el baile del diablo° perdido». Sus músicas eran hermosas y extrañas, y su jadeo° nos llegaba como un raro fragor° de río, estremeciéndonos.° Mientras había dinero había bailes y canciones. Cuando el dinero se acababa don Payasito se echaba en el suelo y fingía° dormir.

—¡Fuera, fuera, fuera! —nos gritaba. Y nosotros, llenos de pánico, echábamos a correr bosque abajo:° pálidos, con un escalofrío° pegado a° la espalda como una culebra.°

Ana María Matute

Un día —acababa yo de cumplir ocho años— fuimos escapados a la cabaña de Lucas, deseosos de ver a don Payasito. Si Lucas no le llamaba, don Payasito no vendría nunca.

La barraca estaba vacía. Fue inútil que llamáramos y llamáramos y le diéramos la vuelta,° como pájaros asustados. Lucas no nos contestaba. Al fin, mi hermano, que era el más atrevido,° empujó° la puertecilla de madera, que crujió° largamente. Yo, pegada a su espalda, miré también hacia adentro. Un débil resplandor° entraba en la cabaña, por la ventana entornada.° Olía muy mal. Nunca antes estuvimos allí.

Sobre su camastro° estaba Lucas, quieto, mirando raramente al techo. Al principio no lo entendimos. Mi hermano le llamó. Primero muy bajo, luego muy alto. También yo le imité.

—¡Lucas, Lucas, cuervo malo de la isla del mal! ...

Nos daba mucha risa que no nos respondiera. Mi hermano empezó a zarandearle° de un lado a otro. Estaba rígido, frío, y tocarlo nos dio un miedo vago pero irresistible. Al fin, como no nos hacía caso, le dejamos. Empezamos a curiosear y encontramos un baúl° negro, muy viejo. Lo abrimos. Dentro estaba la capa, el gorro° y la cara blanca, de cartón triste, de don Payasito. También las monedas, nuestras pecadoras monedas, esparcidas° como pálidas estrellas por entre los restos.

Mi hermano y yo nos quedamos callados, mirándonos. De pronto, rompimos a llorar. Las lágrimas nos caían por la cara, y salimos corriendo al campo. Llorando, llorando con todo nuestro corazón, subimos la cuesta. Y gritando entre hipos:°

—¡Que se ha muerto don Payasito, ay, que se ha muerto don Payasito... !

Y todos nos miraban y nos oían, pero nadie sabía qué decíamos ni por quién llorábamos.

Actividades preinterpretativas

COMPRENSION

Diga si las siguientes oraciones son verdaderas o falsas.
1. Lucas de la Pedrería es el maestro de los niños. F — Es un amigo
2. Todos le admiran a Lucas. F — con un
3. A los niños no les gusta encontrarse con Lucas. F
4. Lucas es el único que puede llamar a don Payasito. V
5. Todo el pueblo sabe del payaso. F — una fantasma para los niños
6. A don Payasito y a Lucas les gusta bailar juntos en la cueva. F — Solamente Don Payasito baile en la cueva
7. Los niños encuentran un baúl con la ropa de don Payasito. V

BUSCANDO CLAVES

Busque en el cuento frases que indiquen o sugieran las cosas siguientes.
1. la importancia que tiene Lucas de la Pedrería para los niños
2. la coexistencia de la fantasía y la realidad
3. el efecto que produce don Payasito en los niños
4. un ambiente sombrío, irreal o impreciso
5. contrastes de opinión y de lugar
6. el lenguaje de los cuentos de hadas (*fairy tales*)

Actividades interpretativas

OPINIONES Y ANALISIS

Conteste a las siguientes preguntas.
1. ¿Cómo son diferentes las opiniones que tienen de Lucas los adultos y los niños? ¿Qué sugieren en cuanto a las diferencias esenciales entre niños y mayores?
2. ¿Por qué les gustaba tanto a los niños ir a la barraca de Lucas? ¿Qué tipo de imágenes utiliza la autora para comunicar las emociones que Lucas despierta en ellos?

Ana María Matute

3. ¿Cómo es el lugar donde se encuentra don Payasito? ¿Qué comparación puede hacerse entre los ojos de los niños y el farol de la cueva?
4. ¿Qué contrastes hay entre Lucas y don Payasito en su trato con los niños? ¿Quién es más real para los niños? ¿Cómo lo sabe Ud.?
5. ¿Cómo explica Ud. la reacción de los niños al encontrar el cuerpo sin vida de Lucas y, después, el baúl y su contenido? ¿Qué función sirven la máscara y las monedas en el cuento? Justifique su respuesta.
6. ¿Por qué hacía de payaso Lucas? ¿Cuáles son algunos aspectos positivos y negativos de la amistad entre Lucas y los niños?
7. ¿Por qué no sabían ni entendían los mayores por quién lloraban los niños? ¿Qué implica su ignorancia?

¿ESTA UD. DE ACUERDO?

Responda a las afirmaciones que siguen. Justifique sus respuestas basándose en ejemplos del cuento.

1. Los niños de «Don Payasito» son niños típicos.
2. Lucas de la Pedrería les tenía cariño a los niños.
3. Lucas y los niños estaban unidos por la soledad.

Actividades de síntesis

TEMAS PARA ESCRIBIR

1. Analice el concepto de la niñez en «Don Payasito». Considere, entre otras cosas, las características típicas de los niños, como la imaginación, su manera de interpretar sus experiencias y la pérdida de la inocencia.
2. Examine la función que sirve la fantasía para los niños y para los mayores en «Don Payasito». Justifique sus opiniones con ejemplos del cuento.
3. Considere cómo Matute utiliza símbolos —la cueva, el farol, la máscara, los colores, el bosque y las monedas— para apoyar los temas y las ideas del cuento.

OTRAS PERSPECTIVAS

1. Imagine una continuación de la escena final de «Don Payasito». Basándose en su propia experiencia, ¿qué dirían los niños? ¿Y los mayores?

2. Describa una ocasión en su niñez cuando sentía admiración y miedo por un adulto. ¿Tiene ahora otra perspectiva de aquella experiencia de la que tenía cuando era niño(a)?

3. Comente la importancia que tiene la fantasía para Ud. ¿Ha tenido alguna vez la sensación de que la realidad y la fantasía se mezclaban? ¿Cuándo?

Juan Benet
(1927–1993)

Juan Benet is known for his intellectual approach to fiction, unique voice, and controversial ideas. He was born in Madrid, and like other Spanish writers of his generation he experienced the horrors of war at an early age; his father was assassinated by a firing squad when Benet was nine. The postwar years were a time of intellectual awakening for Benet, who began to read books from Europe and the Americas while still an adolescent. He was particularly drawn to the works of the North American novelist William Faulkner. Benet studied engineering rather than literature as a university student, but had published a play and written a novel by the time he completed his degree in 1954. He successfully pursued two diverse professions: although a prolific author, Benet nonetheless always insisted that engineering was his career and writing a pastime.

Benet's fiction is complex and enigmatic. It is often somber in tone and theme, viewing nature and society through the gloomy prism of the Spanish Civil War and its aftermath. At the same time, Benet's imaginative settings—such as the fantastic fictional world, Región, reminiscent of Faulkner's Yoknapatawpha County—and inventive language create puzzles for the reader to solve. Vague or nonexistent plots, numerous contradictions, long, tangled sentences, and explanations that only lead to more confusion are typical of his style.

PRINCIPAL WORKS

1967	*Volverás a Región* (novel)	
1969	*Nunca llegarás a nada* (stories)	
1970	*Una meditación* (novel):	Premio Biblioteca Breve
1971	*Una tumba* (novel)	
1972	*Cinco narraciones y dos fábulas* (stories)	
1972	*Un viaje de invierno* (novel)	
1973	*La otra casa de Mazón* (novel)	
1973	*Sub rosa* (stories)	
1977	*En el estado* (novel)	
1980	*Saúl ante Samuel* (novel)	
1980	*El aire de un crimen* (novel)	
1981	*Trece fábulas y media* (fables)	
1989	*En la penumbra* (novel)	

PREPARATION

"Fábula," from the collection *Trece fábulas y media*, shows Benet's talent for using a seemingly simple story to explore complex ideas. The narrator's attempts to explain a situation involving a married couple and their friend raises questions about the limits of reason as a means of explaining human behavior, and about obstacles to communication and honesty in a society where individuals hide their identities and intentions. As you read, notice the author's use of role play to make statements about the ambiguous nature of reality, social relationships, and life in general.

CONCEPTOS E IMAGENES

¿Que conceptos e imágenes le sugieren las palabras siguientes?

1. el disfraz
2. la identidad
3. la razón / el instinto
4. la autoridad

Fábula

Al despedirse le advirtió,° con un tono de cierta severidad: *le... he warned her*

—En ausencia mía no deberás visitar a Pertinax. Cuídate mucho de hacerlo, pues de otra suerte° puedes provocar un serio disgusto entre nosotros. *de... otherwise*

La mujer permaneció en su casa obediente a las instrucciones de su marido, quien a su vuelta le interrogó acerca de las personas que había visto en su ausencia.

—He visto a Pertinax —repuso ella.

—¿No te advertí que no fueras a visitarle? —preguntó él con enojo.

—No fui yo a visitarle. Fue él quien vino aquí, en ausencia tuya.

Fue el marido en busca de Pertinax y le preguntó:

—¿Qué derecho te asiste° para visitar a mi mujer en mi ausencia? *¿Qué... What right do you have?*

—No fui a visitar a tu mujer —contestó Pertinax, sin perder la calma— sino a ti, pues ignoraba° que te hallaras ausente de tu casa. En lo sucesivo° deberás advertírmelo si no deseas que se produzca de nuevo esa circunstancia que tanto te mortifica. *I didn't know* *En... In the future*

No satisfecho con tal explicación, el marido ingenió° una estratagema para averiguar° las intenciones de Pertinax y descubrir la índole° de las relaciones que mantenía con su mujer. Despachó a ésta de la casa con un pretexto cualquiera[1] y, disfrazándose° con sus ropas, envió un criado a Pertinax para comunicarle que hallándose en su casa esperaba ser honrado con su visita. *devised* *find out* *nature* *disguising himself*

Pero la mujer, recelosa° de la conducta de un marido que se comportaba de manera tan desconsiderada y adivinando° en parte sus intenciones, decidió —disfrazada de Pertinax— volver a su casa para representar el papel° que deseaba que presenciase su marido.° *suspicious* *guessing* *role* *deseaba... she wanted her husband to see*

Por su parte Pertinax, al advertir que la mujer se hallaba sola en la casa, contrariamente a las noticias que había recibido, se disfrazó de su marido, sin otra intención que la de descubrir la intimidad de las relaciones que les unían.

Así pues, cuando el falso Pertinax —que no era otra que la mujer— se rindió° a la casa para cursar la visita a la que había *se... showed up*

---

[1] **Despachó a ésta...** He sent her out of the house on a pretext.

sido invitado, se encontró con que el matrimonio le estaba esperando, a diferencia de lo que había presumido.

La circunstancia en que se vieron envueltos los tres° era análoga para cada uno de ellos, pues los tres sabían, cada cual° por su lado, que uno al menos de los otros dos se hallaba disfrazado, sin poder asegurar cuál de ellos era, ni siquiera si lo estaban los dos.° En efecto, cualquiera de ellos podía razonar así: si sólo hay uno disfrazado debe haberse disfrazado de mí,[2] puesto que yo lo estoy de él, y, por tanto, el auténtico sólo puede ser aquel de quien yo no estoy disfrazado. Ahora bien, como no está disfrazado, no tiene por qué saber que lo estamos nosotros y, por consiguiente, al no tener ninguna razón para suponer una mixtificación° no la romperá.° Y si, por el contrario, lo están los dos, el que está disfrazado de mí es aquel de quien yo no estoy disfrazado, del cual ignoro si está disfrazado o no. Así pues, no es posible saber quién está disfrazado de quién, a menos que uno —atreviéndose° a revelar las intenciones que le llevaron a adoptar tal disfraz— se apresure° a descubrir° su identidad antes que los demás, cosa en verdad poco probable.

En consecuencia —debieron pensar, cada cual por su lado—, si queremos preservar nuestros más íntimos pensamientos e intenciones, hemos de seguir disfrazados para siempre, lo cual, si cada uno ha elegido con tino° su disfraz, no cambiará nada las cosas.

en... in which the three found themselves
cada... each one

ni... not even whether both were

trick / **no...** he won't figure it out

daring
hastens
reveal

con... wisely

Actividades preinterpretativas

COMPRENSION

Complete las oraciones de acuerdo con las ideas expresadas en el cuento.

1. El marido le advirtió a su esposa que...
   a. Pertinax venía a casa.
   b. no debiera visitar a Pertinax.
   c. no visitara a sus amigas.

[2] **debe haberse...** that person must be disguised as me.

Juan Benet

B 2. Cuando el marido estaba ausente...
   a. la mujer fue a la casa de Pertinax.
   b. Pertinax visitó a la mujer.
   c. Pertinax visitó al marido.

A 3. Para averiguar las intenciones de Pertinax, el marido...
   a. mandó fuera a la mujer e invitó a su casa a Pertinax.
   b. organizó una reunión entre los tres.
   c. habló con su mujer.

C 4. El marido se disfrazó de...
   a. Pertinax.
   b. el criado.
   c. su mujer.

A 5. La mujer se disfrazó de...
   a. Pertinax.
   b. el criado.
   c. su marido.

B 6. Los tres sabían...
   a. los motivos de los otros por disfrazarse.
   b. que al menos uno de los otros dos estaba disfrazado.
   c. que los tres estaban disfrazados.

C 7. Según el narrador, se podría razonar que para saber quién está disfrazado...
   a. los tres deberían quitar los disfraces.
   b. los tres deberían elegir con tino sus disfraces.
   c. uno de los tres debería descubrir su identidad a los otros.

BUSCANDO CLAVES

Busque en el cuento frases que indiquen o sugieran las cosas siguientes.

1. diferentes interpretaciones de un solo suceso
2. los celos (*jealousy*) y la sospecha
3. el uso de la razón
4. situaciones irónicas
5. contradicciones

Actividades interpretativas

OPINIONES Y ANALISIS

Conteste a las siguientes preguntas.

1. ¿Por qué no quería el marido que su esposa visitara a Pertinax? ¿Qué contradicción se ve en el aviso del marido, la obediencia de la mujer y la visita de Pertinax?
2. ¿Qué motivos tenían los tres personajes por disfrazarse? ¿Cuáles fueron las consecuencias de sus acciones y por qué son irónicas?
3. ¿Cómo es el narrador? ¿Qué opina Ud. de su razonamiento al explicar los hechos del cuento? ¿Qué importancia tiene la razón como manera de descubrir la verdad?
4. En su opinión, ¿por qué dice el narrador que es poco probable que uno de los tres se apresure a descubrir su identidad? ¿Cómo explica Ud. el último párrafo del cuento?

¿ESTA UD. DE ACUERDO?

Responda a las afirmaciones que siguen. Justifique sus respuestas basándose en ejemplos del cuento.

1. La situación de los personajes en «Fábula» es realista.
2. «Fábula» es un cuento cómico.

Actividades de síntesis

TEMAS PARA ESCRIBIR

1. Según su opinión, ¿cuáles son los argumentos principales de «Fábula»? ¿Intenta el cuento llevar al lector a alguna conclusión? Justifique su respuesta.
2. Analice el tema de la comunicación en «Fábula». Considere el impacto de los disfraces como ayuda o impedimento a la comunicación entre los tres personajes.
3. Explique «Fábula» como laberinto, tanto para los personajes y el narrador como para el lector que intente interpretar el significado del cuento.

OTRAS PERSPECTIVAS

1. ¿Cree Ud. que sea posible conocer la verdadera identidad de una persona? Explique.
2. ¿Cuáles son los límites de la razón? ¿Qué cosas pueden o no pueden explicarse a través de la lógica?
3. Además de la identidad, ¿qué otros aspectos de la existencia son ambiguos o misteriosos?

Compare y contraste el concepto de la realidad presentado en «Fábula» y en «Don Payasito».

En la edad del pato

Carmen Laforet
(1921–)

Carmen Laforet's formative years were very different from those of most other Spanish writers of her generation. She spent her childhood and adolescence on the Grand Canary Island, sheltered from the social and political turmoil of mainland Spain in the 1920s and 1930s and the actual fighting of the Civil War. After the war, Laforet studied humanities and law at the universities of Barcelona and Madrid. She gained immediate fame at age twenty-four when her first novel, *Nada*, won the prestigious Premio Nadal. The story of a young woman who is a university student in postwar Barcelona, *Nada* became one of Spain's best-known novels and opened the way for greater acceptance of women writers in Spain.

As a novelist and short-story writer, Laforet often favors characterization over plot. Her protagonists, most often girls and women, have great psychological depth, and she is particularly skilled at portraying the rites of passage faced by adolescent girls with regard to personal freedom, their place in society, and their relations with others. Laforet has also written nonfiction, including a volume of travel essays.

PRINCIPAL WORKS

1952   *La isla y los demonios* (novel)

1952   *La muerta* (stories)

1954   *La llamada* (novelettes)

1955   *La mujer nueva* (novel): Premio Menora, Premio Nacional de Literatura

1957   *Novelas* (novels and short stories)

1963   *La insolación* (novel)

1967   *Paralelo 35* (essays)

1970   *La niña y otros relatos* (stories)

PREPARATION

"En la edad del pato," first published in the collection *La muerta,* is narrated by a woman who is looking back on her school days. The story shows the camaraderie, spontaneity, and fun-filled moments of adolescence, but also evokes the insensitivity and even cruelty that can be part of that age. As you read, consider what the title, literally "The Age of the Duck," suggests and how it applies to the story.

CONCEPTOS E IMAGENES

¿Qué conceptos e imágenes le sugieren las palabras siguientes?

1. la adolescencia
2. el rito de iniciación
3. primitivo / civilizado
4. el (la) artista / el arte

En la edad del pato

El concurso° aquel nos hizo pasar lo menos una semana de diversión. Fue una idea de las que calificábamos de «geniales°». Fue una de las muchas cosas entretenidas que se nos ocurrían entre clase y clase, para olvidar los apuros° de los problemas de Matemáticas y los ejercicios de Latín.

Quizá no debería hablar en plural, porque, realmente, el concurso de los animales fue una idea de una sola de nosotras: Cristina, una graciosa desaliñada° que cuando se le caía el lazo° de una trenza,° en vez de volver a ponérselo encontraba más práctico soltar° enteramente el cabello, rojizo y brillante, y dejar que cayera° en una cascada sobre los hombros, de tal manera, que una vez la cara expresiva del profesor de Física, que era joven y muy nervioso, no pudo menos que revelar espanto° al verla entrar en clase; como si ninguna ley pudiera explicar que una señorita civilizada recordase de tal manera a sus antepasados de las cuevas prehistóricas.

En clase todas éramos señoritas y un apellido detrás;[1] pero si yo me pongo a pensar° en aquella edad lejana,° pocos apellidos recuerdo... Aquel año nos dio por° llamarnos con nombres raros; después del concurso eran nombres de animalitos, antes los buscábamos en los libros de texto y si pienso, por ejemplo, en dos amigas que eran las mejores patinadoras° a la hora del recreo, recuerdo cómo ellas mismas se nombraban «Feldespato» y «Pirita[2]»... El nervioso profesor de que hablé antes se negó un día, ruborizado y molesto, cuando una comisión formada por las más burras de la clase quiso que les explicara qué era la «metil-glicociadimina», porque aunque no «tocaba°» aquel curso ellas sabían que se llamaba también «Creatinina»... Naturalmente que el profesor no pudo saber nunca que «Creatinina» era una de las atontadas° del grupo preguntón, pero ante aquellas bobas sonrisas°— que encubrían carcajadas dispuestas a estallar°—, su nariz tuvo un furioso retroceso,° y ni siquiera se le ocurrió felicitarla por su gran interés en Química Orgánica.

contest

brilliant

difficulties

messy girl / ribbon
braid
let loose
dejar... let it fall

shock

si... if I start thinking about / distant
nos... we decided

skaters

no... it wasn't covered in

dim-witted ones
bobas... foolish smiles / **carcajadas**... guffaws about to burst out
su... he wrinkled his nose

---

[1] **En clase...** In class we were (called) "Miss" followed by our last names.
[2] The students' nicknames come from their studies. **Feldespato** (*feldspar*) and **pirita** (*pyrite*) are minerals; **creatinina** (*creatinine*), a chemical compound, is used as a play on the word **cretina** (*cretin, imbecile*).

Carmen Laforet

Estábamos —no hay que explicarlo ya— en la edad del pato, camino de hacernos bachilleres,° y mujeres a la vez, aunque algunas de nuestro grupo aparecían como florecidas antes del tiempo, y hasta tenían novio.

Tan dispares° como éramos todas, si pienso una a una, y sin embargo, tan agrupadas en la risa, los sustos° de los exámenes, los comentarios diarios, que sólo puedo hablar en plural de las cosas que hacíamos y decíamos en el Instituto. Ciertas candideces° nos igualaban: por ejemplo, creíamos a pies juntillas° en los anuncios de las cremas de belleza y estábamos seguras de que una mujer seductora necesitaba para serlo más de trescientos botes° de cremas carísimas. Una mujer de más de dieciocho años tenía que ser una vieja suspirante por la juventud perdida, y cualquier perfume, aun el más apestoso,° pensábamos que nos embellecería° y haría irresistibles, en contraste con aquel olor a jabón blanco y ropa limpia que transpirábamos casi todas... Las vampiresas de la clase se pintaban los labios y los ojos y se depilaban las cejas;° y un día Cristina llamó la atención —ella era de las de cara lavada° — llegando al Instituto, no sólo con coloretes en las mejillas, sino también en la frente y en la nariz, porque había leído en una revista «muy chic» que así hay que hacerlo para dar naturalidad al artificio... Este intento causó curiosidad, pero no tuvo imitadoras, y afortunadamente se hundió en el olvido°... Con tantos rasgos° de carácter que nos separaban, solíamos tener° la aspiración común de agradar y fascinar al misterioso mundo de los hombres, sobre todo de los que vestían uniforme militar, o de cualquier clase que fuera, y también calculábamos, para el futuro, el número de hijos que deseábamos tener, cosa desde luego, más concreta en nuestra imaginación que el tipo del caballerete embutido° en el uniforme, o en la modesta chaqueta de paisano,° que sucumbiría a nuestras gracias sin par, antes de que transcurriese mucho tiempo.

También puedo decir que todas estábamos convencidas que las muchachas del curso superior al nuestro eran «unas idiotas relamidas»° y que las del inferior eran realmente bobaliconas,° y que en nuestra clase había una variedad, una gracia, una imaginación para inventar diabluras° como nunca se había visto en el Instituto...

Un día, Cristina, cuando estaba en su casa sentada a la mesa familiar, se echó a reír, cosa que molestó extraordinariamente a su padre, un ingeniero muy serio, que en aquel momento estaba hablando. Cristina acababa de descubrir que en uno de los platos decorativos, colgados en la pared, había una lechuza° estilizada, exactamente igual en la expresión de una compañera nuestra, gafuda,° vestida de negro y que constituía ella sola un misterioso mundo aparte de nuestro curso; porque se susurraba° que tenía «mucha edad», temblaba extraordinariamente cuando le preguntaban y siempre contestaba mal a pesar de su aplicación, de sus cuadernos limpios y de su serio velillo de luto° que se sujetaba, formando un pico sobre la frente, con un reluciente alfiler de cabeza gorda°... Yo no me acuerdo cómo se llamaba. Después del concurso fue siempre «Lechucita».

De aquella risa nació la idea del concurso. Cristina tenía una gran facilidad para el dibujo, y copió la lechuza en la esquina de un papel de barba;° luego se le fueron ocurriendo cosas, y el papel de barba se llenó de animalitos graciosos con aleluyas en el pie,° que éramos todas nosotras, sus compañeras, y también los profesores.

Cristina estaba entusiasmada: chispeaba° a cada nueva idea que se le ocurría. Y ella misma se vio como un cerdito° color de rosa, con un lápiz en la pata,° para orientar,° si no se notaba el parecido. Luego, para dar más popularidad al concurso, decidió rifar° premios entre todas las que adivináramos, íntegramente, los nombres reales de los animalitos.

Cristina me dijo que ella quería que los premios fueran espléndidos, y que había pensado, en el primer momento, rifar un par de camisones de dormir adornados con encaje° que aún no había estrenado.° Pero era demasiado peligroso y difícil sacarlos de casa sin que su madre se diera cuenta... Buscó entre sus pequeños tesoros.° De las cosas con poco valor que poseía sólo estimaba su bonita estilográfica° nueva, porque la había deseado más de dos años, sin lograrla; pero un anillito de sello,° una pequeña Virgen de plata, un gracioso broche para la bufanda, le eran muy fáciles de regalar y de sacar de casa sin que lo notasen. Sabía que nos iban a agradar... Puedo decir que aquel día del concurso nos divertimos y que estábamos revolucionadas y distraídas en las clases. Se acertaba casi todo:° era delicioso ver al profesor de Física, por ejemplo, convertido en un cocodrilo con lentes... Pero lo primero que se veía, y se acertaba, era, indudablemente, la lechuza. Demasiado cruel, quizá. Más que una sugerencia, resultaba un retrato auténtico. La lechucita de carne y hueso estaba seria. Pero ella también había adivinado, y entraba en las participantes de la rifa, con su boca fruncida° y su cara redonda, un poco pálida.

Carmen Laforet

—Ojalá le toque algo° —me dijo Cristina—. ¿No ves que está triste?

Yo no lo había notado; pero Cristina, de pronto, se preocupaba. Era capaz de llorar por «Lechucita» si a ésta se le hubieran soltado las lágrimas al oír las carcajadas con que saludábamos su caricatura... Yo pensé que no era para tanto el caso.°

Desaparecieron el anillo y el broche, y la Virgen de plata, en las manos de quienes habían adivinado los números que previamente Cristina llevaba escritos en su cuaderno... «Lechucita» se marchaba con las manos vacías y un mote° a las espaldas.

Cristina, sofocada, acabó soltándose las trenzas, en un momento inoportuno, porque llamaban a clase. De pronto soltó un grito.

—Tú... ¡Eh!... —llamaba a «Lechucita».

—¿No eras tú la que dijiste antes el número siete? ¡Pero si el número siete tenía premio!... Mira, esta estilográfica...

«Lechucita», sin sonreír, la tomó como algo que se le debía; y Cristina, contra su costumbre, contestó temblorosa y distraída, con la terrorífica melena° colgándole a la espalda, a las preguntas que aquel día le hicieron en clase...

Ojalá... I hope she wins something

no... it wasn't such a big deal

nickname

mane

Actividades preinterpretativas

COMPRENSION

Utilice las palabras siguientes para resumir el argumento de «En la edad del pato».

acertar   estilográfica   retrato
concurso   lechuza   rifar
dibujar

BUSCANDO CLAVES

Busque en el cuento frases que indiquen o sugieran las cosas siguientes.

1. gestos o acciones espontáneas
2. la importancia de la apariencia física
3. reacciones de los adultos ante el comportamiento de las adolescentes
4. las consecuencias de pertenecer o no pertenecer a un grupo
5. contrastes
6. comparaciones de personas y animales

Actividades interpretativas

OPINIONES Y ANALISIS

Conteste a las siguientes preguntas.

1. ¿Cómo cambiaría el cuento si la narradora fuera aún una estudiante joven y no una persona mayor?
2. ¿Qué quiere decir la narradora al explicar que ella y sus colegas estaban en «la edad del pato»?
3. ¿Qué elementos se destacan en las descripciones de Cristina? ¿Cómo se relacionan el primitivismo y la adolescencia? ¿Cuál parece ser la relación entre las adolescentes y las personas mayores? ¿Cómo lo sabe Ud.?
4. ¿Qué importancia tenía la colectividad (ser parte de un grupo) para las estudiantes? ¿Qué experiencias, actitudes, aspiraciones o preocupaciones unían a las chicas? ¿Qué diferencias había entre las compañeras de clase? ¿Cómo explica Ud. las actitudes de algunas de las estudiantes hacia «Lechucita»?
5. ¿Por qué cree Ud. que «Lechucita» tomó la estilográfica «como algo que se le debía»?
6. ¿Qué tipo de experiencia resultó ser el concurso para Cristina? ¿Cómo la cambió? ¿Qué sugiere el cuento acerca de la relación entre el sentido de la responsabilidad y la adolescencia? ¿Cómo son los adolescentes, según el cuento?
7. ¿Qué relación se establece entre el arte y el proceso de maduración de Cristina?

¿ESTA UD. DE ACUERDO?

Responda a las afirmaciones que siguen. Justifique sus respuestas basándose en ejemplos del cuento.

1. Los adolescentes no son generosos.
2. Las diabluras siempre resultan crueles.

Actividades de síntesis

TEMAS PARA ESCRIBIR

1. Analice la función que cumple la narradora mayor de «En la edad del pato». ¿Se nota «la voz de la experiencia» en el cuento? Justifique sus opiniones con ejemplos del cuento.
2. Analice las distinciones que hace el cuento entre la imaginación (el arte) y la realidad. Considere el propósito de los dibujos y la relación entre el arte y la vida.
3. Analice cómo aspectos estilísticos como el uso de la ironía, el humor y las referencias a animales contribuyen al cuento.

OTRAS PERSPECTIVAS

1. ¿Cree Ud. que la adolescencia es diferente para los chicos y las chicas? ¿En qué se diferencia? ¿Cuáles son las influencias sociales que más afectan a ambos sexos?
2. ¿Cuáles son algunos aspectos positivos y negativos de pertenecer a un grupo? ¿A qué edad es más beneficioso/perjudicial? ¿Por qué?
3. Imagine que una periodista entrevistara a Cristina y a «Lechucita» después del concurso. Basándose en su propia experiencia, ¿qué diría cada una?

Compare y contraste la niñez y la adolescencia como etapas de la vida, según los retratos ofrecidos en «Don Payasito» y «En la edad del pato».

Los viejos

Miguel Delibes
(1920–   )

In addition to his distinguished literary career, Miguel Delibes has been a professor of law, business, and history, and has long been regarded as one of Spain's leading journalists. Born and raised in Valladolid, Delibes developed an early love of the outdoors, and his father began taking him hunting at a young age. His strong identification with the land of Castile and its people is evident in much of his work. In 1991, Delibes was awarded the prestigious Premio de Literatura de España.

Delibes' fiction is firmly rooted in social reality. He ably portrays both urban and rural life, and his works address the most basic human concerns: youth and old age, the family, social injustice, and death. Delibes is a skilled portrayer of the inner lives of his characters, and of the toll that external forces exact on the human psyche. A number of his works have been adapted for the theater and for film, including *Cinco horas con Mario*, which consists entirely of a stream-of-consciousness monologue by a recent widow who is speaking to her deceased husband during his wake; and *Los santos inocentes*, which tells the story of a peasant family in rural Castile.

PRINCIPAL WORKS

1948	*La sombra del ciprés es alargada* (novel): Premio Nadal
1949	*Aún es de día* (novel)
1950	*El camino* (novel)
1953	*Mi idolatrado hijo Sisí* (novel)
1955	*Diario de un cazador* (novel); Premio Nacional de Literatura
1958	*Diario de un emigrante* (novel)
1959	*La hoja roja* (novel)
1962	*Las ratas* (novel): Premio de la Crítica
1966	*Cinco horas con Mario* (novel)
1966	*USA y yo* (essays)
1969	*Parábola del náufrago* (novel)
1970	*La mortaja* (stories)
1981	*Los santos inocentes* (novel)
1987	*Madera de héroes* (novel)
1990	*Pegar la hebra* (essays)

PREPARATION

Delibes' journalistic writing has ranged from articles on hunting to literary criticism. "Los viejos" comes from *USA y yo*, a collection of essays on various aspects of American life that Delibes wrote after spending a year as a visiting professor in the United States. In this essay Delibes makes no pretense of journalistic objectivity, but instead offers his personal observations of the role of the elderly in the United States as compared to Spain. As you read, consider what factors might have played a role in shaping the author's opinions.

CONCEPTOS E IMAGENES

¿Qué conceptos e imágenes le sugieren las palabras siguientes?

1. los Estados Unidos
2. la familia
3. la independencia
4. la vejez
5. el asilo

Los viejos

El celo° por preservar su independencia, la rápida dispersión familiar, la escasa aptitud del americano para tolerar defectos ajenos,° nos trae de la mano, aun sin quererlo, una víctima de la sociedad yanqui: el viejo. ¿Qué puede hacer un viejo en estas ciudades disparatadas°—Nueva York, Chicago, Los Angeles, San Francisco— una vez que pierde la energía para apretar° unos pedales y los reflejos para manipular un volante?° Desde luego, si está enfermo, lo mejor que puede hacer es internarse en un hospital y, aun sin estarlo, lo que más le convendría sería morirse; morirse de un ataque al corazón que es, a juzgar por las estadísticas de este país, la forma más moderna y evolucionada de morirse. En una sociedad como ésta, esencialmente dinámica, no hay lugar para los viejos; los viejos constituyen un freno,° estorban.° El hombre o la mujer que van amontonando años y que ven llegar paso a paso el momento de la incapacidad física, están irremisiblemente abocados a la soledad:[1] he aquí el negro fantasma que gravita sobre cientos de miles de norteamericanos. La familia hace años que se rompió —o se disolvió—, los hijos están lejos, los nietos apenas si conservan un vago recuerdo de la abuela y, en todo caso, ni aquéllos ni éstos, están dispuestos a aceptar la responsabilidad de los viejos.

La vida americana está organizada para gente sana y fuerte. Los enfermos, al hospital; los muertos, al Funeral Home; los ancianos, al asilo.° Esta es la triste realidad. Todavía en los lugares abarcables,° en las cuidades apacibles,° recogidas —ahora recuerdo Columbus y Annápolis— los viejos aún pueden encontrar un rayo de sol y la compañía de otro viejo. Pero ¿y en estos colosos de piedra, cemento o madera? ¿Cómo recorrer 20, 30 kilómetros al día para buscar el consuelo de un amigo y disfrutar juntos de un rayo de sol? No, de ordinario, en los hogares americanos no hay lugar para el viejo, para el enfermo o para el muerto. Tales entorpecimientos° están previstos por la sociedad. Cada Estado dispone de los suficientes hospitales, orfanatos, asilos y Funeral Home para acoger a todos los enfermos, huérfanos,° viejos y muertos que puedan presentarse. El sentido práctico se ha impuesto aquí sobre el sentimiento; lo ha

---

[1] **irremisiblemente abocados**... unforgiveably steered toward loneliness.

Miguel Delibes

dominado. Y esto que es plausible en muchos casos — enfermos y muertos — resulta excesivo, a mi entender, para con° los viejos. La actitud del americano ante éstos demuestra, por un lado, el rango primordial° que en esta sociedad se da a la eficacia y, por otro, que el calor de hogar se ha entibiado por aquellas latitudes; se trata de un calor rebajado,° un calor que sirve para los que todavía irradian calor, pero insuficiente para los que más lo necesitan porque ya no le irradian; es decir, para los viejos. De aquí que los suicidas, los alcohólicos, los morfinómanos que la soledad provoca en Norteamérica sean infinitamente más que los que motiva la miseria. El pan está aquí al alcance° de todos; lo que ya no es tan fácil encontrar es compañía o, a ciertas edades, calor.

Y ¿qué han hecho o han dejado de hacer los viejos para merecer este castigo? He aquí, a mi juicio, el nudo de la cuestión.° Los viejos no son propiamente unas víctimas del sistema; quiero decir, unas víctimas inocentes, o sea que el sistema se haya montado a sus espaldas.° En su día, los viejos —cuando no eran tan viejos— entraron en el juego, cooperaron a formar y a sostener aquel sistema. Con frecuencia, en mis visitas a hogares americanos he oído elogiar cálidamente la institución de la abuela española:

—¿Qué hacen ustedes para conseguir esas abuelas? Yo daría la mitad de mis ingresos° para poder contar con una abuela española.

Naturalmente el americano añora° la abuela española en su fase útil, es decir, esa abuela que oscila entre los cincuenta y los setenta años y para la que no hay mejor esparcimiento° que el pasar la tarde con los nietos. Una abuela en esta disposición resolvería, no cabe duda, multitud de problemas en los hogares americanos. Pero este tipo de abuelas no se improvisa. Es el resultado de un proceso paulatino° y, en última instancia, la consecuencia lógica de un viejo concepto familiar:

—Mire, ustedes fabrican bien los automóviles; nosotros, las abuelas; nuestras abuelas están tan perfectamente rematadas° que rara vez hay que mandarlas al taller.° Son dos habilidades distintas. Ustedes envidian° nuestras abuelas y nosotros sus automóviles. Así es la vida.

Pero, claro está, para formar una abuela española se requiere mucho tiempo. La abuela española empieza a hacerse, afinando un poco, en las entrañas° de la bisabuela;° aspiro a decir que estas abuelas empiezan a ser así desde antes de

para... when dealing with

rango... high degree of importance

reduced

al... within the reach

el... the crux of the problem

montado... set up behind their backs

income

yearns for

recreation

gradual

finished
shop (mechanic)
envy

womb / great-grandmother

Los viejos

nacer, porque la estructura humana y social española está dispuesta sobre unas viejas normas inmutables de solidaridad y convivencia. La abuela, antes de serlo, vivirá para sí, se enamorará, se casará, educará a sus hijos, pero en el momento en que éstos empiezan a desdoblarse,° la abuela española regresa, deja de vivir su vida, de fabricar historia; su vida, su historia se funde con la de sus hijos y la de los nietos. Para ella —hablo en general— apenas hay ya otros horizontes. La abuela comienza, pues, a vivir en función de sus hijos y sus nietos; se rodea° de ellos en las solemnidades familiares o un día a la semana. Y cuando ellos no van a su casa, la abuela acude° a la de ellos. Toma las riendas del nuevo hogar cuando sus hijos se ausentan. En una palabra, revive su historia, no como protagonista, sino desde un segundo plano, que ella acepta de buen grado. Por otro lado, no considera estas obligaciones como un sacrificio, sino como un don,° como una justificación de sus años maduros. De este modo, su vida no está vacía; el hueco° de sus hijos lo llenan ahora los nietos. Y cuando ella se sienta no digamos abuela sino vieja, vieja literalmente hablando, la soledad tampoco hará presa en ella;° a esas alturas, su persona se ha hecho imprescindible,° ha llegado el momento de pasar la factura,° factura que los hijos y los nietos pagarán sin pestañear, sin considerarla una carga,° porque el cariño jamás se toma en las familias-piña° como un deber.

¿Y la abuela americana? ¿Es que la abuela americana se comporta de otra manera? Bien mirado, la abuela americana no se siente abuela mientras no se siente vieja; esto es, los nietos no la hacen retornar;° la abuela yanqui sigue viviendo su vida mientras sus piernas pueden oprimir los pedales del coche y sus manos accionar el volante. Su historia sigue su rumbo,° continúa, no regresa. La abuela americana, al casar a sus hijos, se siente, de pronto, independiente, como sus hijos cuando cumplieron quince o dieciséis años. Pierde el calor de hogar, pero mientras el corazón responda tampoco lo echa de menos.° El cuerpo social americano está montado sobre la reunión. Las reuniones aspiran a sustituir el calor de hogar. La gente se reúne en juntas° de vecinos, en juntas parroquiales, en juntas profesionales, en clubs de mero recreo. (La democracia yanqui ofrece ramificaciones incontables; sigue pensando este pueblo —y en su caso, al menos, es cierto— que de la discusión sale la luz.) La abuela americana encuentra, pues, en estas reuniones —y en su trabajo— un refugio. Los hijos y las hijas allá se las

La vida de los americanos

compongan,° como ella se las compuso cuando tenía treinta años. Es otra colonia independizada, autónoma; otra George Washington. No se esfuerza mucho por granjearse° el afecto de sus nietos; por hacerse imprescindible. Un domingo pasado en el Country Club, de Washington, me permitió observar a las abuelas acomodadas americanas en su salsa.° Paseo por el campo de golf, comida —en el «Sírvase usted mismo»— con las amigas y, después, un poquito de «bridge», o de canasta, o de «pinacle». Mientras, los hijos permanecían en sus casas con los nietos o los llevaban de excursión; entre ellos y la abuela no se establecía contacto; eran dos mundos.

Pero, de repente, sobreviene° la decadencia. La abuela se hace abuela-abuela; se inserta en la vejez. El automóvil no sirve: falta fuerza, faltan ánimos,° falta voluntad.° ¿Qué puede esperar esta abuela de unos seres prácticamente desconocidos, de un campo sin sembrar? Cardos,° naturalmente. Pero ¿y si los proveedores no nos proveen, si comprar unas manos que nos sirvan cuesta una fortuna, si tampoco puede «servirse una misma», si la soledad empieza a cercarla, a acosarla;° si no puede acudir —porque queda a muchos kilómetros— al «bridge» o a la canasta? ¿Qué hacer? He aquí el fin. Pero convengamos en que en esta dolorosa soledad de los viejos ellos han tenido buena parte; la han elaborado paso a paso; se la han ganado a pulso. No se trata ya de que los hijos la hagan el vacío; ella, con antelación,° se hizo el vacío entre los hijos y los nietos. No es, pues, éste un «happy ending», a la americana,° sino un final dramático aunque previsible.°

Por esto, los yanquis, que a falta de aglutinante familiar, disponen de una inimaginable capacidad de organización, de un sentido de futuro espléndido, de una rara facultad para hallar el sucedáneo,° han levantado en todas partes unas fabulosas Casas de Viudas (de viudas de militares, de funcionarios,° de profesores, etc., etc.), casas que son auténticos hoteles de lujo. Una tarde he visitado la Casa para viudas de militares, en Washington. Se trata de una construcción asombrosa,° con doscientos cincuenta apartamentos, bares, salones alfombrados, bibliotecas, salas de juego, galería para solearse, televisores en todas las habitaciones, etc. Tampoco faltan allí, los jardines, jardines parcelados con objeto de que cada vecina pueda cultivar en cada estación las flores que apetezca (he aquí un detalle muy americano, detalle que acredita la sensibilidad de este pueblo), un pabellón independiente, con bar y salón,

Los viejos

donde cada viuda puede ofrecer sus «partys» y reuniones y unos asépticos, inmaculados, comedores comunitarios. De este modo la inquilina° puede optar por la agrupación o la independencia (en cada apartamento existe una pequeña cocina suficiente para dos o tres personas). En fin, aquí, en una de estas casas, una viuda vieja puede encontrar de todo y de todo lo mejor. Lo que nunca podrá hallar, por muchas vueltas que le dé,° es el calor de hogar; la compañía de los hijos y los nietos. Y esto —que nosotros lo tenemos— siempre es consolador y aun diría esencial para una vejez feliz.

Sin embargo, nuestro punto vulnerable está, precisamente, en que esos establecimientos para viudas, ancianos o huérfanos —aunque no sean muchos los que en España los precisan— son, en nuestro país, con demasiada frecuencia, caseretones° destartalados,° lóbregos,° tenebrosos,° no diré sin calor de hogar sino hasta sin el calor de una modesta estufa de serrín o de butano. Quiero decir, que los viejos abandonados por la familia y la sociedad, son, en España, comparativamente, poca cosa, pero estos viejos están, para nuestro bochorno,° abandonados del todo. (El calorcito tenue de unas Hermanas de la Caridad, justo es reconocerlo —junto a donaciones esporádicas y de ordinario muy cortas— es, desgraciadamente, lo único que les llega.)

tenant

por... no matter how much she tries

large houses
ramshackle / gloomy / dark

shame

Actividades preinterpretativas

COMPRENSION

Complete las oraciones de acuerdo con las ideas expresadas en el ensayo.

1. Los viejos americanos son víctimas de...
2. La vida americana no está organizada para gente...
3. En vez de quedarse con la familia, los viejos en los Estados Unidos van a...
4. El sentido práctico de los americanos es más fuerte que...
5. Después de vivir para sí, la abuela española comienza a vivir...
6. La abuela americana, al casar a sus hijos, se siente...
7. Los abuelos norteamericanos sustituyen a la familia con...

BUSCANDO CLAVES

Busque en el ensayo frases que indiquen o sugieran las cosas siguientes.
1. los Estados Unidos como país que favorece a la juventud
2. los problemas de vivir en la ciudad
3. el sentido práctico de los americanos
4. diversas actitudes hacia los abuelos
5. la actitud del americano respecto al automóvil

Actividades interpretativas

OPINIONES Y ANALISIS

Conteste a las siguientes preguntas.
1. ¿Cree Ud. que el uso de la palabra «víctima» para describir a los viejos norteamericanos está justificado? Según su opinión, ¿qué implica la palabra «víctima»? ¿Cree Ud. que se puede utilizar esta palabra para describir a otros grupos mencionados en el ensayo?
2. ¿Cree Ud. que Delibes ha identificado los elementos que más afectan la calidad de vida de los ancianos? Si no, ¿qué elementos faltan?
3. ¿Qué revelan las observaciones de Delibes del concepto que él tiene de la sociedad norteamericana en general?
4. ¿Qué querrá decir el autor cuando observa que una abuela como la española resolvería «multitud de problemas en los hogares americanos»? ¿Cree Ud. que esta observación se basa en un conocimiento profundo de las familias norteamericanas? Justifique su respuesta.
5. ¿Qué implica la frase «la institución de la abuela española»? ¿Qué sugiere Delibes cuando dice que la abuela española «revive su historia no como protagonista, sino desde un segundo plano», mientras que la historia de la abuela americana «sigue su rumbo»? ¿Qué aspectos positivos o negativos tienen los dos papeles?
6. ¿Qué importancia tiene la estructura familiar para los viejos, tanto españoles como norteamericanos? Además de lo que dice, ¿qué implica el ensayo sobre la importancia que tienen las reuniones para los ancianos?

¿ESTA UD. DE ACUERDO?

Responda a las afirmaciones que siguen. Justifique sus respuestas basándose en ejemplos del ensayo.

1. El análisis que hace Delibes sobre la vejez en España y en los Estados Unidos ofrece sólo el punto de vista masculino.
2. Las observaciones de Delibes son aplicables a todos los niveles socioeconómicos.

Actividades de síntesis

TEMAS PARA ESCRIBIR

1. Analice la imagen general de los Estados Unidos en «Los viejos». Desarrolle los sentimientos que parecen caracterizar a los americanos.
2. Si se dividen los viajeros en dos grupos, los turistas y los que quieren conocer las culturas más allá de los monumentos históricos, ¿a qué grupo pertenece Delibes? ¿Son profundas o superficiales sus observaciones?
3. Analice la importancia y la función de ciertas imágenes en «Los viejos». Desarrolle, por ejemplo, las imágenes que sugieren (a) el automóvil, (b) el teatro, (c) sensaciones del tacto, (d) la biología y la química y (e) la naturaleza.

OTRAS PERSPECTIVAS

1. Divídanse Uds. en dos grupos que tienen opiniones diferentes respecto a lo siguiente. Discutan y justifiquen sus opiniones.
    a. Es mejor que los ancianos vivan con sus hijos.
    b. Una vez crecidos los hijos, los padres necesitan tener su propia vida sin tener que preocuparse de los hijos o los nietos.
    c. La jubilación a los sesenta y cinco años debe ser obligatoria.
2. Discuta las implicaciones de reemplazar en el ensayo la palabra «abuela» con la palabra «abuelo».

Compare y contraste los temas de la soledad y el compañerismo en «En la edad del pato» y «Los viejos».

Las ataduras

Carmen Martín Gaite
(1925–   )

Carmen Martín Gaite, writer, scholar, and critic, has enjoyed both critical acclaim and a wide readership for four decades. She holds a doctorate in Romance languages and literatures from the University of Madrid, and has been a visiting professor at a number of universities in the United States. A native of Salamanca, her memories of growing up there during the Civil War and the postwar Franco regime are vividly chronicled in her best-known novel, *El cuarto de atrás*. Martín Gaite also feels a special tie to the region of Galicia, where as a child she spent summers in the mountain village of San Lorenzo de Piñor, the setting for "Las ataduras."

Martín Gaite is both an intellectual and an intuitive writer. Her fiction displays a sophisticated understanding of psychology, sociology, and literary theory, but her characterizations and ear for dialogue ring true even in works that are nontraditional in style. Her works address the issue of social change, but tend to do so by examining the impact of change upon the individual. Martín Gaite's examination of social concerns that influence or restrict individual choices often focuses on gender roles, and she has written some of the most vivid explorations of women's issues to be found in Spanish literature.

PRINCIPAL WORKS

1954	*El balneario* (stories): Premio Café Gijón
1958	*Entre visillos* (novel): Premio Nadal
1960	*Las ataduras* (stories)
1962	*Ritmo lento* (novel)
1972	*Usos amorosos del dieciocho en España* (nonfiction)
1973	*La búsqueda de interlocutor y otras búsquedas* (stories)
1974	*Retahílas* (novel)
1976	*Fragmentos de interior* (novel)
1978	*El cuarto de atrás* (novel): Premio Nacional de Literatura
1983	*El cuento de nunca acabar* (nonfiction)
1986	*Dos relatos fantásticos* (children's novels)
1992	*Nubosidad variable* (novel)

PREPARATION

"Las ataduras" tells the story of a young woman's efforts to break away from an overly-restrictive relationship with her father and to cope with the new restrictions imposed by the life she has chosen for herself. Time and communication are principal themes in "Las ataduras," and its characters are often frustrated by the passage of time and by obstacles to meaningful dialogue in everyday life. As you read, look for images and symbols — particularly visual contrasts, such as light and darkness — that underscore these concerns.

CONCEPTOS E IMAGENES

¿Qué conceptos e imágenes le sugieren las palabras siguientes?

1. los padres
2. el matrimonio
3. las ataduras
4. la comunicación
5. la vida / la muerte

Las ataduras

Primera parte

—No puedo dormir, no puedo. Da la luz, Herminia —dijo el viejo maestro, saltando sobre los muelles de la cama.°   **saltando**... tossing and turning on the bedsprings

Ella se dio la vuelta hacia el otro lado y se cubrió con las ropas revueltas.°   **ropas**... jumbled bedclothes

5 —Benjamín, me estás destapando° —protestó—. ¿Qué te pasa?, ¿no te has dormido todavía?   **me**... you're uncovering me

—¿Qué quieres que me pase? Ya lo sabes, ¿es que no lo sabes? ¡Quién se puede dormir! Sólo tú que pareces de corcho.[1]

—No vuelvas a empezar ahora, por Dios —dijo la voz
10 soñolienta° de la mujer—. Procura dormir, hombre, déjame, estoy cansada del viaje.   sleepy

—Y yo también. Eso es lo que tengo atragantado,° eso. Ese viaje inútil y maldito, me cago en Satanás;° que si se pudieran hacer las cosas dos veces...   **lo**... what's choking me / **me**... damn it

15 —Si se pudieran hacer dos veces, ¿qué?

—Que no iría, que me moriría sin volverla a ver, total para el espectáculo que hemos visto; que irías tú si te daba la gana, eso es lo que te digo.

—Sí, ya me he enterado;° te lo he oído ayer no sé cuántas   **ya**... I know already
20 veces. ¿Y qué? Ya sabes que a mí me da la gana y que iré siempre que ella me llame. También te lo he dicho ayer. Creí que no querías darle más vueltas al asunto.°   **darle**... to discuss the matter anymore

—No quería. ¿Y qué adelanto° con no querer? Me rebulle.° Tengo sangre en las venas y me vuelve a rebullir; me estará   **qué**... what do I gain / **Me**... It makes me boil.
25 rebullendo siempre que me acuerde.

—Vaya todo por Dios.

—Da la luz, te digo.

La mujer alargó una muñeca huesuda° y buscó a tientas° la pera de la luz.° Los ojos del viejo maestro, foscos,° esforzados   bony / **buscó**... groped for
30 de taladrar° la oscuridad, parpadearon° un instante escapando de los de ella, que le buscaron indagadores,° al resplandor que se descolgó° sobre la estancia.° Se sentó en la cama y la mujer le imitó a medias, con un suspiro. Asomaron las dos figuras° por encima de la barandilla que había a los pies,° a reflejarse

la pera... light switch / **foscos**... sullen
esforzados... piercing / **parpadearon**... blinked
inquisitively
came down / house
Asomaron... The two figures appeared
barandilla... footboard

---

[1] **pareces de corcho** you seem to be made of cork. This expression is used to describe someone who is seemingly unperturbed or unfeeling.

enfrente, en la luna del armario.° Toda la habitación nadaba con ellos, zozobraba,° se torcía, dentro de aquel espejo de mala calidad, sucio de dedos y de moscas. Se vio él. Miró en el espejo, bajo la alta bombilla° solitaria, el halo de sus propios pelos canosos alborotados,° el bulto° de la mujer, apenas surgido° para acompañarle, el perfil° de tantos objetos descabalados,° ignorados de puro vistos, de tantas esquinas limadas° por el uso, y se tapó los ojos.° Dentro de ellos estalló° un fuego colorado. Alina, niña, se sacudía el cabello mojado, riendo, y dejaba las brazadas de leña° en la cocina, allí, a dos pasos; su risa trepaba° con el fuego. Ahora un rojo de chispas de cerezas:° Alina, en la copa de un cerezo° del huerto,° le contaba cuentos al niño del vaquero. Ahora un rojo de sol y de mariposas;° ahora un rojo de vino.

La mujer se volvió a hundir° en la cama.

—Herminia, ¿qué hora es?

—Las seis y cuarto. Anda, duérmete un poco. ¿Apagamos la luz?

Por toda contestación, el maestro echó los pies afuera y se puso a vestirse lentamente. Luego abrió las maderas° de la ventana. Se cernía° ya sobre el jardín una claridad tenue que a él le permitía reconocer los sitios como si los palpara.° Cantó un gallo al otro lado de la carretera.

—Tan a gusto como podían vivir aquí esos niños —masculló° con una voz repentinamente floja°—. Tantas cosas como yo les podría enseñar, y las que ellos verían, maldita sea.

—Pero, ¿qué dices, Benjamín? No vuelvas otra vez...

—No vuelvo, no; no vuelvo. Pero dímelo tú cómo van a prosperar en aquel cuartucho° oliendo a tabaco y a pintura. Ya; ya te dejo en paz. Apaga si quieres.

Ella la había seguido con los ojos desde que se levantó. Ahora le vio separarse de la ventana, cerrar las maderas y coger su chaqueta, colgada en una silla. Le hizo volverse en la puerta.

—¿Adónde vas?

—Por ahí, qué más da.° Donde sea. No puedo estar en la cama.

Ya en el pasillo, no escuchó lo que ella contestaba, aunque distinguió que era el tono de hacerle alguna advertencia.° Tuvo un bostezo° que le dio frío. La casa estaba inhóspita a aquellas horas; se le sentían los huesos, crujía. Y el cuerpo la buscaba, sin embargo, para abrigarse en alguna cosa.

Carmen Martín Gaite

Entró en la cocina: ni restos del fuego rojo que había llenado sus ojos cerrados unos minutos antes. Pasó la mirada por los estantes recogidos. Todo gris, estático. El tictac del despertador salía al jardín por la ventana abierta. Sacó agua de la cántara° con un cacillo° y la bebió directamente. Se sentó en el escaño° de madera, lió un pitillo.° Allí estaba la escopeta,° en el rincón de siempre. Fumó, mirando al suelo, con la frente en las manos. Después de aquel cigarro, otros dos.

Eran ya las siete cuando salió a la balconada de atrás, colgada sobre un techo de avellanos,° con el retrete° en una esquina, y bajó la escalerilla que daba al jardín. Era jardín y huerta, pequeño, sin lindes.° Las hortensias° y las dalias crecían a dos pasos de las hortalizas,° y solamente había un paseo de arena° medianamente organizado, justamente bajo la balconada, a la sombra de los avellanos. Lo demás eran pequeños caminillos sin orden ni concierto que zurcían° los trozos de cultivos y flores. Más atrás de todo esto había un prado° donde estaban los árboles. Ciruelos,° perales,° manzanos, cerezos y una higuera,° en medio de todos. El maestro cruzó el corro° de los árboles y por la puerta de atrás salió del huerto al camino. La puerta de la casa daba a la carretera, ésta a un camino que se alejaba° del pueblo. A los pocos pasos se volvió a mirar. Asomaba el tejado° con su chimenea sin humo, bajo el primer albor° de un cielo neutro donde la luna se transparentaba rígida, ya de retirada. Le pareció un dibujo todo el jardín y mentira la casa; desparejada,° como si no fuera hermana de las otras del pueblo. Las otras estaban vivas y ésta era la casa de un guiñol,° de tarlatana° y cartón piedra.° Y Herminia, pobre Herminia, su única compañera marioneta. Con la mano en el aire le reñía,° le quería dar ánimos, llevarle a rastras,° pero sólo conseguía enhebrar° largos razonamientos de marioneta.

«Hoy tampoco ha venido carta. No nos va a escribir siempre, Benjamín.»

«Hay que dejar a cada cual su vida. Lo que es joven, rompe para adelante.»

«No estés callado, Benjamín.»

«¿Por qué no vas de caza?°»

«No ha escrito, no. Mañana, a lo mejor. A veces se pierden cartas.»

Y en invierno llueve. Y las noches son largas. Y las marionetas despintadas se miran con asombro.

Las ataduras

«Ella, Benjamín, no era para° morirse entre estas cuatro paredes.»

Dio la vuelta y siguió camino abajo. Ya iba a salir el sol. A la derecha, un muro de piedras desiguales, cubierto de musgo y zarzamoras,° separaba el camino de unos cultivos de viña.° Más adelante, cuando se acababa este muro, el camino se bifurcaba° y había una cruz de piedra en el cruce.° No se detuvo. Uno de los ramales° llevaba a la iglesia, que ya se divisaba detrás de un corro de eucaliptos; pero él tomó el otro, una encañada° del ancho° exacto de un carro de bueyes° y que tenía los rodales° de este pasaje señalados muy hondo en los extremos del suelo. Oyó que le llamaban, a la espalda, y se volvió. A los pocos metros, cerca del cruce, distinguió al cura° que subía, montado en su burro, hacia el camino de la otra parroquia.

—Benjamín —había llamado, primero no muy fuerte, entornando los ojos viejos, como para asegurarse.

Y luego detuvo el burro y ya más firme, con alegría:

—Benjamín, pero claro que es él. Benjamín, hombre, venga acá. Mira que tan pronto de vuelta.

El maestro no se acercó. Le contestó apagadamente° sin disminuir la distancia:

—Buenos días, don Félix. Voy de prisa.

El burro dio unos pasos hacia él.

—Vaya, hombre, con la prisa. Temprano saltan los quehaceres. Cuénteme, por lo menos, cuándo han llegado.

—Ayer tarde, ya tarde.

—¿Y qué tal? ¿Es muy grande París?

—Muy grande, sí señor. Demasiado.

—Vamos, vamos. Tengo que ir una tarde por su casa, para que me cuente cosas de la chica.

—Cuando quiera.

—Porque como esté esperando a que° usted venga por la iglesia...

Se había acercado y hablaba mirando la cabeza inclinada del maestro, que estaba desenterrando° una piedra del suelo, mientras le escuchaba. Salió un ciempiés° de debajo, lo vieron los dos escapar culebreando.° A Alina no le daba miedo de los ciempiés, ni cuando era muy niña. De ningún bicho° tenía miedo.

—¿Y cómo la han encontrado, a la chica?

no... she wasn't meant to

blackberries / **cultivos**...
   vineyards
split
crossroads
branches (of the road)
ravine
width / **carro**... oxcart / wheel
   ruts

priest

listlessly

como... if I wait until

digging up
centipede
slithering
bug

Carmen Martín Gaite

—Bien, don Félix, muy bien está.

—Se habrá alegrado mucho de verles, después de tanto tiempo.

—Ya ve usted.

—Vaya, vaya... ¿Y por fin no se ha traído a ningún nietecito?

—No señor, el padre no quiere separarse de ellos.

—Claro, claro. Ni Adelaida tampoco querrá. Maja° chica Alina. Así es la vida. Parece que la estoy viendo correr por aquí. Cómo pasa el tiempo. En fin... ¿Se acuerda usted de cuando recitó los versos a la Virgen, subida ahí en el muro, el día de la procesión de las Nieves?[2] No tendría ni ocho años. ¡Y qué bien los decía!, ¿se acuerda usted?

—Ya lo creo, sí, señor.

—Le daría usted mis recuerdos, los recuerdos del cura viejo.

—Sí, Herminia se los dio, me parece.

—Bueno, pues bienvenidos. No le entretengo más, que también a mí se me hace tarde para la misa. Dígale a Herminia que ya pasaré, a ver si ella me cuenta más cosas que usted.

—Adiós, don Félix.

Se separaron. La encañada seguía hacia abajo, pero se abría a la derecha en un repecho,° suave al principio, más abrupto luego, resbaladizo° de agujas° de pino. Llegado allí, el maestro se puso a subir la cuesta despacio, dejando el pueblo atrás. No volvió la vista. Ya sentía el sol a sus espaldas. Cuanto más arriba, más se espesaba° el monte de pinos y empezaban a aparecer rocas muy grandes, por encima de las cuales a veces tenía que saltar para no dar demasiado rodeo.° Miró hacia la cumbre,° en línea recta. Todavía le faltaba mucho. Trepaba de prisa, arañándose° el pantalón con los tojos,° con las carquejas secas. Pero se desprendía° rabiosamente y continuaba. No hacía caso del sudor° que empezaba a sentir, ni de los resbalones,° cada vez más frecuentes.

—Alina —murmuró, jadeando—, Alina.

Le caían lágrimas por la cara.

—Alina, ¿qué te pasa?, me estás destapando. ¿No te has dormido todavía? ¿Adónde vas?

Nice

steep slope
slippery / needles

became denser

para... to avoid taking the long way around
peak
scraping / twigs
he pulled away
sweat
slips

---

[2] **la procesión de las Nieves** A reference to a procession in honor of the **Virgen de los Nieves**, whose feast day is celebrated on August 5.

—A abrir la ventana.

—Pero, ¿no te has levantado antes a cerrarla? Te has levantado, me parece.

—Sí, me he levantado, ¿y qué?, no estés tan pendiente de mí.° **no**... don't be so concerned about me

—¿Cómo quieres que no esté pendiente si no me dejas dormir? Para quieta; ¿por qué cerrabas antes la ventana?

—Porque tosió Santiago. ¿No le oyes toda la noche? Tose mucho.

—Entonces no la abras otra vez, déjala.

La ventana da sobre un patio pequeño. Una luz indecisa de amanecer° baja del alto rectángulo de cielo. Alina saca la cabeza a mirar; trepan sus ojos ansiosos por los estratos° de ropa colgada —camisetas, sábanas, jerseys, que se balancean, a distintas alturas—, y respira al hallar arriba aquel claror primero. Es un trozo pequeño de cielo que se empieza a encender sobre París esa mañana, y a lo mejor ella sola lo está mirando. dawn / layers

—Pero, Alelaida, cierra ahí. ¿No has dicho que Santiago tose? No se te entiende. Ven acá.

—Me duele la cabeza, si está cerrada. Déjame un poco respirar, Philippe, duérmete. Yo no tengo sueño. Estoy nerviosa.

—Te digo que vengas acá.

—No quiero —dice ella, sin volverse—. Déjame.

Por toda respuesta, Philippe se incorpora° y da una luz pequeña. En la habitación hay dos cunas,° una pequeñísima, al lado de la cama de ellos, y otra más grande, medio oculta por un biombo.° El niño que duerme en esta cuna se ha revuelto y tose. Alina cierra la ventana. sits up / cribs / folding screen

—Apaga —dice con voz dura.

La luz sigue encendida.

—¿Es que no me has oído, estúpido? —estalla, furiosa, acercándose al interruptor.° light switch

Pero las manos de él la agarran° fuertemente por las muñecas. Se encuentran los ojos de los dos. grab

—Quita, bruto. Que apagues, te he dicho. El niño está medio despierto.

—Quiero saber lo que te pasa. Lo que te rebulle en la cabeza para no dejarte dormir.

—Nada, déjame. Me preocupa el niño; eso es todo. Y que no puedo soportar el olor de pintura.

Carmen Martín Gaite

—No, eso no es todo, Alina. Te conozco. Estás buscando que riñamos.° Igual que ayer. **Estás...** You're trying to start a fight.
—Cállate.
—Y hoy si quieres riña, vas a tener riña, ¿lo oyes?, no va a
5 ser como ayer. Vamos a hablar de todo lo que te estás tragando,° o vas a cambiar de cara, que ya no te puedo ver con keeping inside
ese gesto.
Ella se suelta, sin contestar, y se acerca a la cuna del niño, que ahora lloriquea° un poco. Le pone a hacer pis y le da agua. whimpers
10 Le arregla las ropas. A un gesto suyo, Philippe apaga la luz. Luego la siente él cómo coge a tientas° una bata° y abre la coge... gropes for / bathrobe
puerta que da al estudio.
—¿Qué vas a buscar? ¡Alina! —llama con voz contenida.
Alina cierra la puerta detrás de sí y da la luz del estudio. Es
15 una habitación algo mayor que la otra y mucho más revuelta. Las dos componen toda la casa. Sobre una mesa grande, cubierta de hule° amarillo, se ven cacharros° y copas sin fregar,° oilcloth / pots / **sin...** unwashed
y también botes con pinceles.° Junto a la mesa hay un caballete° paintbrushes / easel
y, en un ángulo, una cocina empotrada° tapada por cortinas. built-in
20 Alina ha ido allí a beber un poco de leche fría, y se queda de pie, mirándolo todo con ojos inertes. Por todas partes están los cuadros de Philippe. Colgados, apilados, vueltos de espalda, puestos a orear.° Mira los dos divanes donde han dormido sus dry out
padres y se va a tender en uno de ellos. Apura el vaso de leche,
25 lo deja en el suelo. Luego enciende un pitillo.
En el caballete hay un lienzo° a medio terminar. Una oleada° canvas / profusion
de remiendos° grises, brochazos° amarillentos, agujas negras. patches / brush strokes
Philippe ha aparecido en la puerta del estudio.
—Alina, ¿no oyes que te estoy llamando? Ven a la cama.
30 —Por favor, déjame en paz. Te he dicho que no tengo sueño, que no quiero.
—Pero aquí huele mucho más a pintura. ¿No dices que es eso lo que te pone nerviosa?
—Tú me pones nerviosa, ¡tú!, tenerte que dar cuenta° y **tenerte...** to have to give you an account
35 explicaciones de mi humor a cada momento, no poderme escapar a estar sola ni cinco minutos. Señor. ¡Cinco minutos de paz en todo el día!... A ver si ni siquiera voy a poder tener insomnio, vamos..., y nervios por lo que sea; es que es el colmo. ¡¡Ni un pitillo!! ¡Ni el tiempo de un pitillo sin tenerte delante!
40 Ha ido subiendo el tono de voz, y ahora le tiembla de excitación. Él se acerca.

—No hables tan alto. Te estás volviendo una histérica. Decías que estabas deseando que se fueran tus padres porque te ponían nerviosa, y ahora que se han ido es mucho peor.

—Mira, Philippe, déjame. Es mejor que me dejes en paz.

—No te dejo. Tenemos que hablar. Antes de venir tus padres no estabas así nunca. Antes de venir ellos...

Alina se pone de pie bruscamente.

—¡Mis padres no tienen nada que ver! —dice casi gritando—. Tú no tienes que hablar de ellos para nada, no tienes ni que nombrarlos, ¿lo oyes? Lo que pase o no pase por causa de mis padres, sólo me importa a mí.

—No creo eso; nos importa a los dos. Ven, siéntate.

—No tienes ni que nombrarlos —sigue ella tercamente,° paseando por la habitación—, eso es lo que te digo. Tú ni lo hueles lo que son mis padres, ni te molestas en saberlo. Más vale que no los mezcles en nada, después de lo que has sido con ellos estos días; mejor será así, si quieres que estemos en paz.

—¡Yo no quiero que estemos en paz! ¿Cuándo he querido, Alina? Tú te empeñas° en tener siempre paz a la fuerza. Pero cuando hay tormenta, tiene que estallar, y si no estalla es mucho peor. Dilo ya todo lo que andas escondiendo, en vez de callarte y amargarte° a solas. ¿Por qué me dices que no te pasa nada? Suelta ya lo que sea. Ven.

Alina viene otra vez a sentarse en el sofá, pero se queda callada, mirándose las uñas.° Hay una pausa. Los dos esperan.

—Qué difícil eres, mujer —dice él, por fin—. Cuántas vueltas le das a todo. Cuando se fueron tus padres, dijiste que te habías quedado tranquila. Recuérdalo.

—Claro que lo dije. No hay nervios que puedan aguantar una semana así. ¿Es que no has visto lo desplazados° que estaban, por Dios? ¿Vas a negar que no hacías el menor esfuerzo por la convivencia con ellos? Los tenías en casa como a animales molestos, era imposible de todo punto vivir así. ¡Claro que estaba deseando que se fueran!

—Adelaida, yo lo sabía que iba a pasar eso, y no sólo por mi culpa. Te lo dije que vinieran a un hotel, hubiera sido más lógico. Ellos y nosotros no tenemos nada que ver. Es otro mundo el suyo. Chocaban con todo, como es natural. Con nuestro horario, con la casa, con los amigos. No lo podíamos cambiar todo durante una semana. Yo les cedí mi estudio; no eres justa quejándote sólo de mí. La hostilidad la ponían ellos también, tu padre sobre todo. ¡Cómo me miraba! Está sin civilizar tu padre. Alina. Tú misma lo has dicho muchas veces;

Carmen Martín Gaite

has dicho que se le había agriado° el carácter desde que te embittered
fuiste a estudiar a la Universidad, que tenía celos de toda la
gente que conocías, que al volver al pueblo te hacía la vida
imposible. Y acuérdate de nuestro noviazgo.

5   Alina escucha sin alzar los ojos. Sobre las manos inmóviles
le han empezado a caer lágrimas. Sacude° la cabeza, como She shakes
ahuyentando un recuerdo molesto.

—Deja las historias viejas —dice—. Qué importa eso ahora.
Ellos han venido. Te habían conocido de refilón° cuando la de... in passing
10 boda, y ahora vienen, después de tres años, a vernos otra vez, y
a ver a los niños. ¿No podías haberlo hecho todo menos duro?
Ellos son viejos. A ti el despego° de mi padre no te daña, indifference, coldness
porque no te quita nada ya. Pero tú a mi padre se lo has quitado
todo. Eras tú quien se tenía que esforzar, para que no se fueran
15 como se han ido.

—Pero, ¿cómo se han ido? Parece que ha ocurrido una tragedia, o que les he insultado. ¿En qué he sido despegado yo, distinto de como soy con los demás? Sabes que a nadie trato con
un cuidado especial, no puedo. ¿En qué he sido despegado?
20 ¿Cuándo? ¿Qué tendría que haber hecho?

—Nada, déjalo, es lo mismo.

—No, no es lo mismo. Aprende a hablar con orden. A ver:
¿cuándo he sido yo despegado?

—No sé; ya en la estación, cuando llegaron; y luego, con lo
25 de los niños, y siempre.

—Pero no amontones las cosas,° mujer. En la estación, ¿no no... don't throw it all together
empezaron ellos a llorar, como si estuvieras muerta, y a mí ni
me miraban? ¿No se pusieron a decir que ni te conocían de tan
desmejorada,° que cómo podías haberte llegado a poner así? tan... in such bad shape
30 Tú misma te enfadaste, acuérdate. ¿No te acuerdas? Di.

—Pero si es lo mismo, Philippe —dice ella con voz cansada—. Anda, vete a acostar. No se trata de los hechos, sino
de entender y sentir la postura de mis padres, o no entenderla.
Tú no lo entiendes, qué le vas a hacer. Estaríamos hablando
35 hasta mañana.

—¿Y qué?

—Que no quiero, que no merece la pena.° no... it's not worth the trouble

Se levanta y va a dejar el vaso en el fregadero. Philippe la
sigue.

40 —¿Cómo que no merece la pena? Claro que la merece.
¿Crees que me voy a pasar toda la vida sufriendo tus misterios?
Ahora ya te vuelves a aislar, a sentirte incomprendida, y me
dejas aparte. Pero, ¿por qué sufres tú exactamente, que yo lo

Las ataduras

quiero saber? Tú te pasas perfectamente sin tus padres, has sentido alivio, como yo cuando se han ido... ¿no?

—¡Por Dios, déjame!

—No, no te dejo, haz un esfuerzo por explicarte, no seas tan complicada. Ahora quiero que hablemos de este asunto.

¡Pues yo no!

¡Pues yo sí... ! Quiero que quede agotado° de una vez para siempre, que no lo tengamos que volver a tocar. ¿Me oyes? Mírame cuando te hablo. Ven, no te escapes de lo que te pregunto.   settled

Alina se echa a llorar con sollozos° convulsos.   sobs

—¡¡Déjame!! —dice, chillando—. No sé explicarte nada, déjame en paz. Estoy nerviosa de estos días. Se me pasará. Ahora todavía no puedo reaccionar. Mis padres se han ido pensando que soy desgraciada, y sufro porque sé que ellos sufren pensando así. No es más que eso.

—¡Ay Dios mío! ¿Pero tú eres desgraciada?

—Y qué más da. Ellos lo han visto de esa manera, y ya nunca podrán vivir tranquilos. Eso es lo que me desespera. Si no me hubieran visto, sería distinto, pero ahora, por muy contenta que les escriba, ya nunca se les quitará de la cabeza. Nunca. Nunca.

Habla llorando, entrecortadamente.° Se pone a vestirse con unos pantalones de pana° negros que hay en el respaldo de una silla, y un jersey. Agarra las prendas° y se las mete, con gestos nerviosos. Un reloj, fuera, repite unas campanadas que ya habían sonado un minuto antes.   hesitantly / corduroy / clothes

—Tranquilízate, mujer. ¿Qué haces?

—Nada. Son las siete. Ya no me voy a volver a acostar. Vete a dormir tú un poco, por favor. Vamos a despertar a los niños si seguimos hablando tan fuerte.

—Pero no llores, no hay derecho. Libérate de esa pena° por tus padres. Tú tienes que llevar adelante tu vida y la de tus hijos. Te tienes que ocupar de borrar tus propios sufrimientos reales, cuando tengas alguno.   pain

—Que sí, que sí...°   All right, all right.

—Mujer, contéstame de otra manera. Parece que me tienes rencor, que te aburro.

La persigue, en un baile de pasos menudos, por todo el estudio. Ella ha cogido una bolsa que había colgada en la cocina.

—Déjame ahora —le dice, acercándose a la puerta de la calle—. Tendrás razón, la tienes, seguramente; pero, déjame, por favor. ¡¡Te lo estoy pidiendo por favor!!

Carmen Martín Gaite

—¿Cómo?, ¿te vas? No me dejes así, no te vayas enfadada. Dime algo, mujer.

Alina ya ha abierto la puerta.

—¡Qué más quieres que te diga! ¡Que no puedo más! Que no estaré tranquila hasta que no me pueda ver un rato sola. Que me salgo a buscar el pan para desayunar y a que me dé un poco el aire. Que lo comprendas si puedes. Que ya no aguanto más aquí encerrada. Hasta luego.

Ha salido casi corriendo. Hasta el portal de la calle hay solamente un tramo° de escalera. La mano le tiembla, mientras abre la puerta. Philippe la está llamando, pero no contesta.   flight

Sigue corriendo por la calle. Siente flojas las piernas, pero las fuerza a escapar. Cruza de una acera° a otra, y después de una bocacalle° a otra, ligera y zozobrante, arrimada° a las paredes. Hasta después de sentir un verdadero cansancio, no ha alzado los ojos del suelo, ni ha pensado adónde iba. Poco a poco, el paso se le va relajando, y su aire se vuelve vacilante y arrítmico, como el de un borracho, hasta que se detiene. Se ha acordado de que Philippe no la seguirá, porque no puede dejar solos a los niños, y respira hondo.   sidewalk / intersection / staying close to

Es una mañana de niebla. La mayor parte de las ventanas de las casas están cerradas todavía, pero se han abierto algunos bares. Ha llegado cerca de la trasera° de Nôtre Dame. Las personas que se cruzan con ella la miran allí parada, y siguen ajenas, absortas en lo suyo. Echa a andar en una dirección fija. Está cerca del Sena,[3] del río Sena. Un río que se llama de cualquier manera: una de aquellas rayitas azul oscuro que su padre señalaba en el mapa de la escuela. Éste es su río de ahora. Ha llegado cerca del río y lo quiere ver correr.   back end

Sale a la plaza de Nôtre Dame, y la cruza hacia el río. Luego va siguiendo despacio el parapeto hasta llegar a las primeras escaleras que bajan. El río va dentro de su cajón. Se baja por el parapeto hasta una acera ancha de cemento y desde allí se le ve correr muy cerca. Es como un escondite° de espaldas a la ciudad, el escenario de las canciones que hablan de amantes casi legendarios. No siente frío. Se sienta, abrazándose las rodillas, y los ojos se le van apaciguando,° descansando en las aguas grises del río.   hiding place / relaxing

---

[3] **el Sena** the river Seine, which runs through Paris.

Actividades preinterpretativas

COMPRENSION

Conteste a las siguientes preguntas.

1. ¿Quiénes son Benjamín y Herminia?
2. ¿Quién es Alina?
3. ¿Qué le molesta a Benjamín?
4. ¿Dónde vive Alina?
5. ¿Cuál es la profesión de Benjamín?
6. ¿Quién es Philippe?
7. ¿Qué le molesta a Alina?
8. ¿Por qué se riñen Adelaida y Philippe?
9. Según Adelaida, ¿quién se lo ha quitado todo a su padre?
10. ¿Adónde va Adelaida para escapar y pensar? ¿Por qué?

Segunda parte

Los ríos le atrajeron desde pequeñita, aún antes de haber visto ninguno. Desde arriba del monte Ervedelo, le gustaba mirar fijamente la raya del Miño, que riega° Orense, y también la ciudad, concreta y dibujada. Pero sobre todo el río, con su puente encima. Se lo imaginaba maravilloso, visto de cerca. Luego, en la escuela, su padre le enseñó los nombres de otros ríos que están en países distantes; miles de culebrillas° finas, todas iguales: las venas del mapa.

Iba a la escuela con los demás niños, pero era la más lista de todos. Lo oyó decir muchas veces al cura y al dueño del Pazo, cuando hablaban con su padre. Aprendió a leer en seguida y le enseñó a Eloy, el del vaquero, que no tenía tiempo para ir a la escuela.

—Te va a salir maestra como tú, Benjamín —decían los amigos del padre, mirándola.

Su padre era ya maduro, cuando ella había nacido. Junto con el recuerdo de su primera infancia,° estaba siempre el del roce° del bigote hirsuto° de su padre, que la besaba mucho y le contaba largas historias cerca del oído. Al padre le gustaba beber y cazar con la gente del pueblo. A ella la hizo andarina° y salvaje. La llevaba con él al monte en todo tiempo y le enseñaba los nombres de las hierbas y los bichos. Alina, con

°irrigates

°tiny snakes

°**primera**... early childhood
°touch / **bigote**... bushy mustache

°a hiker

los nombres que aprendía, iba inventando historias, relacionando colores y brillos de todas las cosas menudas. Se le hacía un mundo anchísimo, lleno de tesoros, el que tenía al alcance de la vista. Algunas veces se había juntado con otras niñas, y se sentaban todas a jugar sobre los muros, sobre los carros vacíos. Recogían y alineaban palitos, moras° verdes y rojas, erizos° de castaña, granos de maíz, cristales, cortezas.° Jugaban a cambiarse estos talismanes de colores. Hacían caldos y guisos, machacando los pétalos de flores en una lata vacía, los trocitos de teja que dan el pimentón,[4] las uvas arrancadas del racimo.° Andaban correteando° a la sombra de las casas, en la cuneta° de la carretera, entre las gallinas tontas y espantadizas y los pollitos feos del pescuezo pelado.°

berries / burrs
bark

bunch
frolicking / ditch

pescuezo... hairless neck

Pero desde que su padre la empezó a aficionar a trepar a los montes, cada vez le gustaba más alejarse del pueblo; todo lo que él le enseñaba o lo que iba mirando ella sola, en las cumbres, entre los pies de los pinos, era lo que tenía verdadero valor de descubrimiento. Saltaba en las puntas de los pies, dando chillidos, cada vez que se la escapaba un vilano,° una lagartija° o una mariposa de las buenas. La mariposa paisana volaba cerca de la tierra, cabeceando,° y era muy fácil de coger, pero interesaba menos que una mosca. Era menuda, de color naranja o marrón pinteada; por fuera como de ceniza.° Por lo más adentrado del monte, las mariposas que interesaban se cruzaban con los saltamontes,° que siempre daban susto al aparecer, desplegando° sus alas azules. Pero Alina no tenía miedo de ningún bicho; ni siquiera de los caballitos del diablo° que sólo andaban por lo más espeso, por donde también unas arañas° enormes y peludas tendían entre los pinchos de los tojos° sus gruesas telas,° como hamacas. Los caballitos del diablo le atraían por lo espantoso, y los acechaba,° conteniendo la respiración.

(airborne) thistledown / lizard

flitting about

ash

grasshoppers / unfolding

caballitos... dragonflies
spiders
spiny, evergreen shrubs / webs

watched

—Cállate, papá, que no se espante ése. Míralo ahí. Ahí — señalaba, llena de emoción.

Había unas flores moradas, con capullos° secos enganchados en palito° que parecían cascabeles de papel. Éstas eran el posadero de los caballitos del diablo; se montaban allí y quedaban balanceándose en éxtasis, con un ligero zumbido° que hacía vibrar sus alas de tornasol,° el cuerpo manchado de reptil pequeño, los ojos abultados y azules.

buds
enganchados... stuck to a pole-like stem

buzzing
sunflower

---

[4] **los trocitos**... the bits of roof tile that provide the paprika (for the little girls' make-believe stews).

Las ataduras

Un silencio aplastante,° que emborrachaba, caía a mediodía verticalmente sobre los montes. Alina se empezó a escapar sola a lo intrincado y le gustaba el miedo que sentía algunas veces, de tanta soledad. Era una excitación incomparable la de tenderse en lo más alto del monte, en lo más escondido, sobre todo pensando en que a lo mejor la buscaban o la iban a reñir.

Su madre la reñía mucho, si tardaba; pero su padre apenas un poco las primeras veces, hasta que dejó de reñirla en absoluto, y no permitió tampoco que le volviera a decir nada su mujer.

—Si no me puedo quejar —decía, riéndose—. Si he sido yo quien le ha enseñado lo de andar por ahí sola, pateando la tierra de uno y sacándole sabor. Sale a mí clavada,° Herminia. No es malo lo que hace; es una hermosura. Y no te apures,° que ella no se pierde, no.

Y el abuelo Santiago, el padre de la madre, era el que más se reía. Él sí que no estaba nunca preocupado por la nieta.

—Dejarla —decía—, dejarla, que ésta llegará lejos y andará mundo. A mí se parece, Benjamín, más que a ti. Ella será la que continúe las correrías del abuelo. Como que se va a quedar aquí. Lo trae en la cara escrito lo de querer explorar mundo y escaparse.

—No, pues eso de las correrías sí que no —se alarmaba el maestro—. Esas ideas no se las meta usted en la cabeza, abuelo. Ella se quedará en su tierra, como el padre, que no tiene nada perdido por ahí adelante.

El abuelo había ido a América de joven. Había tenido una vida agitada e inestable y le habían ocurrido muchas aventuras. El maestro, en cambio, no había salido nunca de unos pocos kilómetros a la redonda,° y se jactaba° de ello cada día más delante de la hija.

—Se puede uno pasar la vida, hija, sin perderse por mundos nuevos. Y hasta ser sabio. Todo es igual de nuevo aquí que en otro sitio; tú al abuelo no le hagas caso en esas historias de los viajes.

El abuelo se sonreía.

—Lo que sea ya lo veremos, Benjamín. No sirve que tú quieras o no quieras.

A medida que crecía, Alina empezó a comprender confusamente que su abuelo y su padre parecían querer disputársela para causas contradictorias, aunque los detalles y razones de

overwhelming

Sale... She's just like me
no... don't worry

a... in any direction / he boasted

Carmen Martín Gaite

aquella sorda° rivalidad se le escapasen. De momento la meta   unspoken
de sus ensueños° era bajar a la ciudad a ver el río.   dreams

    Recordaba ahora la primera vez que había ido con su padre a
Orense, un domingo de verano, que había feria. La insistencia
con que le pidió que la llevara y sus juramentos° de que no se   vows
iba a quejar de cansancio. Recordaba, como la primera emoción
verdaderamente seria de su vida, la de descubrir el río Miño de
cerca, en plena tarde, tras la larga caminata, con un movimiento
de muchas personas vestidas de colores, merendando en las   **merendando**... picnicking on the
márgenes,° y de otras que bajaban incesantemente de los ase-   banks
rraderos de madera° a la romería.° Cerca del río estaba la ermita   **aserraderos**... sawmills / fair
de los Remedios,° y un poco más abajo, a la orilla, el campo de   **la**... the shrine of the *Virgen de*
la feria con sus tenderetes° que parecían esqueletos de madera.   *los Remedios*
Estuvieron allí y el padre bebió y habló con mucha gente.   stalls
Bailaban y cantaban, jugaban a las cartas. Vendían pirulís,°   lollipops
pulpo,° sombreros de paja, confites, pitos,° pelotillas de goma y   octopus / whistles
alpargatas.° Pero Alina en eso casi no se fijó; lo había visto pare- espadrilles
cido por San Lorenzo, en la fiesta de la aldea. Miraba, sobre
todo, el río, hechizada,° sin soltarse al principio de la mano de   spellbound
su padre. Luego, más adelante, cuando el sol iba ya bajando,
se quedó un rato sentada en la orilla («...que tengo cuidado.
Déjame. De verdad, papá...»); y sentía todo el rumor de la fiesta
a sus espaldas, mientras trataba de descubrir, mezcladas en la
corriente del Miño, las pepitas de oro del afluente° legendario, el tributary
Sil, que arrastra° su tesoro, encañonado° entre colinas de piza-   drags / contained
rra.° No vio brillar ninguna de aquellas chispas maravillosas,   slate
pero el río se iba volviendo, con el atardecer, cada vez más son-
rosado y sereno, y se sentía, con su fluir, la despedida del día.
Había en la otra orilla unas yeguas° que levantaban los ojos de   mares
vez en cuando, y un pescador, inmóvil, con la caña° en ángulo.   pole
El rosa se espesaba en las aguas.

    Luego, al volver, desde el puente, casi de noche, se veían lejos
los montes y los pueblos escalonados° en anfiteatro, anchos,   tiered
azules, y, en primer término, las casas de Orense con sus ventanas abiertas, algunas ya con luces, otras cerradas, inflamados
aún los cristales por un último resplandor de sol. Muchas
mujeres volvían de prisa, con cestas° a la cabeza, y contaban   baskets
dinero, sin dejar de andar ni de hablar.

    —Se nos ha hecho muy tarde, Benjamín; la niña va con
sueño —decía un amigo del padre, que había estado con ellos
casi todo el rato.

    —¿Ésta? —contestaba el maestro, apretándole la mano—.
No la conoces tú a la faragulla esta. ¿Tienes sueño, faragulla?

Las ataduras

—Qué va,° papá, nada de sueño.

El maestro y su amigo habían bebido bastante, y se entretuvieron todavía un poco en unas tabernas del barrio de la Catedral.

Luego anduvieron por calles y callejas, cantando hasta salir al camino del pueblo, y allí el amigo se despidió. La vuelta era toda cuesta arriba, y andaban despacio.

—A lo mejor nos riñe tu madre.

—No, papá. Yo le digo que ha sido culpa mía; que me quise quedar más.

El maestro se puso a cantar, desafinando algo,° una canción de la tierra, que cantaba muy a menudo, y que decía: «...aproveita a boa vida — solteiriña non te cases — aproveita a boa vida — que eu sei de alguna casada — que chora de arrepentida.»[5] La cantó muchas veces.

—Tú siempre con tu padre, bonita —dijo luego—, siempre con tu padre.

Había cinco kilómetros de Orense a San Lorenzo. El camino daba vueltas y revueltas, a la luz de la luna.

—¿Te cansas?

—No, papá.

—Tu madre estará impaciente.

Cantaban los grillos.° Luego pasó uno que iba al pueblo con su carro de bueyes, y les dijo que subieran. Se tumbaron encima del heno° cortado.

—¿Lo has pasado bien, reina?

—¡Uy, más bien!

Y, oyendo el chillido de las ruedas, de cara a las estrellas, Alina tenía ganas de llorar.

A Eloy, el chico del vaquero, le contó lo maravilloso que era el río. Él ya había bajado a Orense varias veces porque era mayor que ella, y hasta se había bañado en el Miño, pero la escuchó hablar como si no lo conociera más que ahora, en sus palabras.

Eloy guardaba las vacas del maestro, que eran dos, y solía estar en un pequeño prado triangular que había en la falda del monte Ervedelo. Allí le venía a buscar Alina muchas tardes, y es donde le había enseñado a leer. A veces el abuelo Santiago la acompañaba en su paseo y se quedaba sentado con los niños,

Qué... Not at all

desafinando... somewhat out of tune

crickets

hay

[5] Benjamín is singing in **gallego**, the language native to the region of Galicia in Northwestern Spain. The lyrics say, ". . . take advantage of the good life — young woman, don't get married — take advantage of the good life — for I know of a married woman — who cries out of regret."

Carmen Martín Gaite

contándoles las sempiternas° historias de su viaje a América. — endless
Pero Alina no podía estar mucho rato parada en el mismo sitio.

—Abuelo, ¿puedo subir un rato a la peña° grande con Eloy, — rock
y tú te quedas con las vacas, como ayer? Bajamos en seguida.

El abuelo se ponía a liar un pitillo.

—Claro, hija. Venir cuando queráis.

Y subían corriendo de la mano por lo más difícil, brincando° de peña en peña hasta la cumbre. — jumping

¡Qué cosa era la ciudad, vista desde allí arriba! A partir de la gran piedra plana, donde se sentaban, descendía casi verticalmente la maleza,° mezclándose con árboles, piedras, cultivos, en un desnivel vertiginoso,° y las casas de Orense, la Catedral, el río estaban en el hondón de todo aquello; caían allí los ojos sin transición y se olvidaban del camino y de la distancia. Al río se le reconocían las arrugas° de la superficie, sobre todo si hacía sol. Alina se imaginaba lo bonito que sería ir montados los dos en una barca, aguas adelante. — underbrush / dizzying / ripples

—Hasta Tuy, ¿qué dices? ¿Cuánto tardaríamos hasta Tuy?

—No sé.

—A lo mejor muchos días, pero tendríamos cosas de comer.

—Claro, yo iría remando.° — rowing

—Y pasaríamos a Portugal. Para pasar a Portugal seguramente hay una raya en el agua de otro color más oscuro, que se notará poco, pero un poquito.

—¿Y dormir?

—No dormiríamos. No se duerme en un viaje así. Sólo mirar; mirando todo el rato.

—De noche no se mira, no se ve nada.

—Sí que se ve. Hay luna y luces por las orillas. Sí que se ve.

Nunca volvían pronto, como le habían dicho al abuelo.

—¿A ti qué te parece, que está lejos o cerca, el río?

—¿De aquí?

—Sí.

—A mí me parece que muy cerca, que casi puede uno tirarse. ¿A ti?

—También. Parece que si abro los brazos, voy a poder bajar volando. Mira, así.

—No lo digas —se asustaba Eloy, retirándola hacia atrás—, da vértigo.

—No, si no me tiro. Pero qué gusto daría, ¿verdad? Se levantaría muchísima agua.

Las ataduras

—Sí.

El río era como una brecha,° como una ventana para salir, la más importante, la que tenían más cerca.

Una tarde, en uno de estos paseos, Eloy le contó que había decidido irse a América, en cuanto fuese un poco mayor.

—¿Lo dices de verdad?

—Claro que lo digo de verdad.

Alina le miraba con mucha admiración.

—¿Cuándo se te ha ocurrido?

—Ya hace bastante, casi desde que le empecé a oír contar cosas a tu abuelo. Pero no estaba decidido como ahora. Voy a escribir a un primo que tengo allí. Pero es un secreto todo esto, no se lo digas a nadie.

—Claro que no. Te lo juro. Pero, oye, necesitarás dinero.

—Sí, ya lo iré juntando. No te creas que me voy a ir en seguida.

—Pues yo que tú,° me iría en seguida. Si no te vas en seguida, a lo mejor no te vas.

—Sí que me voy, te lo juro que me voy. Y más ahora que veo que a ti te parece bien.

Alina se puso a arrancar° hierbas muy de prisa, y no hablaron en un rato.

Luego dijo él:

—¿Sabes lo que voy a hacer?

—¿Qué?

—Que ya no te voy a volver a decir nada hasta que lo tenga todo arreglado y te vea para despedirme de ti. Así verás lo serio que es. Dice mi padre, que cuando se habla mucho de una cosa, que no se hace. Así que tú ya tampoco me vuelvas a preguntar nada, ¿eh?

—Bueno. Pero a ver si se te pasan las ganas por no hablar conmigo.

—No, mujer.

—Y no se lo digas a nadie más.

—A nadie. Sólo a mi primo, cuando le escriba, que no sé cuándo será. A lo mejor espero a juntar el dinero.

No volvieron a hablar de aquello. Eloy se fue a trabajar a unas canteras° cercanas, de donde estaban sacando piedra para hacer el Sanatorio y se empezaron a ver menos. Alina le preguntó al abuelo que si el viaje a América se podía hacer yendo de polizón,° porque imaginaba que Eloy iría de esa manera, y, durante algún tiempo, escuchó las historias del abuelo con una

opening

yo... if I were you

to pull up

quarries

stowaway

Carmen Martín Gaite

emoción distinta. Pero en seguida volvió a sentirlas lejos, como antes, igual que leídas en un libro o pintadas sobre un telón de colores gastados. En el fondo, todo aquello de los viajes le parecía una invención muy hermosa, pero sólo una invención, y no se lo creía mucho. Eloy no se iría; ¿cómo se iba a ir?

Muchas veces, desde el monte Ervedelo, cuando estaba sola mirando anochecer y se volvía a acordar de la conversación que tuvo allí mismo con su amigo, aunque trataba de sentir verdad que el sol no se había apagado, sino que seguía camino hacia otras tierras desconocidas y lejanas, y aunque decía muchas veces la palabra «América» y se acordaba de los dibujos del libro de Geografía, no lo podía, en realidad, comprender. Se había hundido el sol por detrás de las montañas que rodeaban aquel valle, y se consumía su reflejo en la ciudad recién abandonada, envuelta en un vaho° caliente todavía. [vapor] Empezaban a encenderse bombillas. Cuántas ventanas, cuántas vidas, cuántas historias. ¿Se podía abarcar° más? Todo aquello [include] pequeñito eran calles, tiendas, personas que iban a cenar. Había vida de sobra° allí abajo. Alina no podía imaginar tanta. [de... more than enough] Otros países grandes y florecientes los habría, los había sin duda; pero lo mismo daba.° Cuando quedaban oscurecido el [lo... it was all the same to her] valle, manso° y violeta el río; cuando empezaban a ladrar° los [gentle / to bark] perros a la luna naciente y se apuntaba también el miedo de la noche, todo se resumía en este poco espacio que entraba por los ojos. El sol había soplado° los candiles, había dicho «bue- [blown out] nas noches»; dejaba la esperanza de verlo alzarse° mañana. [rise] Alina en esos momentos pensaba que tenía razón su padre, que era un engaño querer correr detrás del sol, soñarle una luz más viva en otra tierra.

Cuando cumplió los diez años, empezó a hacer el bachillerato. Por entonces, la ciudad le era ya familiar. Su madre bajaba muchas veces al mercado con las mujeres de todas las aldeas que vivían de la venta diaria de unos pocos huevos, de un puñado° de judías. Alina la acompañó cuestas abajo y luego [handful] arriba, adelantando a los otros grupos, dejándose adelantar por ellos o pasando a engrosarlos,° y escuchó en silencio, junto a [to join them] su madre, las conversaciones que llevaban todas aquellas mujeres, mientras mantenían en equilibrio las cestas sobre la cabeza muy tiesa, sin mirarse, sin alterar el paso rítmico, casi militar. Ellas ponían en contacto las aldeas y encendían sus amistades, contaban las historias y daban las noticias, recordaban las fechas de las fiestas. Todo el cordón de pueblecitos dispersos, cercanos a la carretera, vertía° desde muy temprano a estas mensajeras, que se iban encontrando y saludando, camino de la ciudad, como bandadas de pájaros parlanchines.°   poured out to meet / chattering

A Alina le gustaba ir con su madre, trotando de trecho en trecho° para adaptarse a su paso ligero. Y le gustaba oír la charla de las mujeres. A veces hablaban de ella y le preguntaban cosas a la madre, que era seria y reconcentrada, más amiga de escuchar que de hablar. Habían sabido que iba a ingresar° la niña en el Instituto. La niña del maestro.   de... every so often / enroll

—Herminia, ¿ésta va a ir a Orense al Ingreso?°   boarding school
—Va.
—Cosas del padre, claro.
—Y de ella. Le gusta a ella.
—¿A ti te gusta, nena?°   child (little girl)
—Me gusta, sí señora.

Después, según fueron pasando los cursos, los comentarios se hicieron admirativos.
—Dicen que vas muy bien en los estudios.
—Regular.
—No. Dicen que muy bien. ¿No va muy bien, Herminia?
—Va bien, va.

Alina estudiaba con su padre, durante el invierno, y en junio bajaba a examinarse al Instituto por libre.° Solamente a los exámenes de ingreso consintió que su padre asistiera. Lo hizo cuestión personal.   por... on her own

—Yo sola, papá. Si no, nada. Yo bajo y me examino y cojo las papeletas° y todo. Si estáis vosotros, tú sobre todo, me sale mucho peor.   report cards

Se había hecho independiente por completo, oriunda° del terreno, confiada,° y era absolutamente natural verla crecer y desenredarse° sola como a las plantas. Benjamín aceptó las condiciones de la hija. Se jactaba de ella, la idealizaba en las conversaciones con los amigos. Cada final de curso, varias horas antes del regreso de Alina, lo dejaba todo y salía a esperarla a la tienda de Manuel, que estaba mucho antes del pueblo, al comienzo de los castaños de Indias° de la carretera, donde las mujeres que regresaban del mercado, en verano, se detenían a descansar un poco y a limpiarse el sudor de la frente debajo de aquella primera sombra uniforme. Casi siempre alguna de ellas, que había adelantado a Alina por el camino arriba, le traía la noticia al padre antes de que llegara ella.   native / self-confident / to manage herself / castaños... horse-chestnut trees

Carmen Martín Gaite

—Ahí atrás viene. Le pregunté. Dice que trae sobresalientes,[6] no sé cuántos.

—No la habrán suspendido° en ninguna. —failed

—Bueno, hombre, bueno. ¡La van a suspender!

—¿Tardará?

—No sé. Venía despacio.

Alina venía despacio. Volvía alegre, de cara al verano. Nunca había mirado con tanta hermandad y simpatía a las gentes con las que se iba encontrando, como ahora en estos regresos, con sus papeletas recién dobladas° dentro de los libros. Formaban —folded
un concierto aquellas gentes con las piedras, los árboles y los bichos de la tierra. Todo participaba y vivía conjuntamente:° —together
eran partículas que tejían el mediodía infinito, sin barreras. En la tienda de Manuel se detenía. Estaba Benjamín fuera, sentado a una mesa de madera, casi nunca solo, y veía ella desde lejos los pañuelos que la saludaban.

—Ven acá, mujer. Toma una taza de vino, como un hombre, con nosotros —decía el padre, besándola.

Y ella descansaba allí, bebía el vino fresco y agrio.° Y entre —sour
el sol de la caminata, la emoción, el vino y un poquito de vergüenza,° las mejillas le estallaban de un rojo bellísimo, el más —shame
vivo y alegre que el maestro había visto en su vida.

—Déjame ver, anda. Trae esas papeletas.

—Déjalo ahora, papá. Buenas notas, ya las verás en casa.

—¿Qué te preguntaron en Geografía?

—Los ríos de América. Tuve suerte.

—¿Y en Historia Natural?

—No me acuerdo,... ah, sí, los lepidópteros.[7]

—Pero deja a la chica, hombre, déjala ya en paz —intervenían los amigos.

En casa, el abuelo Santiago lloraba. No podía aguantar la emoción y se iba a un rincón de la huerta, donde Alina le seguía y se ponía a consolarle como de una cosa triste. Le abrazaba. Le acariciaba° la cabeza, las manos rugosas.° —caressed / wrinkled

—Esta vez sí que va de verdad, hija. Es la última vez que veo tus notas. Lo sé yo, que me muero este verano.

Al abuelo, con el pasar de los años, se le había ido criando un terror a la muerte que llegó casi a enfermedad. Estaba enfermo de miedo, seco y nervioso por los insomnios. Se negaba a dormir

---

[6] **sobresaliente** the equivalent of an "A" in the Spanish grading system.
[7] **lepidópteros** the class of insects that includes butterflies and moths.

porque decía que la muerte viene siempre de noche y hay que estar velando° para espantarla. Tomaba café y pastillas para no dormir, y lloraba muchas veces, durante la noche, llamando a los de la casa, que ya no hacían caso ninguno de sus manías, y le oían gemir° como al viento. Alina tenía el sueño muy duro, pero era la única que acudía a consolarle, alguna vez, cuando se despertaba. Le encontraba sentado en la cama, con la luz encendida, tensa su figurilla enteca° que proyectaba una inmensa sombra sobre la pared; en acecho,° como un vigía.° Efectivamente, casi todos los viejos de la aldea se quedaban muertos por la noche, mientras dormían, y nadie sentía llegar estas muertes, ni se molestaban en preguntar el motivo de ellas. Eran gentes delgadas y sufridas, a las que se había ido nublando la mirada, y que a lo mejor no habían visto jamás al médico. También el abuelo había estado sano siempre, pero era de los más viejos que quedaban vivos, y él sabía que le andaba rondando la vez.°

°keeping watch

°groan

°thin, fragile
°en... vigilant / sentinel

°le... his turn was drawing near

Las últimas notas de Alina que vio fueron las de quinto curso. Precisamente aquel año la abrazó más fuerte y lloró más que otras veces, tanto que el padre se tuvo que enfadar y le llamó egoísta, le dijo que aguaba° la alegría de todos. Alina tuvo toda la tarde un nudo° en la garganta, y por primera vez pensó que de verdad el abuelo se iba a morir. Le buscó en la huerta y por la casa varias veces aquella tarde, a lo largo de la fiesta que siempre celebraba el maestro en el comedor, con mucha gente. Merendaron empanada, rosquillas° y vino y cantaron mucho. Por primera vez había también algunos jóvenes. Un sobrino del dueño del Pazo, que estudiaba primero de carrera,[8] tocaba muy bien la guitarra y cantaba canciones muy bonitas. Habló bastante con Alina, sobre todo de lo divertido que era el invierno en Santiago de Compostela, con los estudiantes. Ya, por entonces, estaba casi decidido que Alina haría la carrera de Letras en Santiago, y ella se lo dijo al chico del Pazo. Era simpático, y le hablaba con cierta superioridad, pero al mismo tiempo no del todo como a una niña. Alina lo habría pasado muy bien si no estuviera todo el tiempo preocupada por el abuelo, que había desaparecido a media tarde, después de que el maestro le había reprendido° con irritación, como a un ser molesto. No le pudo encontrar, a pesar de que salió a los alrededores de la casa varias veces, y una de ellas se dio un llegón° corriendo hasta el cruce de la iglesia y le llamó a voces desde allí.

°spoiled
°knot

°sweet rolls

°reprimanded

°se... got up speed

[8] **que estudiaba...** who was in his first year at the university.

Carmen Martín Gaite

Volvió el abuelo por la noche, cuando ya se habían ido todos los amigos y había pasado la hora de la cena, cuando la madre de Alina empezaba a estar también muy preocupada. Traía la cabeza baja y le temblaban las manos. Se metió en su cuarto, sin que las palabras que ellos le dijeron lograsen aliviar su gesto contraído.

—Está loco tu padre, Herminia, loco —se enfadó el maestro, cuando le oyeron que cerraba la puerta—. Debía verle un médico. Nos está quitando la vida.

Benjamín estaba excitado por el éxito de la hija y por la bebida, y tenía ganas de discutir con alguien. Siguió diciendo muchas cosas del abuelo, sin que Alina ni su madre le secundaran.° Luego se fueron todos a la cama.

le... responding to him

Pero Alina no durmió. Esperó un rato y escapó de puntillas° al cuarto del abuelo. Aquella noche, tras sus sobresaltos de quinto curso, fue la última vez que habló largo y tendido con él. Se quedaron juntos hasta la madrugada, hasta que consiguió volver a verle confiado, ahuyentado° el desamparo° de sus ojos turbios que parecían querer traspasar la noche, verla rajada° por chorros° de luz.

de... on tiptoe

having disappeared / helplessness
split
streams

—No te vayas, hija, espera otro poco —le pedía a cada momento él, en cuanto la conversación languidecía.

—Si no me voy. No te preocupes. No me voy hasta que tú quieras.

—Que no nos oiga tu padre. Si se entera de que estás sin dormir por mi culpa, me mata.

—No nos oye, abuelo.

Y hablaban en cuchicheo,° casi al oído, como dos amantes.

en... in whispers

—¿Tú no piensas que estoy loco, verdad que no?

—Claro que no.

—Dímelo de verdad.

—Te lo juro, abuelo. —Y a Alina le temblaba la voz—. Me pareces la persona más seria de la casa.

—Me dicen que soy como un niño, pero no. Soy un hombre. Es que, hija de mi alma, la cosa más seria que le puede pasar a un hombre es morirse. Hablar es el único consuelo. Estaría hablando todo el día, si tuviera quien me escuchara. Mientras hablo, estoy todavía vivo, y le dejo algo a los demás. Lo terrible es que se muera todo con uno, toda la memoria de las cosas que se han hecho y se han visto. Entiende esto, hija.

—Lo entiendo, claro que lo entiendo.

Lloraba el abuelo.

—Lo entiendes, hija, porque sólo las mujeres entienden y dan calor. Por muy viejo que sea un hombre, delante de otro hombre tiene vergüenza de llorar. Una mujer te arropa,° aunque también te traiga a la tierra y te ate,° como tu abuela me ató a mí. Ya no te mueves más, y ves que no valías nada. Pero sabes lo que es la compañía. La compañía de uno, mala o buena, se la elige uno.

Desvariaba° el abuelo. Pero hablando, hablando le resucitaron los ojos y se le puso una voz sin temblores. La muerte no le puede coger desprevenido° a alguien que está hablando. El abuelo contó aquella noche, enredadas,° todas sus historias de América, de la abuela Rosa, de gentes distintas cuyos nombres equivocaba y cuyas anécdotas cambiaban de sujeto, historias desvaídas° de juventud. Era todo confuso, quizá más que ninguna vez de las que había hablado de lo mismo, pero en cambio, nunca le había llegado a Alina tan viva y estremecedora° como ahora la desesperación del abuelo por no poder moverse ya más, por no oír la voz de tantas personas que hay en el mundo contando cosas y escuchándolas, por no hacer tantos viajes como se quedan por hacer y aprender tantas cosas que valdrían la pena; y comprendía que quería legársela° a ella aquella sed de vida, aquella inquietud.

—Aquí, donde estoy condenado a morir, ya me lo tengo todo visto, sabido de memoria. Sé cómo son los responsos que me va a rezar° el cura, y la cara de los santos de la iglesia a los que me vais a encomendar,° he contado una por una las hierbas del cementerio. La única curiosidad puede ser la de saber en qué día de la semana me va a tocar la suerte. Tu abuela se murió en domingo, en abril.

—¿Mi abuela cómo era?

—Brava, hija, valiente como un hombre. Tenía cáncer y nadie lo supo. Se reía. Y además se murió tranquila. Claro, porque yo me quedaba con lo de ella —¿tú entiendes?—, con los recuerdos de ella —quiero decir—, que para alguien no se habían vuelto todavía inservibles. Lo mío es distinto, porque yo la llave de mis cosas, de mi memoria, ¿a quién se la dejo?

—A mí, abuelo. Yo te lo guardo todo —dijo Alina casi llorando—. Cuéntame todo lo que quieras. Siempre me puedes estar dando a guardar todo lo tuyo, y yo me lo quedaré cuando te mueras, te lo juro.

°enfolds
°te... ties you down

°(He) was rambling

°unaware
°all jumbled together

°insignificant

°movingly

°bequeath

°pray
°commend

Carmen Martín Gaite

Hacia la madrugada, fue a la cocina a hacer café y trajo las dos tazas. Estaba desvelada completamente.°   **Estaba...** She was wide awake

—Abuelo, dice papá que yo no me case, siempre me está diciendo eso. ¿Será verdad que no me voy a casar? ¿Tú qué dices?

—Claro que te casarás.

—Pues él dice que yo he nacido para estar libre.

—Nunca está uno libre; el que no está atado a algo, no vive. Y tu padre lo sabe. Quiere ser él tu atadura, eso es lo que pasa, pero no lo conseguirá.

—Sí lo consigue. Yo le quiero más que a nadie.

—Pero no es eso, Alina. Con él puedes romper, y romperás. Las verdaderas ataduras son las que uno escoge, las que se busca y se pone uno solo, pudiendo no tenerlas.

Alina, aunque no lo entendió del todo, recordó durante mucho tiempo esta conversación.

A los pocos días se encontró con Eloy en la carretera. Estaba muy guapo y muy mayor. Otras veces también le había visto, pero siempre de prisa, y apenas se saludaban un momento. Esta vez, la paró y le dijo que quería hablar con ella.

—Pues habla.

—No, ahora no. Tengo prisa.

—¿Y cuándo?

—Esta tarde, a las seis, en Ervedelo. Trabajo allí cerca.

Nunca le había dado nadie una cita,° y era rarísimo que se la diera Eloy. Por la tarde, cuando salió de casa, le parecía por primera vez en su vida que tenía que ocultarse. Salió por la puerta de atrás, y a su padre, que estaba en la huerta, le dio miles de explicaciones de las ganas que le habían entrado de dar un paseo. También le molestó encontrarse, en la falda del monte, con el abuelo Santiago, que era ahora quien guardaba la única vaca vieja que vivía, «Pintera». No sabía si pararse con él o no, pero por fin se detuvo porque le pareció que la había visto. Pero estaba medio dormido y se sobresaltó: date

—Hija, ¿qué hora es? ¿Ya es de noche? ¿Nos vamos?

—No, abuelo. ¿No ves que es de día? Subo un rato al monte.

—¿Vas a tardar mucho? —le preguntó él—. Es que estoy medio malo.

Levantaba ansiosamente hacia ella los ojos temblones.

—No, subo sólo un rato. ¿Qué te pasa?

—Nada, lo de siempre: el nudo aquí. ¿Te espero entonces?

—Sí, espérame y volvemos juntos.
—¿Vendrás antes de que se ponga el sol?
—Sí, claro.
—Por el amor de Dios, no tardes, Adelaida. Ya sabes que en cuanto se va el sol, me entran los miedos.
—No tardo, no. No tardo.

Pero no estaba en lo que decía. Se adentró en el pinar° con el corazón palpitante, y, sin querer, echó a andar más despacio. Le gustaba sentir crujir las agujas de pino caídas en el sol y en la sombra, formando una costra° de briznas° tostadas. Se imaginaba, sin saber por qué, que lo primero que iba a hacer Eloy era cogerle una mano y decirle que la quería; tal vez incluso a besarla. Y ella, ¿qué podría hacer si ocurría algo semejante? ¿Sería capaz de decir siquiera una palabra?

Pero Eloy sólo pretendía° darle la noticia de su próximo viaje a América. Por fin sus parientes le habían reclamado,° y estaba empezando a arreglar todos los papeles.

—Te lo cuento, como te prometí cuando éramos pequeños. Por lo amigos que éramos entonces, y porque me animaste mucho. Ahora ya te importará menos.

—No, no me importa menos. También somos amigos ahora. Me alegro de que se te haya arreglado. Me alegro mucho.

Pero tenía que esforzarse para hablar. Sentía una especie de decepción, como si este viaje fuera diferente de aquel irreal y legendario, que ella había imaginado para su amigo en esta cumbre del monte, sin llegarse a creer que de verdad lo haría.

—¿Y tendrás trabajo allí?
—Sí, creo que me han buscado uno. De camarero. Están en Buenos Aires y mi tío ha abierto un bar.
—Pero tú de camarero no has trabajado nunca. ¿Te gusta?
—Me gusta irme de aquí. Ya veremos. Luego haré otras cosas. Se puede hacer de todo.
—Entonces, ¿estás contento de irte?
—Contento, contento. No te lo puedo ni explicar. Ahora ya se lo puedo decir a todos. Tengo junto bastante dinero, y si mis padres no quieren, me voy igual.

Le brillaban los ojos de alegría, tenía la voz segura. Alina estaba triste, y no sabía explicarse por qué. Luego bajaron un poco y subieron a otro monte de la izquierda, desde el cual se veían las canteras donde Eloy había estado trabajando todo aquel tiempo. Sonaban de vez en cuando los barrenos° que

pine grove

crust / pieces

wanted
le... had called for him

blasts

Carmen Martín Gaite

atronaban° el valle, y los golpes de los obreros abriendo las   deafened
masas de granito, tallándolas° en rectángulos lisos, grandes y   cutting
blancos. Eloy aquella tarde había perdido el trabajo por venir a
hablar con Alina y dijo que le daba igual, porque ya se pensaba
5 despedir. Se veían muy pequeños los hombres que trabajaban,
y Eloy los miraba con curiosidad y atención, desde lo alto,
como si nunca hubieran sido sus compañeros.

—Me marcho, me marcho —repetía.

Atardeció sobre Orense. Los dos vieron caer la sombra
10 encima de los tejados de la ciudad, cegar° al río. Al edificio del   blot out
Instituto le dio un poco de sol en los cristales hasta lo último.
Alina lo localizó y se lo enseñó a Eloy, que no sabía dónde
estaba. Tuvo que acercar mucho su cara a la de él.

—Mira; allí. Allí...

15 Hablaron del Instituto y de las notas de Alina.

—El señorito del Pazo dice que eres muy lista, que vas a
hacer carrera.°   **vas**... you're going to go to the university

—Bueno, todavía no sé.

—Te pone por las nubes.°   **Te**... He can't say enough about you.

20 —Si casi no lo conozco. ¿Tú cuándo le has visto?

—Lo veo en la taberna. Hemos jugado a las cartas. Hasta
pensé: «A lo mejor quiere a Alina».

La miraba. Ella se puso colorada.

—¡Qué tontería!° Sólo le he visto una vez. Y además, Eloy,   **¡Qué**... What foolishness!
25 tengo quince años. Parece mentira que digas eso.

Tenía ganas de llorar.

—Ya se es una mujer con quince años —dijo él alegremente,
pero sin la menor turbación—. ¿O no? Tú sabrás.

—Sí, bueno, pero...
30 —¿Pero qué?

—Nada.

—Tienes razón, mujer. Tiempo hay, tiempo hay.

Y Eloy se rió. Parecía de veinte años o mayor, aunque sólo
le llevaba dos a ella.° «Estará harto° de tener novias —pensó   **sólo**... he was only two years older than she / fed up
35 Alina—. Me quiere hacer rabiar.»

Bajaron en silencio por un camino que daba algo de vuelta.
Era violento tenerse que agarrar alguna vez de la mano, en los
trozos difíciles. Ya había estrellas. De pronto Alina se acordó
del abuelo y de lo que le había prometido de no tardar, y se le
40 encogió° el corazón.   shrank

—Vamos a cortar por aquí. Vamos de prisa. Me está esperando.

—Bueno, que espere.

—No puede esperar. Le da miedo. Vamos, oye. De verdad.

Corrían. Salieron a un camino ya oscuro y pasaron por delante de la casa abandonada, que había sido del cura en otro tiempo y luego se la vendió a unos señores que casi no venían nunca. La llamaban «la casa del camino» y ninguna otra casa le estaba cerca. A la puerta, y por el balcón de madera carcomida,° subía una enredadera de pasionarias,° extrañas flores como de carne pintarrajeada,° de mueca° grotesca y mortecina,° que parecían rostros de payasa vieja. A Alina, que no tenía miedo de nada, le daban miedo estas flores, y nunca las había visto en otro sitio. Eloy se paró y arrancó una.

—Toma.

—¿Que tome yo? ¿Por qué? —se sobrecogió ella sin coger la flor que le alargaba° su amigo.

—Por nada, hija. Porque me voy; un regalo. Me miras de una manera rara, como con miedo. ¿Por qué me miras así?

—No; no la quiero. Es que no me gustan, me dan grima.°

—Bueno —dijo Eloy. Y la tiró—. Pero no escapes.

Corrían otra vez.

—Es por el abuelo. Tengo miedo por él —decía Alina, casi llorando, descansada de tener un pretexto para justificar su emoción de toda la tarde—. Quédate atrás tú, si quieres.

—Pero ¿qué le va a pasar al abuelo? ¿Qué le puede pasar?

—No sé. Algo. Tengo ganas de llegar a verle.

—¿Prefieres que me quede o que vaya contigo?

—No. Mejor ven conmigo. Ven tú también.

—Pues no corras así.

Le distinguieron desde lejos, inmóvil, apoyado en el tronco de un nogal,° junto a la vaca, que estaba echada en el suelo.

—¿Ves cómo está allí? —dijo Eloy.

Alina empezó a llamarle, a medida que se acercaba:

—Que ya vengo, abuelo. Que ya estoy aquí. No te asustes. Somos nosotros. Eloy y yo.

Pero él no gemía, como otras veces, no se incorporaba. Cuando entraron agitadamente en el prado, vieron que se había quedado muerto, con los ojos abiertos, impasibles. Las sombras se tendían pacíficamente delante de ellos, caían como un telón, anegaban° el campo y la aldea.

A partir de la muerte del abuelo y de la marcha de Eloy, los recuerdos de Alina toman otra vertiente° más cercana, y todos desembocan° en Philippe. Es muy raro que estos recuerdos sean más confusos que los antiguos, pero ocurre así.

Carmen Martín Gaite

Los dos últimos cursos de bachillerato, ni sabe cómo fueron. Vivía en la aldea, pero con el solo pensamiento de terminar los estudios en el Instituto para irse a Santiago de Compostela. Ya vivía allí con la imaginación, y ahora, después de los años, lo que imaginaba se enreda y teje° con lo que vivió de verdad. Quería escapar, cambiar de vida. Se hizo huraña° y estaba siempre ausente. Empezó a escribir versos que guardaba celosamente° y que hasta que conoció a Philippe no había enseñado a nadie, ni a su padre siquiera. Muchas veces se iba a escribir al jardín que rodeaba la iglesia, cerca de la tumba del abuelo. Aquello no parecía un cementerio, de los que luego conoció Alina, tan característicos. Cantaban los pájaros y andaban por allí picoteando las gallinas del cura. Estaban a dos pasos los eucaliptos y los pinos, todo era uno. Muchas veces sentía timidez de que alguien la encontrase sola en lugares así, y se hacía la distraída para no saludar al que pasaba, aunque fuese un conocido.

weaves into
unsociable

jealously

—Es orgullosa° —empezaron a decir en el pueblo—. Se la ha subido a la cabeza lo de los estudios.

proud

A las niñas que habían jugado con ella de pequeña se les había acercado la juventud, estallante° y brevísima, como una huella° roja. Vivían todo el año esperando las fiestas del Patrón[9] por agosto, de donde muchas salían con novio y otras embarazadas. Algunas de las de su edad ya tenían un hijo. Durante el invierno se las encontraba por la carretera, descalzas,° con sus cántaros° a la cabeza, llevando de la mano al hermanito o al hijo. Cargadas, serias, responsables. También las veía curvadas hacia la tierra para recoger patatas o piñas.° Y le parecía que nunca las había mirado hasta entonces. Nunca había encontrado esta dificultad para comunicarse con ellas ni había sentido la vergüenza de ser distinta. Pero tampoco, como ahora, esta especie de regodeo° por saber que ella estaba con el pie en otro sitio, que podría evadirse de este destino que la angustiaba.° Iba con frecuencia a confesarse con don Félix y se acusaba de falta de humildad.

explosive
mark

barefoot / jugs

pine cones

pleasure

distressed

—Pues trabaja con tu madre en la casa, hija —le decía el cura—, haz trabajos en el campo, habla con toda la gente, como antes hacías.

---

[9] **las fiestas del Patrón** a celebration in honor of the patron saint of the village.

Luego, rezando la penitencia, se pasaba largos ratos Alina en la iglesia vacía por las tardes, con la puerta al fondo, por donde entraban olores y ruidos del campo, abierta de par en par.° Clavaba° sus ojos, sin tener el menor pensamiento, en la imagen
5 de San Roque, que tenía el ala° del sombrero levantada y allí, cruzadas dos llaves, pintadas de purpurina. Le iba detallando los ojos pasmados,° la boca que asomaba entre la barba, con un gesto de guasa,° como si estuviera disfrazado y lo supiera. Llevaba una esclavina° oscura con conchas° de peregrino° y
10 debajo una túnica violeta, que se levantaba hasta el muslo° con la mano izquierda para enseñar una llaga° pálida, mientras que con la derecha agarraba un palo° rematado por molduras.[10] El perro que tenía a sus pies, según del lado que se le mirara, parecía un cerdo flaco o una oveja.° Levantaba al santo unos
15 ojos de agonía.

— Se me quita la devoción, mirando ese San Roque —confesaba Alina al cura—. Me parece mentira todo lo de la iglesia, no creo en nada de nada. Me da náusea.

— ¡Qué cosa más rara, hija, una imagen tan milagrosa! Pero
20 nada —se alarmaba don Félix—, no vuelvas a mirarla. Reza el rosario en los pinos como hacías antes, o imagínate a Dios a tu manera. Lo que sea, no importa. Tú eres buena, no te tienes que preocupar tanto con esas preguntas que siempre se te están ocurriendo. Baila un poquito en estas fiestas que vienen.
25 Eso tampoco es malo a tu edad. Diviértete, hija. —Se reía—. Dirás que qué penitencia tan rara.

El maestro, que siempre había sido bastante anticlerical, empezó a alarmarse.

— Pero, Herminia, ¿qué hace esta chica todo el día en la
30 iglesia?

— Que haga lo que quiera. Déjala.

— ¿Que la deje? ¿Cómo la voy a dejar? Se nos mete monja por menos de un pelo.°

— Bueno, hombre, bueno.
35 — Pero ¿cómo no te importa lo que te digo, mujer? Tú no te inmutas por nada.° Eres como de corcho.

de... wide
She fixed
brim

fixed, frozen
gesto... teasing expression
cape / shells / pilgrim
thigh
sore
(walking) stick

sheep

Se... She's a hair's breadth away from becoming a nun.

Tú... Nothing affects you.

---

[10] Typical garb for pilgrims walking the **Camino de Santiago** (Way of St. James) to the holy city of Santiago de Compostela during the Middle Ages included hats or other garments adorned with conch shells and elaborate walking sticks. San Roque is a French saint revered as a protector against the plague.

—No soy de corcho, pero dejo a la hija en paz. Tú la vas a aburrir, de tanto estar pendiente de lo que hace o lo que no hace.

—Pero dile algo tú. Eso son cosas tuyas.

—Ya es mayor. Díselo tú, si quieres, yo no le digo nada. No veo que le pase nada de particular.

—Sí que le pasa. Tú no ves más allá de tus narices. Está callada todo el día. Ya no habla conmigo como antes, me esconde cosas que escribe.

—Bueno, y qué. Porque crece. No va a ser siempre como de niña. Son cosas del crecimiento, de que se va a separar. Se lo preguntaré a ella lo que le pasa.

Y Alina siempre decía que no le pasaba nada.

—¿No será que estudias demasiado?

—No, por Dios, papá. Al contrario. Si eso es lo que más me divierte.

—Pues antes comías mejor, estabas más alegre, cantabas.

—Yo estoy bien, te lo aseguro.

—Verás este año en las fiestas. Este año nos vamos a divertir. Va a ser sonada,° la romería de San Lorenzo.   sensational

Aquel verano, el último antes de empezar Alina la carrera, se lo pasó Benjamín, desde junio, haciendo proyectos para la fiesta del Patrón que era a mediados de agosto. Quería celebrar por todo lo alto que su hija hubiese acabado el bachillerato y quería que ella se regocijase° con él, preparando las celebraciones.   to enjoy herself
Pidió que aquel año le nombrasen mayordomo° de la fiesta. Los   the person in charge
mayordomos se elegían cada año entre los cuatro o cinco mejor
acomodados° de la aldea y ellos corrían con gran parte del gasto.   (financially) comfortable
En general todos se picaban° y querían deslumbrar° a los demás;   goaded each other / outshine
pensaban que el San Lorenzo que patrocinaban° ellos había de   sponsored
tener más brillo que ninguno, aunque las diferencias de unos años a otros fueran absolutamente insensibles y nadie se percatara° de que había variado alguna cosa. El maestro, aquel año,   would notice
soñaba con que su nombre y el de la hija se dijeran en Verín y en Orense.

—Nos vamos a arruinar, hombre —protestaba Herminia, cada vez que le veía subir de Orense con una compra nueva.

—Bueno, ¿y qué si nos arruinamos?

—No, nada.

Compró cientos de bombas y cohetes.° Alquiló a un pirotéc-   rockets
nico para los fuegos artificiales,° que en el pueblo nunca se   fuegos... fireworks
habían visto. Contrató a la mejor banda de música del contorno,° atracciones nuevas de norias° y tiovivos.° Mandó   del... in the area / Ferris wheels / merry-go-rounds
adornar todo el techo del campo donde se iba a celebrar la

romería con farolillos y banderas, instaló en la terraza de su propria casa un pequeño bar con bebidas, donde podía detenerse todo el mundo, a tomar un trago° gratis.

—El maestro echa la casa por la ventana[11] —comentaban.
—La echa, sí.

Días antes había bajado a la ciudad con Adelaida y había querido comprarle un traje de noche° en una tienda elegante. La llevó al escaparate° con mucha ilusión. Era azul de glasé° y tenía una rosa en la cintura.

—Que no, papá. Que yo eso no me lo pongo, que me da mucha vergüenza a mí ponerme eso. No te pongas triste. Es que no puedo, de verdad. Anda, vamos.

—Pero ¿cómo «vamos»? ¿No te parece bonito?
—Muy bonito, sí. Pero no lo quiero. No me parece propio. Compréndelo, papá. Te lo agradezco° mucho. Parece un traje de reina,° o no sé.

—Claro, de reina. Para una reina.

No lo podía entender. Insistía en que entrase a probárselo para que se lo viese él puesto, por lo menos unos instantes. Pero no lo consiguió. Terminaron en una de aquellas tiendas de paños° del barrio antiguo, hondas y solitarias como catedrales, y allí se eligió Alina dos cortes° de vestido de cretona estampada° que le hizo en tres días la modista° de la aldea. Volvieron muy callados todo el camino, con el paquete.

No fueron para Alina aquellas fiestas diferentes de las de otros años, más que en que se tuvo que esforzar mucho para esconder su melancolía, porque no quería nublar el gozo de su padre.° No sabía lo que le pasaba, pero su deseo de irse era mayor que nunca. Se sentía atrapada, girando° a disgusto en una rueda vertiginosa. Se reía sin parar, forzadamente, y a cada momento se encontraba con los ojos del padre que buscaban los suyos para cerciorarse° de que se estaba divirtiendo. Bailó mucho y le dijeron piropos,° pero de ningún hombre le quedó recuerdo.

—Ya te estaba esperando a ti en esa fiesta —le dijo a Philippe poco tiempo más tarde, cuando le contó cosas de este tiempo anterior a su encuentro—. Era como si ya te conociera de tanto como te echaba de menos, de tanto como estaba reservando mi vida para ti.

Benjamín perdió a su hija en aquellas fiestas, a pesar de que Philippe, el rival de carne y hueso, no hubiese aparecido

---

[11] **echa la casa por la ventana** he's going all out. Literallly, "he's throwing the house out the window."

todavía. Pero no se apercibió. Anduvo dando vueltas por el campo de la romería, de unos grupos a otros, desde las primeras horas de la tarde, y estaba orgulloso recibiendo las felicitaciones de todo el mundo. Descansaba del ajetreo° de los días anteriores.

La romería se celebraba en un soto° de castaños y eucaliptos a la izquierda de la carretera. Los árboles eran viejos, y muchos se secaban poco a poco. Otros los habían ido cortando, y dejaron el muñón° de asiento para las rosquilleras. Las que llegaban tarde se sentaban en el suelo, sobre la hierba amarillenta y pisoteada,° y ponían delante la cesta con la mercancía. En filas de a tres o cuatro, con pañuelos de colores a la cabeza. Vendían rosquillas de Rivadabia, peras y manzanas, relojitos de hora fija, pitos, petardos.° Estaban instaladas desde por la mañana las barcas voladoras° pintadas de azul descolorido y sujetas por dos barras de hierro a un cartel alargado, donde se leía: «LA ALEGRIA — ODILO VARELA». Otros años las ponían cerca de la carretera, y a Odilo Varela, que ya era popular, le ayudaban todos los niños del pueblo trayendo tablas° y clavos.° Pero esta vez habían venido también automóviles de choque° y una noria, y las barcas voladoras pasaron a segundo término.

También desde por la mañana, muy temprano, habían llegado los pulperos,° los indispensables, solemnes pulperos de la feria. Este año eran tres. El pulpero era tan importante como la banda de música, como la misa de tres curas, como los cohetes que estremecían la montaña. Los chiquillos rondaban los estampidos° de los primeros cohetes para salir corriendo a buscar la vara.° Y también acechaban la llegada del primer pulpero para salir corriendo por la aldea a dar la noticia. El pulpero, entretanto, preparaba parsimoniosamente sus bártulos,° consciente de la dignidad de su cargo, de su valor en la fiesta. Escogía, tras muchas inspecciones de terreno, el lugar más apropiado para colocar la inmensa olla° de hierro renegrido.° La cambiaba varias veces. Un poco más arriba. Donde diera menos el aire. Una vez asentada definitivamente, sobre sus patas, la llenaba de agua y amontonaba debajo hojas secas, ramas y cortezas que iban juntando y recogiendo con un palo. A esto le ayudaban los chiquillos, cada vez más numerosos, que lo rodeaban. Luego prendía la hoguera,° y, cuando el agua empezaba a hervir,° sacaba el pulpo para echarlo a la olla. Éste era el momento más importante de la ceremonia, y ya se había juntado mucha gente

bustle

grove

stump

trampled

firecrackers
barcas... flying boats

boards / nails
automóviles... bumper cars

octopus vendors

booms
pole

goods

pot / blackened

prendía... lit the fire / boil

para verlo. El pulpo seco como un esqueleto, con sus brazos tiesos° llenos de arrugas, se hundía en el agua para transformarse. El pulpero echaba° un cigarro, y contestaba sin apresurarse a las peticiones de las mujeres que se habían ido acercando y empezando a hacerle encargos,° mientras, de vez en cuando, revolvía dentro de la olla con su largo garfio° de hierro. El caldo° del pulpo despedía por sus burbujas° un olor violento que excitaba y alcanzaba los sentidos, como una llamarada.°

Por la tarde, este olor había impregnado el campo y se mezclaba con el de anguilas° fritas. También venían de cuando en cuando, entre el polvo que levantaban las parejas al bailar, otras ráfagas° frescas de olor a eucaliptos y a resina. Alina las bebía ansiosamente, respiraba por encima del hombro de su compañero de baile, miraba lejos, a las copas oscuras de los pinos, a las montañas, como asomada a una ventana.

—Parece que se divierte tu chica —le decían al maestro los amigos.

—Se divierte, sí, ya lo veo. No deja de bailar. Y lo que más me gusta es que baila con todos. No está en edad de atarse a nadie.

—Se atará, Benjamín, se atará.

—Pero hay tiempo. Ahora, en octubre, va a la Universidad. Hará su carrera. Buena gana tiene ella de pensar en novios.° Ésta sacará una oposición,[12] ya lo veréis. Le tiran mucho los estudios.

Desde la carretera hasta donde estaba el templete° de los músicos, con su colgadura de la bandera española, todo el campo de la romería estaba cuajado° a ambos lados de tenderetes de vinos y fritangas,° con sus bancos de madera delante, y sobre el mostrador° se alineaban los porrones° de vino del Ribeiro y las tacitas de loza blanca,[13] apiladas casi hasta rozar° los rabos° de las anguilas que pendían° medio vivas todavía, enhebradas de diez a doce por las cabezas. El maestro no perdía de ojo a la chica, ni dejaba de beber; se movía incesantemente de una parte a otra. Alina sonreía a su padre, cuando le pasaba cerca, bailando, pero procuraba empujar a su pareja hacia la parte opuesta para esquivar° estas miradas indagadoras que la desasosegaban.° Contestaba maquinalmente, se reía, giraba.

stiff
would light

orders
hook
broth / bubbles
sudden blaze

eels

gusts

Buena... Boyfriends are the last thing on her mind.

bandstand
crowded
fried foods
counter / carafes
brush against
tails / hung

avoid
que... that made her uneasy

---

[12] **Ésta sacará una oposición** She'll pass the exam. In Spain, teaching positions in public schools are awarded through competitive exams.
[13] In Galicia, **Ribeiro** wine is typically drunk from shallow porcelain cups rather than from glasses.

(«Bailas muy bien.» «Perdona, te he pisado.°» «¿Y vas a ser maestra?») Se dejaba llevar, entornando los ojos. A veces tropezaba con una pareja de niñas que se ensayaban para cuando mozas,° y que se tambaleaban,° mirándolos muertas de risa. Anochecía. Los niños buscaban los pies de los que bailaban con fuegos y petardos, y después escapaban corriendo. Ensordecía° el chillido de los pitos morados que tienen en la punta ese globo que se hincha al soplar y después se deshincha llorando. Casi no se oía la música. Cuando se paraba, sólo se enteraba Alina porque su compañero se paraba también. Se soltaban entonces.

—Gracias.

—A ti, bonita.

Y el padre casi todas las veces se acercaba entonces para decirle algo, o para llevársela a dar una vuelta por allí con él y los amigos, hasta que veía que los músicos volvían a coger los instrumentos. La llevó a comer el pulpo, que pedía mucho vino. Le divertía a Benjamín coger él mismo la gran tijera° del pulpero y cortar el rabo recién sacado de la olla. Caían en el plato de madera las rodajitas° sonrosadas y duras, por fuera con su costra de granos amoratados.° El pulpero las rociaba° de aceite y pimentón.

—Resulta bien esto, ¿eh, reina?

—Sí, papá.

—Me gusta tanto ver lo que te diviertes. ¿Ves?, ya te lo decía yo que ibas a bailar todo el tiempo.

—Sí, bailo mucho.

—Es estupenda la banda, ¿verdad? Mejor que ningún año.

—Sí que es muy buena, sí.

Pero la banda era igual que siempre, con aquellos hombres de azul marino y gorra de plato,° que de vez en cuando se aflojaban° la corbata. Alina hubiera querido escucharles sin tener que bailar. Todo lo que tocaban parecía lo mismo. Lo transformaban, fuera lo que fuera, en una charanga° uniforme que no se sabía si era de circo o de procesión. Porque pasaba por ellos; le daban un conmovedor° aire aldeano. Lo mismo que saben° casi igual los chorizos° que las patatas, cuando se asan° en el monte con rescoldo° de eucaliptos, así se ahumaban° los pasodobles[14] y los tangos al pasar por la brasa° de la romería.

[14] **pasodoble** A Spanish dance.

Esta música fue la más querida para Alina y nunca ya la olvidó. Y, sin saber porqué, cuando pasó, el tiempo la asoció, sobre todo, a la mirada que tenía un cordero que rifaron cuando ya era de noche. Ella y su padre habían cogido papeletas para la rifa, y estaban alrededor esperando a que se sorteasc. El animal se escapó, balando° entre la gente, y no lo podían coger con el barullo.° Cuando por fin lo rescataron,° se frotaba° contra las piernas de todos y los miraba con ojos tristísmos de persona. A Alina toda la música de la fiesta se le tiñó° de la mirada de aquel cordero, que la pareció lo más vivo e importante de la fiesta, y que en mucho tiempo no pudo olvidar tampoco.

    En los primeros días de soledad e inadaptación que pasó al llegar a Santiago, todos estos particulares de la aldea recién abandonada los puso en poemas que luego entusiasmaron a Philippe. Él, que venía a encontrar colores nuevos en el paisaje de España y a indignarse° con todo lo que llamaba sus salvajismos, se sintió atraído desde el principio por aquella muchacha, salvaje también, casi una niña, que poco a poco le fue abriendo la puerta de sus recuerdos. Una muchacha que nunca había viajado, a la que no había besado ningún chico, que solamente había leído unos cuantos libros absurdos; romántica, ignorante, y a la que, sin embargo, no se cansaba uno de escuchar.

    —Pero es terrible eso que me cuentas de tu padre.
    —¿Terrible por qué?
    —Porque tu padre está enamorado de ti. Tal vez sin darse cuenta, pero es evidente. Un complejo de Edipo.[15]
    —¿Cómo?
    —De Edipo.
    —No sé, no entiendo. Pero dices disparates.
    —Te quiere guardar para él. ¿No te das cuenta? Es monstruoso. Hay cosas que sólo pasan en España. Ese sentido de posesión, de dependencia. Te tienes que soltar de tus padres, por Dios.

    Philippe se había ido de su casa desde muy pequeño. No tenía respeto ninguno por la institución familiar. Desde el primer momento comprendió Alina que con sus padres no podría entenderse, y por eso tardó mucho en hablarles de él, cuando ya no tuvo más remedio porque iba a nacer el pequeño Santiago.

bleating
commotion / captured / it rubbed up
was colored by

to become angry

---

[15] **complejo de Edipo** Philippe is making an erroneous reference to the Oedipus complex, which is manifested when a child has erotic feelings for the parent of the opposite sex.

Pero, aunque esto solamente ocurrió a finales de curso, ya en las primeras vacaciones de Navidad, cuando Alina fue a la aldea, después de demorarse° con miles de pretextos, comprendió Benjamín que existía otra persona que no era él; que Alina había encontrado su verdadera atadura. Y tanto miedo tenía de que fuera verdad, que ni siquiera a la mujer le dijo nada durante todo el curso, ni a nadie; hasta que supieron aquello de repente, lo del embarazo de la chica, y se hizo de prisa la boda.

Así que Adelaida no llegó a dar ni siquiera los exámenes de primero. Aquellos cursos que no llegaron a correr, toda la carrera de Alina, se quedó encerrada° en los proyectos que hizo su padre la última vez que habló con ella de estas cosas, cuando fue a acompañarla en octubre a la Universidad. Hicieron el viaje en tren, una mañana de lluvia. Alina estaba muy nerviosa y no podía soportar° las continuas recomendaciones con que la atosigaba,° queriendo cubrirle todos los posibles riesgos, intentando hacer memoria para que en sus consejos no quedase ningún cabo° por atar. En los silencios miraban los dos el paisaje por la ventanilla pensando en cosas diferentes.

Benjamín no había ido nunca a Santiago, pero tenía un amigo íntimo, en cuya pensión se quedó Alina.

—Dale toda la libertad que a los otros, Ramón, pero entérate un poco de la gente con quien anda y me escribes.

—Bueno, hombre, bueno —se echó a reír el amigo—. Tengo buena gana. La chica es lista, no hay más que verla. Déjala en paz. Se velará ella sola.

Y a Benjamín le empezó a entrar una congoja° que no le dejaba coger el tren para volverse.

—Pero papá, mamá te está esperando.

—¿Es que te molesto, hija?

—No. Pero estás gastando dinero. Y yo ya estoy bien aquí. Ya voy a las clases. Ni siquiera puedo estar contigo.

Se demoró casi una semana. El día que se iba a marchar, dieron un paseo por la Herradura antes de que Alina le acompañase al tren. Aquellos días habían hablado tanto de las mismas cosas, que ya no tenían nada que decirse. Por primera vez en su vida, Alina vio a su padre desplazado, inservible, mucho más de lo que había visto nunca al abuelo Santiago. Luchaba contra aquel sentimiento de alivio° que le producía el pensamiento de que se iba a separar de él. En la estación se echó a llorar, sin asomo ya de entereza,° se derrumbó° sollozando en brazos de la hija que no era capaz de levantarle, que le tuvo que empujar para que cogiera el tren casi en marcha.

—Pero no te pongas así, papá. Si vuelvo en Navidades. Y además os voy a escribir. Son dos meses, total, hasta las Navidades.

   Alrededor de quince días después de esta despedida, Alina conoció a Philippe.

Ha empezado a llover sobre el río. Menudos alfilerazos° sobre el agua gris. Alina se levanta. Tiene las piernas un poco entumecidas,° y muchas ganas de tomarse un café. Y también muchas ganas de ver a Philippe. Ahora hace frío.

°pinpricks
°numb

   Camino de casa, compra una tarjeta, y en el bar donde entra a tomar el café pide prestado un bolígrafo y, contra el mostrador, escribe:

   «Queridos padres: os echo mucho de menos. Estamos contentos porque nos han hablado, hoy, de un apartamento más grande y seguramente lo podremos coger para la primavera. Santiago está mejor y ya no tose. Philippe ha empezado a trabajar mucho para la exposición que va a hacer. Casi no hablamos cuando estuvisteis aquí, siempre con el impedimento de los niños y del quehacer de la casa. Por eso no os pude decir cuánto quiero a Philippe, y a lo mejor no lo supisteis ver en esos días. Os lo explico mejor por carta. Ya os escribiré algo.

   «Estoy alegre. He salido a buscar el pan y se está levantando la mañana. Pienso en lo maravilloso que será para los niños ir a San Lorenzo y ver las casas de Orense desde Ervedelo. Iremos alguna vez. Pronto. Os abraza. Alina.»

   Le corre una lágrima, pero se aparta para que no caiga encima de lo escrito. Levanta los ojos y va a pagar al camarero, que la está mirando con simpatía.

   —Ça ne vaut pas la peine de pleurer, ma petite[16] —le dice al darle el cambio.

   Y ella sonríe. Le parece que es un mensaje de Eloy, su amigo, desde un bar de Buenos Aires.

Benjamín se despertó con la cara mojada de lluvia y miró alrededor, aturdido. De pie, a su lado, estaba Herminia, con un gran paraguas abierto.

---

[16] It's not worth crying about, my little one (*French*).

—Vamos a casa, anda —le dijo—. Sabía que te iba a encontrar aquí.

Benjamín se frotó los ojos. Se incorporó. Le dolía la espalda de dormir sobre la piedra.

—¿Qué hora es? —preguntó.

—Las tres de la tarde. Tienes la comida allí preparada y la cama hecha, por si quieres descansar. He aireado bien el cuarto.

—No, no. Debo haber dormido aquí bastante, era por la mañana cuando me dormí. Y hacía sol.

Miró abajo, cuando se levantaba. Ahora estaba gris Orense, gris el río. La lluvia era mansa y menuda.

—Vamos.

Bajaron del monte despacio.

—Mira que haberte quedado dormido en la peña —dijo ella—. Para haberte caído rodando.° Estás loco. **Para**... You could have rolled right off.

—Anda, anda, ten cuidado donde pisas y deja los sermones. Siempre te tengo que encontrar detrás de mí.

No volvieron a hablar, atentos a no resbalar en la bajada. Al llegar al camino llovía más fuerte, y se juntaron los dos dentro del paraguas.

—A ver si no he hecho bien en venir. Para que luego empieces con los reumas° como el otro invierno. Si no hubiera visto que se nublaba, no hubiera venido, no. Al fin, ya sé dónde te voy a encontrar cuando te pierdas. rheumatism

—Bueno, ya basta. Has venido. Está bien, mujer.

Pasaron por el sitio donde Benjamín se había encontrado al cura. Dejaron atrás el prado donde se había quedado muerto el abuelo.

—Qué manía me está entrando con dormir por el día, Herminia. ¿Por qué será? Me parece que duermo más amparado° si hay luz y se oyen ruidos. Tanto como me metía° con tu padre, y me estoy volviendo como él. secure / **me**... I argued

—Qué va, hombre. Qué te vas a estar volviendo como él.

—Te lo digo de verdad que sí. Estoy viejo. Antes me he encontrado con don Félix y casi he estado amable. Me daba pena de él. Me parecía tan bueno.

—Siempre ha sido bueno.

—¡Pero no entiendes nada, rayo,° qué tiene que ver que siempre haya sido bueno! A mí antes me ponía nervioso, lo sabes, no le podía ni ver.° Y ahora casi me dan ganas de ir a misa el domingo. Tengo miedo a morirme. Como tu padre. damn it

no... I couldn't stand the sight of him

Las ataduras

Cuando llegaron al sendero° que llevaba a la parte trasera de la casa, por donde había venido, Benjamín se quiso desviar° y tomarlo de nuevo.

path
change direction

—No, hombre —se opuso la mujer—. Vamos por la ca-
5 rretera. Debajo de los castaños nos mojamos menos.° ¿No ves que está arreciando?° Estamos a un paso.

nos... we won't get as wet
está... it's raining harder

—No sé que te diga, es que...

—Es que, ¿qué?

—Nada, que a lo mejor nos encontramos a alguien y nos
10 pregunta del viaje, y eso.

—¿Y qué pasa con que nos pregunten? Si nos preguntan, pues contestamos. No sé qué es lo que tenemos que esconder. ¿Que si está bien la hija? Que sí. ¿Que si son guapos los nietos? Que sí. ¿Que si se lleva bien con el yerno?...

15 —Bueno, venga —cortó el maestro—. Cállate ya. Vamos por donde quieras y en paz.

Del muro que terminaba, a la entrada de la carretera, salió volando un saltamontes y les pasó rozando por delante.

—Buenas noticias —dijo Herminia—. A lo mejor nos man-
20 dan a los niños este verano. ¿Tú qué dices?

—Nada, que yo qué sé. Cualquiera sabe lo que pasará de aquí al verano. Nos podemos haber muerto todos. O por lo menos tú y yo.

—¿Tú y yo, los dos juntos? ¿Nada menos? Pues sí que das
25 unos ánimos. Muérete tú, si quieres, que yo no tengo gana de morir todavía.

Sacaba Herminia una voz valiente y tranquila que el maestro le conocía muy bien.

—Desde luego, Herminia —dijo, y estaba muy serio—, no
30 me querría morir después que tú. Sería terrible. De verdad. Lo he pensado siempre.

—Pero bueno, será lo que Dios quiera. Y además, cállate ya. Qué manía te ha entrado con lo de morirse o no morirse.

—Es que sería terrible. Terrible.

35 Sonaba la lluvia sobre los castaños de Indias que les cubrían como un techo. Ya llegando a la casa, el maestro dijo:

—No me voy a acostar. No dejes que me acueste hasta la noche. A ver si cojo el sueño por las noches otra vez. Me estoy volviendo como tu padre, y ahora que va a venir el invierno,
40 me da mucho miedo. No quiero, Herminia, no quiero. No me dejes tú. Al verano le tengo menos miedo, pero el invierno...

—Tenemos que empezar a hacer el gallinero° —dijo ella.

chicken coop

Carmen Martín Gaite

Actividades preinterpretativas

COMPRENSION

Conteste a las siguientes preguntas.

1. ¿Qué importancia tienen los ríos para Alina?
2. ¿Cómo era Alina de niña?
3. ¿Qué cosas le enseñaba a Alina su padre?
4. ¿Qué sueños o aspiraciones tenía el padre para Alina?
5. ¿Quién es Eloy? ¿Qué ambiciones tiene?
6. ¿De qué tiene miedo el abuelo?
7. ¿Quién es la única persona capaz de consolar al abuelo? ¿Cómo lo hace?
8. Según el abuelo, ¿cuáles son los dos tipos de ataduras que existen en la vida?
9. ¿Qué contrastes hay entre Alina y las otras muchachas del pueblo?
10. ¿Cómo se sentía Alina cuando se preparaba para ingresar en la universidad?
11. ¿Cómo se conocieron Alina y Philippe?
12. Según Philippe, ¿por qué no quería Benjamín que su hija se casara?
13. ¿A quiénes escribe Alina al final de la narración? ¿Qué dice?
14. ¿A quién se compara Benjamín al final de la narración?

BUSCANDO CLAVES

Busque en el cuento frases que indiquen o sugieran las cosas siguientes.

1. el paso del tiempo
2. la falta de comunicación
3. aspectos negativos del amor paterno
4. diferencias de actitud
5. el papel tradicional de la mujer en las provincias
6. ataduras positivas o negativas

Actividades interpretativas

OPINIONES Y ANALISIS

Conteste a las siguientes preguntas.

1. ¿Por qué le rebulle tanto a Benjamín pensar en el viaje a París? ¿Cómo explica Ud. las diferentes actitudes que muestran Benjamín y Herminia hacia Alina?
2. ¿Cómo es la relación entre Benjamín y Herminia? Justifique su respuesta.
3. ¿Qué paralelos ve Ud. entre las primeras dos escenas de la narración?
4. ¿Por qué cree Ud. que se usan dos nombres (Alina y Adelaida) para referir a una sola persona?
5. ¿Cómo es la relación entre Alina y su padre? ¿Cuáles considera Ud. los aspectos positivos y negativos de esta relación? ¿Cómo cambian sus relaciones con el paso del tiempo? Justifique sus respuestas.
6. Considere a Alina como hija y como esposa. ¿Se trata de dos papeles distintos o de un solo papel? Justifique su respuesta.
7. ¿Por qué eran rivales Benjamín y el abuelo? ¿Por qué se irrita tanto Benjamín con el abuelo y sus temores? ¿Cómo explica Ud. el hecho de que Benjamín sufre los mismos temores al final de la narración?
8. ¿Qué implicaciones se encuentran en «Las ataduras» en cuanto a las relaciones entre las generaciones y entre los sexos? Considere las caracterizaciones de Alina, Philippe, Benjamín, Herminia, el abuelo, Eloy y las otras chicas de la aldea.
9. ¿Por qué le aconseja Philippe a Alina que se suelte de sus padres? ¿Cuáles son sus posibles motivos?
10. ¿Qué semejanzas encuentra Ud. entre las dos escenas que concluyen la narración? ¿Qué implican en cuanto a las realidades de la vida?

IDENTIFICACION Y COMENTARIO DE CITAS

Identifique el contexto de las siguientes citas y comente sobre la manera en que apoyan los temas y las ideas principales del cuento.

1. «Le pareció un dibujo todo el jardín y mentira la casa; desparejada, como si no fuera hermana de las otras del pueblo. Las otras estaban vivas y ésta era la casa de un guiñol, de tarlatana y cartón piedra. Y Herminia, pobre Herminia, su única compañera marioneta.»
2. «Hay que dejar a cada cual su vida. Lo que es joven, rompe para adelante.»
3. «Pero no llores, no hay derecho. Libérate de esa pena por tus padres... Te tienes que ocupar de borrar tus propios sufrimientos reales, cuando tengas alguno.»

Actividades de síntesis

TEMAS PARA ESCRIBIR

1. ¿Qué sugiere esta obra en cuanto a las ataduras de la vida, y la manera en que éstas afectan de manera diferente a los hombres y a las mujeres? Justifique sus opiniones con ejemplos del cuento.
2. Analice el tema de la comunicación en «Las ataduras». Piense, por ejemplo, en la necesidad de encontrar a alguien que quiera y sepa escuchar, la importancia del diálogo y las dificultades de la comunicación familiar.
3. Analice la manera en que Martín Gaite utiliza la aldea, la naturaleza, la luz y los colores como símbolos para apoyar los temas principales del cuento.

OTRAS PERSPECTIVAS

1. ¿Cuáles son las ataduras que han tenido más influencia en su vida? ¿Qué conflictos han producido?
2. Describa cómo se sentía Ud. al dejar a su familia por primera vez, para ir a la universidad u otro lugar.
3. ¿Qué opina Ud. del retrato de la vida en pareja que ofrece «Las ataduras»? ¿Cómo son similares o diferentes la imagen que tiene Ud. del matrimonio y las expresadas en el cuento?

ENLACES

1. Compare y contraste la relación entre las generaciones en dos de los cuentos siguientes: «Don Payasito», «En la edad del pato», «Los viejos» y «Las ataduras».

2. Compare y contraste el tema de la libertad personal en dos de los cuentos siguientes: «Fábula», «En la edad del pato», «Los viejos» y «Las ataduras». Considere elementos que puedan afectar la independencia como la edad, las relaciones entre los sexos, la tradición, la comunicación y la sociedad.

El cementerio de Djelfa

Max Aub
(1903–1972)

Max Aub is unique among his contemporaries in that he chose to be a Spaniard. He was born in Paris to a French mother and a German father, and spent his early childhood in France. Aub's family emigrated to Spain in 1914 to escape the First World War, and he became a Spanish citizen at age twenty-one. Aub spent his young adulthood working in his father's business, traveling in Spain and abroad, and studying theater and film. From 1935 to 1937, he directed the theater group El Búho at the University of Valencia and also edited a Socialist newspaper.

An ardent supporter of the Republic during the Civil War, Aub sought refuge in France after the Republican defeat in 1939. He was accused of being a communist by the French government, and sent to prison and to concentration camps in France and Algeria. After his release Aub made his way to Mexico, a haven for many Spanish exiles, where he lived for the rest of his life.

As was the case for many Spanish writers in exile, Aub's experiences during and immediately following the Civil War provided the inspiration for most of his fiction. He is especially known for his penetrating analyses of war in human terms. Exiles like Aub have produced some of the most vivid literary writing of the Civil War. Unlike writers who remained in Spain, they were able to express themselves without fear of scrutiny by government censors and subsequent punishment for their ideas.

PRINCIPAL WORKS

1943	*Campo cerrado* (novel)	
1944	*No son cuentos* (stories)	
1945	*Campo de sangre* (novel)	
1951	*Campo abierto* (novel)	
1955	*Ciertos cuentos* (novel)	
1958	*Jusep Torres Campalans* (novel)	
1959	*Cuentos mexicanos* (stories)	
1960	*La verdadera historia de la muerte de Francisco Franco y otros cuentos* (stories)	
1963	*Campo del moro* (novel)	
1965	*Historias de mala muerte* (stories)	
1965	*Campo francés* (novel)	
1968	*Campo de los almendros* (novel)	

PREPARATION

"El cementerio de Djelfa," first published in 1963 in the journal *Insula,* uses a letter describing one man's experiences in an Algerian prison camp as a context for looking at war and brutality as universal phenomena. As you read, consider ways in which Aub implicates you, the reader, in the tragic situation revealed in the narrative.

CONCEPTOS E IMAGENES

¿Qué conceptos e imágenes le sugieren las palabras y frases siguientes?

1. el exilio
2. el compañerismo
3. la justicia
4. la guerra civil
5. el odio
6. la historia

El cementerio de Djelfa

8 de marzo de 1961*

No te acordarás° de Pardiñas. O tal vez sí, aunque lo creo difícil. Si no me equivoco, la última vez que nos vimos fue en 1945, cuando salisteis, casi los últimos, para Argel.¹ Luego me escribiste desde Casablanca;² al año siguiente, una tarjeta desde Veracruz.³ Después, nada. No tiene nada de particular. Hasta te diré que me parece natural. ¿Cómo habías de suponer que yo seguía en Djelfa?⁴

Pues sí, aquí me quedé, entre otras cosas porque no había razón de que no lo hiciera. ¿Qué se me había perdido en el resto del mundo,° no queriendo volver a España? Familia ya no tenía o la que quedaba no quería saber de mí ni yo de ella. No creas que no pensé volver a Córdoba, pero la profesión de ladrillero° no me atraía más que la de carpintero, y aun te diré que menos, y, por lo sabido° no creo que me fueran a devolver mi plaza° de maestro.

¿Cuántos atabones° hice en Djelfa los primeros meses antes de que pudiera entrar en el taller de Mustafá —como le decíamos—? Y puesto a seguir° de carpintero bien estaba con él y sus hijos y Cata, la chica. Los árabes tienen eso de bueno: si te aceptan es del todo; por mezquita° más o mezquita menos no íbamos a reñir, sin contar que a Mustafá y compañía la Meca les tenía bastante sin cuidado.⁵ No vayas a creer que aquí todos son mahometanos° practicantes. En esto se parecen bastante a nosotros (en eso y en muchas otras cosas).

—Creer en Dios —¿recuerdas cómo lo decía Herrera?— es una cobardía: lo que hay que hacer es un mundo donde la gente se divierta lo más posible. Herrera era un tipo curioso. Me gustaría saber qué fue de él.†

---

* Se recibió el 17 de mayo, manchado y desgarrado° el sobre, con una nota de la Administración de Correos de México (No. 5) que decía: «se recibió así».

† Murió en el frente. Frente al Rin,° los días últimos de la guerra.

¹ **Argel** Algiers, the capital of Algeria.
² **Casablanca** a port city on the Atlantic coast of Morocco.
³ **Veracruz** a Mexican port city.
⁴ **Djelfa** an Algerian city that was the site of a concentration camp for Republican soldiers after the Spanish Civil War.
⁵ **la Meca...** they weren't particularly worried about Mecca (they didn't let religion get in the way of friendship).

—Llaman caridad, en Sevilla, retrasar diez minutos el reloj que señala la muerte del que van a ajusticiar° —decía también—. Parece que era verdad, que hasta anda escrito en libros. Yo, que las pasé putas° antes de salir de Córdoba, sólo puedo recordar que en eso de dar la hora más bien la adelantaban° —o la adelantábamos cuando nos tocaba°—.

¿Te acuerdas de aquel francés, o lo que fuera,° que decía que España no era un país galante? Pues la Cata me hizo caso° porque dijo que nunca había encontrado un hombre más galante que yo. Total porque° una vez —la primera— me ofrecí a llevarle la carga° de leña.

Y aquel otro loco —¿Cañizares?— que hacía versos, o que creía hacerlos:

Del desierto vengo
de servir a Francia
de servirla no,
que se sirvió ella°...

La gente dice: ¡Mátale!, y las gentes se matan. Las gentes dicen: ¡Trabaja!, y las gentes trabajan. Y hacen su caja.°

¿Te acuerdas de aquel judío° que no quería trabajar los sábados? ¿Al que mandaban a cada dos por tres° al campo disciplinario?° Ese también se quedó aquí. Había cambiado muchas veces de campo, trabajando «bajo el látigo° —decía— muchos sábados». Se puso a hacerlo con Mohamed ben Cara, el joyero. Al que condenaron a seis años de cárcel fue a Gribouille —o como se llamara—, aquel sargento que pegaba con su fusta° a cualquiera: por equivocarse de nombre, por contestar «presente» antes o después de tiempo,[6] por dar dinero a uno que se escapó (sin saberlo: fue Barbena el que pagó el pato,° ¿te acuerdas?). El mismo que colgó al *Malagueño* patas arriba y se subió a horcajadas sobre él, dándole en las plantas de los pies.[7] En eso de torturas el mundo no adelanta gran cosa. Y parece mentira con la de inventos° que hay. Pero ¿puede doler algo más que arrancarle a uno las uñas? y eso es tan viejo como el mundo.

¿No te acuerdas de Bernardo Bernal de Barruecos? *Las tres B* como le llamábamos en chunga.° Había sido interventor° del

---

[6] **por...** for answering to the wrong name, for saying "present" too early or too late (during prison camp roll call).
[7] **patas arriba...** upside down and mounted him like a horse, whipping him on the soles of his feet.

Banco de España. Los que no le conocían le llamaban el *Viejo de la corbata*, porque nunca dejó de llevarla, aun cuando no tuvo camisa. ¿No te acuerdas? Más bien alto, muy delgado (bueno, delgados lo llegamos a estar todos), que bebía leche cada mañana. ¿Cómo la conseguía?

—Yo no quiero morir —decía—. No quiero morir aquí.

Una mañana no contestó. Entró Mokrani Ahmed Ben Alí en el marabú.° Estaba don Bernardo inmóvil, como muerto. El moro° dio la orden de que le llevaran al depósito,[8] en el pueblo. ¿Ya te vas acordando?

    hut
    Moor, Muslim

Se lo llevaron en unas angarillas.° A medio camino, hipó.° Llamaron al sargento. Sí te acordarás de lo que contestó:

    handbarrow / he hiccuped

—Que lo dejen en la cárcel hasta que se muera. Ya di el lugar a otro y está borrado de la lista...

El odio une lo que la fe separa. Y ya entro en el motivo de esta carta que quiero larga adrede° porque no te escribiré otra y tengo horas por delante hasta que amanezca. Basta gritar: —¡Muera X! para que los más enemigos se unan para exterminarlo. ¿No habría manera de inventar un odio al revés? ¿Un odio positivo? La única unión que hubo entre nosotros españoles —y ahora entre árabes y cabileños[9]— es esa del odio. Nunca la amistad o el progreso. El futuro de nuestra guerra, y de ésta,[10] siempre estuvo —está— condicionado a la seguridad de entrematarnos° después de la victoria.

    quiero... I am making long on purpose

    killing each other off

Lágrimas sin palabras. ¿Te acuerdas de los que lloraban porque no sabían cantar? Yo he visto llorar a alguien por no saber hablar.

No sabes por donde voy a salir. No te preocupes. Lee. Ya verás. ¿Te acuerdas de Djelfa? Del campo, de los cinco álamos,° del único árbol en flor que según aquel checo° de las Internacionales[11] era todo el paisaje?

    poplars
    Czech

Yemas de fuerte verde[12]

o algo así. No recuerdo: lo cierto que aquí casi nunca hay verde tierno;° de la noche a la mañana, viejo. ¿Recuerdas la mula de

    soft

---

[8] **depósito** charnel house, a place where the bodies or bones of the dead were deposited.
[9] **cabileños** members of a Berber tribe.
[10] **ésta** a reference to the Algerian War of Independence from France (1954–1962).
[11] **las Internacionales** the International Brigades, foreign volunteers who fought on the Republican side in the Spanish Civil War.
[12] **Yemas** Buds of bright green (*a line from a song*).

la noria° con su venda° roja sobre los ojos? Y lo que le preguntaban a uno al llegar: ¿Tu religión? ¿Sabes leer? ¿Sí? Pues lee el reglamento. Y las filas de ahilados°—como decía Marcel que se decía de los que se desmayaban de hambre—. Y la contestación del Comandante a aquel viejo: ¿Si te vas a morir para qué quieres la libertad?

Al comandante no le hicieron nada. Parece que consideraron que tuvo bastante con perder la guerra.

Pensábamos entonces en la libertad, pero no en la nuestra. Sabes: sigo pensando poco más o menos lo mismo. Existe el amor —tengo tres hijos—, pero el afán° de justicia, el ansia de acabar con lo que no debiera ser, no tiene relación con mi mujer; son las entrañas° de uno que gritan: ¡Libertad!

Hemos conocido muchos años de desgracia. Primero fue nuestra guerra, luego la de todos° (que fue la más corta y menos importante) y ahora —hace años— ésta de aquí. Si te digo que no tomo partido° mentiría.

Pasa con la desgracia lo del fuego con el acero: templa, endurece. También la guerra. Del 36 al 61[13] ve contando. Casi estoy por decir: más gana quien más pierde. Casi, porque no es verdad.

Por otra parte, el calor y el frío, extremados, siguen siendo los mismos. Y el lomerío.° ¿Quién lo cambia? Los hombres, sí son distintos. Mejor dicho, se matan —nos acabamos— de otra manera.

Te escribo a salto de mata,° para ver si recuerdas mejor dejando a tu imaginación sitio para que eche a volar.° Si digo las cosas como son, parece poco: hay que buscar mojones de referencia° e irlos apretando con una cuerda. Las palabras son tan pobres frente a los sentimientos que hay que recurrir a mil trucos para dar con el reflejo de la realidad. Como en el cine: superponer imágenes, rodar al revés°, poner pantallas,° filmar más rápido o más lento que la verdad. Si plantas la cámara frente a los actores, a la buena ventura del sol y filmas la escena entera no habrá quien la aguante. El buen paño en el arca se pudre.[14] Hay que arreglar los escaparates.

---

[13] **Del 36 al 61** From 1936 (when the Spanish Civil War began) to 1961 (the present, in the midst of the Algerian War of Independence).

[14] **El buen...** Good cloth rots in a chest. The implication is that even good merchandise won't sell if it's not presented just right.

Llega Sidi el Hayachi. Luego sigo.

Más enseña lo malo que lo bueno. A los malos —además— nadie les enseña nada. Sólo enseña —y mata— el dolor; la felicidad engaña, cuando te quieres dar cuenta de sobre cómo fue, ya pasó. Pero —de verdad— las cosas no se recuerdan por buenas o malas sino por hondas.° (Como una piedra negra° —de mi pueblo—, convencida de que la harina no era hija del triturar sino de sí misma.)[15]

Todos fuimos colonias y dejamos de serlo. El Asia Menor, ejemplo más ilustre. América, hoy; mañana, esto. El bazuqueo° es lo único que ha hallado el hombre para adelantar. La verdad: antes de llegar los franceses aquí no había ni fuerte° ni ayuntamiento°...

Para un país, un ejército vencido es más peligroso que el vencedor.° ¿Qué hace? ¿Qué va a hacer? Vuelve contra sí la agria vergüenza de la derrota.° Hallará siempre culpables civiles° que aplastar.° Si no a la corta, a la larga.° Es un movimiento lento pero seguro. El ejército no digiere° verse humillado ante civiles. La «revancha» no es la venganza.[16] El 98 español engendró el 23; el 18 alemán, el 33; la derrota francesa del 40 mira lo que reservaba.[17]

¿Te acuerdas de Gravela? Cabezota de cono, boina calada,° el pelo ralo,° desdentado, la chaqueta remendada, botas de montar, la fusta siempre en la mano, la capa parda a los aires° en seña de autoridad y dos cuernos como dos torres en lugar de «lo que hay que tener».[18]

Le condenaron a veinte años. A los cuatro ya andaba por aquí, ahora está en Orán, puntal° de la O.A.S.[19] No me extrañaría volverle a ver aparecer cualquier día por aquí, aunque fuese cadáver, cómitre° de otro campo de concentración.

por... because they are deep / piedra... millstone

the firing of bazookas
fort
local government

un... a defeated army is more dangerous than a victorious one
defeat / civilians
crush /a... in the short run, in the long run
no... cannot swallow the idea of

Cabezota... Big pointed head, beret jammed down over it
thin
la... his brown cape blowing in the wind

pillar

commanding officer

---

[15] convencida... convinced that flour didn't come from grinding, but from itself (i.e., people do not see the connection between themselves and events such as war).

[16] La «revancha»... Recouping one's losses is not the same as vengeance.

[17] El 98 español... Spain's defeat in the Spanish-American War (1898) led to the 1923 revolt led by General Miguel Primo de Rivera. Germany's defeat at the end of World War I (1918) led to Hitler's rise to power in 1933. The French defeat in 1940 (the invasion of France by the German army), look what it brought about.

[18] dos... two horns (the sign of a cuckold, the husband of an unfaithful wife) as big as two towers instead of "what one should have" (masculinity).

[19] O.A.S. *Organisation de l'Armée Secrète*, a movement that opposed Algerian independence from France.

Durante los cuatro primeros años de ésta, su° guerra civil, aquí en Djelfa no pasó gran cosa: Pagábamos nuestras cuotas al F. L. N.,[20] se fueron unos cuantos jóvenes y no hubo más.

Hace un par de años las cosas cambiaron. Los harkas° se corrieron hacia aquí. La tropa francesa empezó a «rastrillear°», a llevarse gente; otros afluyeron.° Tú ya conoces las tribus, algunas se refugiaron a la sombra del fuerte Caffarelli, otras desaparecieron. Hubo atentados,° emboscadas,° caminos y carreteras minadas. Aumentó el trabajo en la carpintería, por los ataúdes.°

Y ahora te voy a contar pura y sencillamente lo que motiva estas líneas porque ahora sí te debes de acordar de mí. Pardiñas ¡hombre! el del labio partido.° El que dormía en el mismo marabú que tú, en el campo de castigo, el que había sido maestro de escuela con la República.

Te acordarás también del cementerio. Ves el lomerío ralo, el marabú —el de verdad, con su media esfera plantada en el cubo jaharrado°— del otro lado del riachuelo,° la mole° oscura del fuerte, el poblachón polvoriento.° Nada ha cambiado desde que trabajabas haciendo «el campo deportivo» para mayor gloria y negocio del comandante. Tampoco el cementerio.

El otro día hubo un encuentro. Una verdadera batalla campal, feroz. Una batalla de verdad, como las de nuestra guerra: morteros, ametralladoras.° Los aviones llegaron tarde y con daño, ya no quedaba nadie. Hubo muchos muertos, más de cien *fellagas*,[21] unos veinte europeos —no digo franceses—. El encuentro tuvo lugar cerca del cementerio, a su alrededor mejor dicho.

Veinte ataúdes tuvimos que hacer en menos que canta un gallo;[22] así salieron. Había cuatro hechos, que no estaban mal; un cabo° no cupo° en uno de ellos y le tocó° a otro, sin galones,° de la Legión.° Los demás...

El problema era los indígenas, los revolucionarios, los *fellagas*. Ir a enterrarlos al cementerio moro era una temeridad.° Las lomas aquellas estaban batidas,° y no era cosa de mandar limpiar los contornos ni esa noche ni el día siguiente.

---

[20] **F.L.N.** *Front de Libération Nationale*, an Algerian nationalist movement that became the sole political party after independence.
[21] **fellagas** peasants in Algeria and other Arabic-speaking countries.
[22] **en...** in an instant. Literally, in less time than a cock crows.

Recuerdas el cementerio: de un lado los ricos con sus angelitos y sus enterramientos de piedra.° Del otro...

Alineamos decentemente los soldados franceses con sus tablas numeradas y sus cruces.°

—¿Y en aquella esquina? —preguntó un capitán.

—Españoles.

Ya sabes cuáles, los que murieron aquí —en el campo— hace ¡ya! veinte años. También, si te acuerdas, les pusimos sus tablitas y sus nombres.

—Ya están bien podridos. ¿Quién se acuerda de eso? Me los apilan° o los echan por encima de la barda.° Y en el hoyo° me amontonan° a estos perros (por° los indígenas).

Es lo que quería contarte. Cavaron° —los árabes que trabajan aquí—, echaron fuera los pocos huesos que quedaban de los que murieron entonces. Sólo me acuerdo de algunos nombres; algo te dirán:

El *Madriles*, aquel ahilado que acabó loco; Julián Castillo, ese viejo que era todo papandujas;° Manuel Vázquez, el gallego peor hablado° que conocimos; Ramón González, gallego también, de Orense, que odiaba a Vázquez porque era de Pontevedra; José Murguía, el retaco cochino que hedía,° que murió comido por las chinches;° Gustavo Catalá, que presumía de listo y no pasaba de lameculos;° Rogelio Márquez, tan grande como callado y bobo;° Domingo López, el anarquista esquinado° que se pasaba el tiempo hablando mal cuando no de uno, de otro; Juan Morales, el canario° triste; Enrique Hernández, que presumía de ser campeón de ajedrez° de la Arganzuela;[23] Luis Garrotte, que fue ayudante de Miaja;[24] Sebastián Morales, el chofer que intentó fugarse° y que resistió las siete palizas° de Gravela; Luis Bueno, el que ataron más veces a los palos,[25] en la nieve, aquel invierno del 42, cuando todavía estaban verdes nuestras esperanzas; Bernardo Bueno, el médico...

Cuando juzgaron que habría sitio suficiente amontonaron allí a los *fellagas*, algo debió de quedar de los nuestros sin embargo.

Tenía razón el capitán: ¿quién se acuerda de ellos?, ¿quién les va a agradecer que murieran aquí, en los confines del Atlas[26] sahariano, por defender la libertad española? Nadie, absolutamente nadie. Claro, más murieron en Alemania. Pero no los vi.

---

[23] **la Arganzuela**   a section of old Madrid.
[24] **Miaja**   José Miaja, a Republican general during the Spanish Civil War.
[25] **el...**   the one most often tied to the stakes (*as torture*).
[26] **Atlas**   mountain range in northwestern Africa.

Éstos sí. Tal como pasó te lo cuento por contárselo a alguien. No podía dormir esta noche y tenía tu dirección, por lo menos la que me diste en tu tarjeta de Veracruz. Tal vez te llegue: la gente cambia de casa menos de lo que se supone. En cuanto puede, se queda. La verdad: aquellos criaron gusanos° cerca de veinte años. Otros duran menos. Los árboles no han cambiado, ni hay más. La tierra sigue alzándose por poniente° haciendo la entrada de la noche más rápida.

criaron... were food for worms

alzándose... rising to the west

(La verdad fue algo distinta:
—Caven ahí —dijo el suboficial.
—Está lleno de huesos.
—Tírenlos donde les dé la gana.° Caven y entierren a estos hijos de puta.°
Por lo visto le dio vergüenza escribirlo con tanta sencillez. Los hombres siempre dan vueltas a las cosas.°)

donde... wherever you like
hijos... sons of bitches

dan... beat around the bush

¡Ah! —acaba diciendo la carta de la *Liebre*°», como llamábamos a Pardiñas— olvidaba decirte —o no quería, no lo sé— que me van a fusilar° mañana ¡Qué mañana!, hoy, dentro de un rato, porque dicen que mis manos olían a pólvora.° Olvidan que nacimos así.

Rabbit, Hare

shoot (*execute*)
gunpowder

Actividades preinterpretativas

COMPRENSION

Diga si las siguientes oraciones son verdaderas o falsas.

1. Paradiñas escribe la carta dos años después del fin de la guerra civil española.
2. Pardiñas le escribe a su antiguo compañero porque quiere visitarlo.
3. La carta nunca llega a su destinatario.
4. Durante la Segunda República, Pardiñas había trabajado como carpintero.
5. Según Pardiñas, los españoles y los moros no se parecen en nada.
6. Según Pardiñas, los métodos de tortura han cambiado radicalmente a través de los años.

7. Pardiñas explica cómo se creó un nuevo cementerio en el lugar donde estaban enterrados sus compañeros españoles.
8. Según Pardiñas, nadie va a recordar a los españoles que murieron en Djelfa.

BUSCANDO CLAVES

Busque en el cuento frases que indiquen o sugieran las cosas siguientes.

1. compañerismo
2. la reacción del recipiente de la carta
3. semejanzas y diferencias entre las descripciones de los compañeros de Pardiñas y de sus enemigos
4. metáforas
5. la actitud de Pardiñas acerca de la inevitabilidad de la guerra
6. indiferencia
7. el cine

Actividades interpretativas

OPINIONES Y ANALISIS

Conteste a las siguientes preguntas.

1. ¿Cuál es el significado de la nota al pie de la primera página? ¿Importa si la carta llegó a su destinatario o no?
2. ¿Qué sugiere Pardiñas sobre las semejanzas entre los moros y los españoles?
3. ¿Qué sugiere Pardiñas al decir que «el odio une lo que la fe separa»? ¿Qué ejemplos históricos o actuales apoyan o refutan sus palabras?
4. Según Pardiñas, ¿por qué no resuelven conflictos las guerras? ¿Por qué es más peligroso un ejército vencido que el vencedor?
5. ¿Qué comparación hace Pardiñas entre el escritor y el director de cine? ¿Está Ud. de acuerdo con sus observaciones? ¿Por qué sí o por qué no?

6. ¿Qué querrá decir Pardiñas al observar: «Sólo enseña —y mata— el dolor; la felicidad engaña... las cosas no se recuerdan por buenas o malas sino por hondas»?

7. Según Pardiñas, ¿qué valor tiene la vida del individuo en tiempos de guerra? Justifique su respuesta.

8. ¿Por qué van a fusilar a Pardiñas? ¿Cómo explica usted las palabras: «dicen que mis manos olían a pólvora. Olvidan que nacimos así»? ¿Qué representa el cementerio de Djelfa?

IDENTIFICACION Y COMENTARIO DE CITAS

Identifique el contexto de las siguientes citas y la manera en que apoyan los temas y las ideas principales del cuento.

1. «Creer en Dios... es una cobardía: lo que hay que hacer es un mundo donde la gente se divierta lo más posible.»

2. «La gente dice: ¡Mátale!, y las gentes se matan. Las gentes dicen: ¡Trabaja!, y las gentes trabajan. Y hacen su caja.»

3. «Que lo dejen en la cárcel hasta que se muera. Ya di el lugar a otro y está borrado de la lista...»

4. «Por otra parte, el calor y el frío, extremados, siguen siendo los mismos. Y el lomerío. ¿Quién lo cambia? Los hombres sí son distintos. Mejor dicho, se matan —nos acabamos— de otra manera.»

Actividades de síntesis

TEMAS PARA ESCRIBIR

1. Analice el concepto de la guerra en «El cementerio de Djelfa». Piense en posibles causas de las guerras, la relación entre las personas en tiempos de guerra y la importancia del campo de concentración como lugar y como símbolo.

2. Escriba una biografía de Pardiñas basándose en su carta. ¿Cuáles son los adjetivos más adecuados para describirlo, y por qué? ¿Cuáles son posibles motivos por las varias decisiones que ha hecho Pardiñas en su vida?

3. Analice los diversos medios que se usan para aumentar la tensión dramática a lo largo del cuento. Considere, entre otras cosas, la función de las dos notas-comentario. ¿Qué le aportan al cuento?

OTRAS PERSPECTIVAS

1. ¿Qué otras imágenes de la guerra —del cine, de la pintura o de la literatura— conoce Ud.? ¿Cuáles le han impresionado más? ¿Por qué? ¿Cómo son diferentes las guerras civiles y las guerras entre naciones?

2. Divídanse Uds. en dos grupos para tener un debate sobre las siguientes afirmaciones. Justifiquen sus opiniones.

    a. Algunas guerras son necesarias.

    b. El patriotismo es una causa de la guerra.

3. A través de su carta, Pardiñas deja testimonio de su vida y de su época. Si Ud. escribiera una carta como la suya, ¿qué aspectos de su vida y de su época contaría?

1. Considere las formas y las consecuencias de la indiferencia al prójimo en dos de las obras siguientes: «El cementerio de Djelfa», «Los viejos» y «En la edad del pato».

2. Analice el tema del conflicto en obras como «El cementerio de Djelfa», «En la edad del pato» y «Las ataduras». ¿Qué relación hay entre actitudes personales y situaciones colectivas como la guerra, el mundo familiar o la clase?

A ninguna parte

Josefina Rodríguez
(1926–)

Josefina Rodríguez, who now writes under the name Josefina R. Aldecoa, was born in the town of La Robla in the province of León. She studied at the University of Oviedo and later at the University of Madrid, where she earned a doctorate in Philosophy and Letters. Her first articles and short stories appeared in literary magazines in the forties and fifties.

Rodríguez is an educator as well as a writer. Her first book, *El arte del niño*, explored issues in early childhood education, and she opened a school in Madrid in the early sixties. She wrote only sporadically for more than two decades, and then reappeared on the literary scene with the publication of her novel *La enredadera* in 1984. In recent years she has become increasingly more active as a writer, although she continues to run her school full-time.

The historical and social realities of postwar Spain serve as the backdrop for Rodríguez's fiction, some of which depicts the painful process of growing up in the early years of the Franco regime. Her prose combines clarity and realism with lyric elements, such as the use of visual images and symbols to evoke emotions and themes. Most of her protagonists are women, and she is particularly interested in portraying the dilemmas and choices women face in the course of their lives.

PRINCIPAL WORKS

1958   *El arte del niño* (essays)

1961   *A ninguna parte* (stories)

1984   *La enredadera* (novel)

1986   *Porque éramos jóvenes* (novel)

1988   *El vergel* (novel)

1990   *Historia de una maestra* (novel)

PREPARATION

"A ninguna parte" addresses the theme of disillusionment. The seventeen-year-old protagonist, Eugenio, feels oppressed by the narrow confines of his life and hopes to change the course of his future by learning English. As you read, look for examples of how visual images, such as paths that lead nowhere, and other stylistic devices are used to create a mood of monotony and frustration.

CONCEPTOS E IMAGENES

¿Qué conceptos e imágenes le sugieren las palabras y frases siguientes?

1. la meta
2. el laberinto
3. el invierno / la primavera
4. la mañana / la tarde / la noche
5. la desilusión
6. «a ninguna parte»

A ninguna parte

Por la mañana solía estar triste.° Al mediodía empezaba a animarse y alcanzaba la tarde casi gozoso.° Un incendio de exaltación le quemaba los ojos al anochecer, cuando, vigilante y ansioso, esperaba que de las cosas irradiase algo mágico.

Tenía diecisiete años. Se llamaba Eugenio. Vivía en una calle céntrica de un barrio suburbano.[1]

Por la mañana bajaba a la tienda de su padre y le ayudaba a vender kilos de sal y de patatas; a sisar° gramos de azúcar, centílitros de aceite. La urgencia de las mujeres repiqueteaba° en el mostrador° y sus protestas empañaban° el cristal de la báscula.°

—Señor Luís, no me dé esa porquería.°

—Señor Luís, mañana le pagaré la cuenta de la semana.

—Señor Luís, no nos robe tan descaradamente,° hombre. ¿Me quiere cobrar el tazón a precio de escabeche?[2]

—Señor Luís…

Los chillidos de las mujeres entristecían la mañana de Eugenio, y la contemplación de la escuela, al otro lado de la calle, le producía desazón.°

A las diez de la mañana salen los niños al recreo y llenan el patio de un revoloteo° blanco de delantales° y frío. Los niños se mueven ordenada, concienzudamente, entre los árboles raquíticos° y deshojados del patio-jardín.

Eugenio contempla sus juegos a través de un círculo transparente que ha hecho borrando la niebla del cristal. Eugenio siente el frío en sus piernas, que le parecen de pronto desnudas, despojadas° de los pantalones largos, al aire del patio como las de los niños que juegan. Diciembre y enero eran lo peor, recuerda. En los recreos de diciembre y enero, Daniel se las arreglaba para quedarse castigado y solo en la clase.

—Eugenio, alcánzame ese bote.

—Eugenio, no te quedes pasmado,° que es para hoy.

—Eugenio, dale a ésta chocolate de La Ermita.

Cuando los niños abandonan la escuela, en torno a los árboles blanqueados de hielo hay pieles de naranja.

solía… he was usually sad
joyful

to cheat customers out of
chimed
counter / fogged up / scale
garbage

shamelessly

le… made him uncomfortable

flutter / pinafores

stunted

stripped

no… don't just stand there

[1] **barrio suburbano** suburban neighborhood. "Suburb" does not have the same connotations in Spain as in the United States; it usually refers to a lower-class or industrial area on the outskirts of a city.
[2] **¿Me quiere…** Are you trying to charge me for the basin? A customer is accusing Eugenio's father of trying to cheat her by weighing pickled fish in the basin she's brought to carry it home in, and including the weight of the basin in the price.

Josefina Rodríguez

—Anda ya, echa el cierre,° que vamos a comer.

Eugenio entra en la tarde con el paso de la libertad. Cuelga tras de la puerta de la cocina el guardapolvos° gris; saca del armario de luna° de los padres un traje. Al salir dice adiós a la madre y a la hermana, que se disponen a bajar a la tienda. Saluda con la mano al padre, que asoma° medio cuerpo rígido por encima del mostrador.

Eugenio monta en el tranvía° y sube a la ciudad.

La tarde iba creciendo entre Daniel y él, iba resbalando° por el pupitre de la academia, se iba gastando en palabras oídas a los profesores, en palabras pronunciadas para los profesores. La última era la lección de inglés —tinta, tintero, zapato, zapatero—, y siempre salían hablando de ella.

—Te digo que el inglés es imprescindible. Que sin inglés no vas hoy a ninguna parte —afirmaba Daniel.

Y Eugenio cabeceaba° asintiendo.

Los luminosos de los grandes comercios inauguraban la noche. Los coches se multiplicaban. Las gentes apresuraban el paso y Eugenio y Daniel frenaban el suyo, le imprimían ritmo de paseo. Eugenio tenía una sensación de final de viaje, de arribada feliz a una meta° firme.

—… no vas a ninguna parte —repetía Daniel.

En las agencias de viajes, aviones milagrosamente sostenidos surcaban° el cielo de los escaparates. Eugenio se detenía ante ellos y elaboraba rutas exóticas por los mapas de los continentes. Daniel miraba al suelo. Daniel desdeñaba° el vuelo fingido y esgrimía cazurramente su argumento cotidiano:°

—Sin el inglés, imposible… No te sale nada, ni vales nada, ni vas a nada.

El estribillo° se introducía en el sueño de Eugenio, anidaba en él.° Se apartaba con esfuerzo del escaparate.

—Tienes razón —decía—. El inglés es muy importante. Para conseguir trabajos, para viajar…

Los aviones plateados giraban como el mundo; seguían en el espacio las huellas nocturnas del mundo.

El anuncio le pertenecía.° Era una llamada especialmente redactada para él, que no podía compartir con nadie, ni siquiera con Daniel. El anuncio tenía rasgos familiares y Eugenio tuvo la seguridad de que podría leerse en alguna de las rayas de su mano. Era un anuncio simple de los que a diario redacta el Destino:

«Necesítase persona iniciada lengua inglesa».

5 Eugenio se reconoció. Los vocabularios de veintisiete lecciones le vinieron ordenadamente a la cabeza. Tinta, tintero, zapato, zapatero.

«Trabajo fácil, bien remunerado.»

«El comienzo del viaje —pensó Eugenio—. El comienzo de 10 todo lo que deseo y necesito.»

«Informarán de tres a cuatro de la tarde.»

A las tres de la tarde, la calle vivía una tregua° de silencio y vacío. Eugenio caminaba despacio bajo el sol picante de abril. Se detuvo ante el escaparate de una mantequería° cerrada. La 15 contemplación del queso gigante, las flores, el papel de celofán de las bolsitas de arroz, le hizo despreciar la imagen de su propia tienda, pequeña y sucia, mal iluminada, oliendo siempre a boquerones° en vinagre y a especias arrancadas.

«… de tres a cuatro de la tarde, en el hotel…»

20 Al final de la calle estaba el hotel. Una gran puerta y una fila de coches aparcados ante ella.

«… apartamento seis…»

Sin saber cómo, se sintió sumergido a un tiempo en el terciopelo° del diván y en la cálida ola° de palabras extrañas. La 25 mujer le miraba, reclamaba seguramente su respuesta. Eugenio escuchaba a la mujer, y la ola de su charla le golpeaba, le abatía,° le ahogaba,° inmovilizándole en el blando asiento. Cuando entró el hombre y habló en español, Eugenio sintió que las olas se retiraban.

30

—Una persona joven como usted nos parece muy bien. Usted sabe un poco de inglés, ¿no es cierto?

Eugenio respiró hondamente. Vaciló antes de contestar:

35 —Sí.

—Es un trabajo fácil, bien pagado. Dos horas diarias cada tarde. Se trata de que usted vaya con el chófer hasta las afueras, acompañando en el coche a nuestro perro, y una vez allí, en el campo, se dedique a pasear un rato con él, jugar, 40 hacerle correr…, ya sabe. En cuanto a los honorarios, si le parece bien, yo había pensado…

lull

dairy

sardines

velvet / wave

depressed
suffocated

Había una chimenea° encendida en el salón y Eugenio   fireplace
pensó que era absurdo mantener aquel fuego a las tres de una
tarde de abril. Eugenio contempló un momento la chimenea y
luego alzó la vista hacia el hombre.

5 —No; creo que no sabré, que no podré… Yo creí… Yo no
entendí bien el anuncio…

Dijo, y el fuego de la chimenea le encendió el rostro.

10 Cuando salió del hotel, el sol sacaba brillo al asfalto desierto.
Eugenio miró a la calle, que se abría esperando sus pasos.

Una calle silenciosa, deshabitada, hostil.

Eugenio miró a la calle y sintió miedo porque no sabía a
dónde ir.

15

Actividades preinterpretativas

COMPRENSION

Diga si las siguientes oraciones son verdaderas o falsas.

1. Eugenio trabaja en la zapatería de su padre.
2. Eugenio se siente feliz cuando mira a los niños en el patio de la escuela.
3. Eugenio y Daniel estudian inglés.
4. Eugenio le enseña el anuncio del periódico a Daniel.
5. Eugenio no aceptó el trabajo que se le ofreció.

BUSCANDO CLAVES

Busque en el cuento frases que indiquen o sugieran las cosas siguientes.

1. la ilusión
2. la tristeza
3. vida y muerte, libertad y restricción
4. círculos
5. el frío

Actividades interpretativas

OPINIONES Y ANALISIS

Conteste a las siguientes preguntas.

1. ¿Cómo solía cambiar de actitud Eugenio en el transcurso del día? ¿Qué sugiere la referencia al «incendio de exaltación que le quemaba los ojos al anochecer»? ¿Qué aspectos de su vida le aburrían o le molestaban? ¿Por qué?
2. ¿Cómo explica Ud. la sensación de «final de viaje, de arribada feliz a una meta firme» que tiene Eugenio mientras camina por la ciudad? ¿Por qué le gusta a Eugenio mirar los escaparates de las agencias de viajes?
3. ¿Cómo es Daniel? ¿Por qué cree que es importante aprender inglés? ¿Cómo son diferentes Daniel y Eugenio?
4. ¿Por qué creía Eugenio que el anuncio «le pertenecía»? ¿Qué representa el anuncio para Eugenio? ¿Qué relación hay entre el anuncio y las agencias de viajes?
5. ¿Cómo se sentía Eugenio durante y después de la entrevista? ¿Por qué?

¿ESTA UD. DE ACUERDO?

Responda a las afirmaciones que siguen. Justifique sus respuestas basándose en ejemplos del cuento.

«A ninguna parte» enseña que...

1. Querer es poder.
2. Lo ajeno siempre parece más atractivo que lo cercano.
3. El idealismo de la adolescencia siempre choca con la realidad.

Actividades de síntesis

TEMAS PARA ESCRIBIR

1. Analice la imagen del laberinto en «A ninguna parte». ¿Cómo ayuda a desarrollar el tema de la desilusión? Considere las metas y las esperanzas de Eugenio y las posibilidades que tiene de alcanzarlas.
2. Explique cómo varios elementos narrativos —la voz del narrador, los diálogos entre Eugenio y Daniel, los comentarios de las clientes, u otros— contribuyen a la caracterización de Eugenio.

3. Considere cómo la autora usa símbolos —los círculos, el viaje, la luz, el paisaje, el anuncio y el inglés— para apoyar los temas y las ideas del cuento.

OTRAS PERSPECTIVAS

1. ¿Cree Ud. que los adolescentes siempre quieren escaparse del ambiente en el que viven, sea lo que sea? Justifique su respuesta.
2. ¿Considera Ud. el estudio de las lenguas extranjeras importante para ir a alguna parte? ¿Por qué sí o por qué no?
3. ¿Cree Ud. que sea mejor ser soñador o realista? ¿Cuál es Eugenio? ¿Puede Ud. identificarse con Eugenio? ¿Por qué sí o por qué no?

Compare y contraste la situación de Adelaida en «Las ataduras» y la de Eugenio en «A ninguna parte».

 a beca

Miguel de Unamuno
(1864–1936)

Miguel de Unamuno—poet, philosopher, essayist, novelist, short story writer, and dramatist—is one of the giants of twentieth-century Spanish literature and thought. Born and raised in Bilbao, he entered the University of Madrid at sixteen and received his doctorate before the age of twenty. In 1891 he began a long association with the University of Salamanca, where he was a professor of Greek and history of language and was twice named rector. Unamuno was a man of vast cultural knowledge, versed in ancient and modern languages, literatures, and philosophical movements. He was a voracious reader, and his writings frequently reflected his most recent studies. The intellectual and political independence manifested in Unamuno's writings, many of which were published in newspapers and other public forums, made him a controversial figure in Spain. Exiled in 1924 for criticizing the dictatorship of Miguel Primo de Rivera, Unamuno lived in France for several years before returning to Salamanca in 1930. He died in 1936 while being held under house arrest by leaders of Francisco Franco's Nationalist rebellion, which he had initially supported but later denounced.

A deeply introspective man who struggled with crises of religious faith, Unamuno was preoccupied by the spiritual void he saw emerging in a society that increasingly valued logic and reason over belief and mystery. His particular concern for the future of Spain is evident in works such as *En torno al casticismo*, which explores Spanish identity and the reasons for Spain's decline as a world power.

Unamuno's style is passionate and intensely personal. He often appears as a character in his own works, making them seem like dialogues between the author and himself. His prose is rich in contradictions and metaphors, and his fascination with language is evident in his penchant for inventing new words or making plays on words and word origins.

PRINCIPAL WORKS

1895	*En torno al casticismo* (essays)
1897	*Paz en la guerra* (novel)
1902	*Amor y pedagogía* (novel)
1910	*Mi religión y otros ensayos breves* (essays)
1913	*Del sentimiento trágico de la vida* (essays)
1914	*Niebla* (novel)
1917	*Abel Sánchez* (novel)
1920	*El Cristo de Velázquez* (poetry)
1921	*Tres novelas ejemplares y un prólogo* (novels)
1921	*La tía Tula* (novel)
1931	*La agonía del cristianismo* (essays; first published in French in 1925)
1932	*El otro* (drama)
1933	*San Manuel Bueno, mártir* (novel)
1934	*El hermano Juan* (drama)

PREPARATION

In "La beca," published in 1913, an only son is relentlessly pushed to earn a scholarship so that the proceeds can be used to support the family. Agustinito's single-minded parents, who close their eyes to the toll that overwork is taking on their son's health, provide a vehicle for Unamuno's vision of the destructive conflict between reason and human existence. "La beca" also reflects the critical attitude of the Generation of '98 toward Spanish society. As you read, try to identify language and stylistic techniques that convey disapproval of certain characteristics or behaviors.

CONCEPTOS E IMAGENES

¿Qué conceptos e imágenes le sugieren las palabras siguientes?

1. el amor paternal
2. el hijo modelo
3. la caridad
4. la inmortalidad
5. el canibalismo
6. los libros
7. la ciencia

 *La beca*

«Vuelva usted otro día... » «¡Veremos!» «Lo tendré en cuenta°.» «Anda tan mal esto... » «Son ustedes tantos...» «¡Ha llegado usted tarde y es lástima!» Con frases así se veía siempre despedido° don Agustín, cesante° perpetuo. Y no sabía imponerse° ni importunar,° aunque hubiese oído mil veces aquello de «pobre porfiado saca mendrugo».[1]

A solas hacía mil proyectos, y se armaba de coraje y se prometía cantarle al lucero del alba las verdades del barquero;[2] mas cuando veía unos ojos que le miraban ya estaba engurruñéndosele° el corazón. «Pero ¿por qué seré así, Dios mío?», se preguntaba, y seguía siendo así, como era, ya que sólo de tal modo podía ser él el que era.

Y por debajo gustaba un extraño deleite° en encontrarse sin colocación° y sin saber dónde encontraría el duro° para el día siguiente. La libertad es mucho más dulce cuando se tiene el estómago vacío, digan lo que quieran los que no se han encon-

Lo... I'll keep it in mind

dismissed / unemployed person
assert himself / insist

shrinking up

pleasure
employment / money

---

[1] **pobre porfiado saca mendrugo** the squeaky wheel gets the grease. Literally, the persistent beggar gets a crust of bread.
[2] **cantarle...** to give the boss a piece of his mind; to tell him off. Literally, to sing the boatman's truths to the morning star.

Miguel de Unamuno

trado con la vida desnuda.° Estos sólo conocen las vestiduras de la vida, sus arreos; no la vida misma, pelada° y desnuda.

El hijo, Agustinito, desmirriado° y enteco,° con unos ojillos que le bailaban en la cara pálida, era la misma pólvora.³ Las cazaba al vuelo.⁴

—Es nuestra única esperanza —decía la madre, arrebujada° en su mantón, una noche de invierno— que haga oposición a una beca,° y tendremos las dos pesetas mientras estudie... ¡Porque esto de vivir, así, de caridad!... ¡Y qué caridad, Dios mío! ¡No, no creas que me quejo, no! Las señoras son muy buenas, pero...

—Sí, que, como dice Martín, en vez de ejercer caridad se dedican al deporte de la beneficencia.°

—No, eso no; no es eso.

—Te lo he oído alguna vez; es que parece que al hacer caridad se proponen avergonzar° al que la recibe. Ya ves lo que nos decía la lavandera al contarnos cuando les dieron de comer en Navidad y les servían las señoritas... «esas cosas que hacen las señoritas para sacarnos los colores a la cara°»...

—Pero, hombre...

—Sé franca y no tengas secretos conmigo. Comprende que nos dan limosnas° para humillarnos...

En las noches de helada no tenían para calentarse ni aun el fuego de la cocina, pues no le encendían. Era el suyo un hogar apagado.°

El niño comprendía todo y penetraba en el alcance° todo de aquel continuo estribillo de «¡Aplícate, Agustinito, aplícate!»

Ruda fue la brega° en las oposiciones a la beca, pero la obtuvo, y aquel día, entre lágrimas y besos, se encendió el fuego del hogar.

A partir de este día del triunfo, acentuóse en don Agustín su vergüenza de ir a pretender° puesto; aunque poco y mal, comían de lo que el hijo cobraba, y con algo más, trabajando el padre acá y allá de temporero, iban saliendo mal que bien,° del afán° de cada día. ¿No se ha dicho lo de «bástele a cada día su cuidado°», y no lo traducimos diciendo que «no por mucho madrugar amanece más temprano»?⁵ Y si no amanece más

---

³ **era la misma pólvora** he was very quick. Literally, he was like gunpowder.
⁴ **Las cazaba al vuelo** He understood things quickly. Literally, he hunted (shot down) birds while they were in the air.
⁵ **no...** everything happens in its own time. Literally, the dawn doesn't come any sooner for the early riser.

temprano por mucho madrugar, lo mejor es quedarse en la cama. La cama adormece las penas. Por algo los médicos dicen que el reposo lo cura todo.

—¡Agustín, los libros! ¡Los libros! ¡Mira que eres nuestro casi único sostén,° que de ti depende todo!... ¡Dios te lo premie! —decía la madre.

support

Y Agustinito ni comía, ni dormía, ni descansaba a su sabor.° ¡Siempre sobre los libros! Y así se iba envenenando el cuerpo y el espíritu: aquél, con malas digestiones y peores sueños, y éste, el espíritu, con cosas no menos indigeribles que sus profesores le obligaban a engullir.° Tenía que comer lo que hubiera y tenía que estudiar lo que le diese° en el examen la calificación obligada para no perder la beca.

a... at his pleasure

devour

lo... whatever would give him

Solía quedarse dormido sobre los libros, a guisa éstos de almohada,° y soñaba con las vacaciones eternas. Tenía que sacar, además, premios, para ahorrarse las matrículas° del curso siguiente:

a... using them as a pillow

tuition

—Voy a ver a don Leopoldo, Agustinito, a decirle que necesitas el sobresaliente para poder seguir disfrutando la beca...

—No, no hagas eso, madre, que es muy feo...

—¿Feo? ¡Ante la necesidad nada hay que sea feo, hijo mío!

—Pero si sacaré sobresaliente, madre, si lo sacaré.[6]

—¿Y el premio?

—También el premio, madre.

—Mira, Agustinito: don Alfonso, el de Patología médica, está enfermo; debes ir a su casa a preguntar cómo sigue...

—No voy, madre; no quiero ser *pelotillero*.°

bootlicker

—¿Ser qué?

—¡Pelotillero!

—Bueno, no sé lo que es eso, pero te lo entiendo, y los pobres, hijo mío, tenemos que ser pelotilleros. Nada de aquello de «pobre, pero orgulloso», que es lo que más nos pierde a los españoles...

—Pues no voy.

—Bien, iré yo.

—No, tampoco irá usted.

—Bueno, no quieres que sea pelotillera..., no, no iré. Pero, hijo mío...

—Sacaré el sobresaliente, madre.

---

[6] si... Si in this sentence has no translation; it simply emphasizes the idea that follows it.

Miguel de Unamuno 113

Y lo sacaba el desdichado,° pero ¡a qué costa! Una vez no sacó más que notable;[7] y hubo que ver la cara que pusieron sus padres.

—Me tocaron tan malas lecciones...

—No, no; algo le has hecho... —dijo el padre.

Y la madre añadió:

—Ya te lo decía yo... Has descuidado mucho esa asignatura...

El mes de mayo le era terrible. Solía quedarse dormido sobre los libros, teniendo la cafetera al lado. Y la madre, que se levantaba solícita de la cama, iba a despertarle y le decía:

—Basta por hoy, hijo mío; tampoco conviene abusar°... Además, te rinde el sueño° y se malgasta el petróleo. Y no estamos para eso.°

Cayó enfermo y tuvo que guardar cama; le consumía la fiebre. Y los padres se alarmaron, se alarmaron del retraso que aquella enfermedad podía costarle en sus estudios; tal vez le duraría la dolencia y no podría examinarse con seguridad de nota, y le quedaría el pago de la beca en suspenso.

El médico auguró° a los padres que duraría aquello, y los pobres, angustiados, le preguntaban:

—¿Pero podrá examinarse en junio?

—Déjense de exámenes, que lo que este mozo necesita es comer mucho y estudiar poco, y aire, mucho aire...

—¡Comer mucho y estudiar poco! —exclamó la madre—. Pero, señor, ¡si tiene que estudiar mucho para poder comer poco!...

—Es un caso de *surmenage*.

—¿De *sur* qué?

—De *surmenage*, señora; de exceso de trabajo.

—¡Pobre hijo mío! —y rompió a llorar la madre—.

¡Es un santo..., un santo!

Y el santo fue reponiéndose,° al parecer, y cuando pudo ponerse en pie pidió los libros, y la madre, al llevárselos exclamó:

—¡Eres un santo, hijo mío!

Y a los tres días:

—Mira, hoy que está mejor tiempo puedes salir, vete a clase bien abrigado, ¿eh?, y dile a don Alfonso cómo has estado enfermo, y que te lo dispense°...

---

[7] **notable** the equivalent of the grade of "B".

La beca

poor fellow

tampoco... you shouldn't overdo
te... you're exhausted
no... we're in no shape for that

predicted, warned

recovering

excuse

Al volver de clase dijo:

—Me ha dicho don Alfonso que no vuelva hasta que esté del todo bien.

—Pero, ¿y el sobresaliente, hijo mío?

—Lo sacaré.

Y lo sacó, y vio las vacaciones, su único respiro. «¡Al campo!», había dicho el médico. ¿Al campo? ¿Y con qué dinero? Con dos pesetas no se hacen milagros. ¿Iba a privarse° don Agustín, el padre, de su café diario, del único momento en que olvidaba penas? Alguna vez intentó dejarlo; pero el hijo modelo le decía:

—No, no; vete al café, padre; no lo dejes por mí; ya sabes que yo me paso con cualquier cosa...

Y no hubo campo, porque no pudo haberlo. No recostó el pobre mozo su cansado pecho sobre el pecho vivificante de la madre Tierra; no restregó° su vista en la verdura, que siempre vuelve, ni restregó su corazón en el olvido reconfortante.

Y volvió el curso, y con él la dura brega, y volvió a encamar° el becario,° y una mañana, según estudiaba, le dio un golpe de tos y se ensangrentaron las páginas del libro por el sitio en que se trataba de las tisis° precisamente.

Y el pobre muchacho se quedó mirando al libro, a la mancha roja, y más allá de ella, al vacío, con los ojos fijos en él y frío de la desesperación acoplada en el alma. Aquello le sacó a flor de alma la tristeza eterna, la tristeza trascendental, el hastío° prenatal que duerme en el fondo de todos nosotros y cuyo rumor de carcoma° tratamos de ahogar con el trajineo° de la vida.

—Hay que dejar los libros en seguida —dijo el médico en cuanto le vio—; ¡pero en seguida!

—¡Dejar los libros! —exclamó don Agustín—. ¿Y con qué comemos?

—Trabaje usted.

—Pues si busco y no encuentro; si...

—Pues si se les muere, por su cuenta...

Y el rudo de don José Antonio se salió mormojeando°:

«¡Vaya un crimen!° Este es un caso de antropofagia°...; estos padres se comen a su hijo.»

Y se lo comieron, con ayuda de la tisis; se lo comieron poco a poco, gota a gota, adarme° a adarme.

Se lo comieron vacilando entre la esperanza y el temor, amargándoles cada noche el sacrificio y recomenzándolo cada mañana.

Miguel de Unamuno

¿Y qué iban a hacer? El pobre padre andaba apesadumbrado° y lleno de desesperación mansa.° Y mientras revolvía el café con la cucharilla para derretir el terrón de azúcar, se decía: «¡Qué amarga es la vida! ¡Qué miserable la sociedad! ¡Qué cochinos los hombres! Ahora sólo nos falta que se nos muriera...» Y luego, en voz alta: «Mozo; ¡el *Vida Alegre*!»[8]

distressed / meek

Aún llegó el chico a licenciarse° y tuvo el consuelo de firmar en el título, de firmar su sentencia de muerte con mano trémula y febril. Pidió luego un libro, una novela.

obtain his university degree

—¡Oh, los libros, siempre los libros! —exclamó la madre—. Déjalos ahora. ¿Para qué quieres saber tanto? ¡Déjalos!

—A buena hora, madre.

—Ahora a descansar un poco y a buscar un partido...[9]

—¿Un partido?

—Sí; he hablado con don Félix, y me ha prometido recomendarte para Robleda.

A los pocos días se iba Agustinito, para siempre, a las vacaciones inacabables, con el título bajo la almohada —fue un capricho° suyo— y con un libro en la mano; se fue a las vacaciones eternas. Y sus padres le lloraron amargamente.

whim

—Ahora, ahora que iba a empezar a vivir, ahora que nos iba a sacar de miserias; ahora... ¡Ay, Agustín, qué triste es la vida!

—Sí, muy triste —murmuró el padre, pensando que en una temporada no podría ir al café.

Y don José Antonio, el médico, me decía después de haberme contado el suceso: «Un crimen más, un crimen más de los padres... ¡Estoy harto de presenciarlos! Y luego nos vendrán con el derecho de los padres y el amor paternal... ¡Mentira!, ¡mentira! ¡mentira! A las más de las muchachas que se pierden son sus madres quienes primero las vendieron... Esto entre los pobres, y se explica, aunque no se justifique. ¿Y los otros? No hace aún tres días que González García casó a su hija con un tísico° perdido, muy rico, eso sí, con más pesetas que bacilos,° ¡y cuidado que tiene una millonada de éstos!, y la casó a conciencia de que el novio está con un pie en la sepultura; entra en sus cálculos que se le muera el yerno,° y luego el nieto que pueda tener, de meningitis o algo así, y luego... Y para este padre que se permite hablar de moralidad, ¿no hay grillete°? Y

consumptive, tuberculosis patient / germs

son-in-law

shackle

---

[8] *Vida Alegre*   the name of a magazine.
[9] **partido**   territory covered by a rural doctor.

ahora, este pobre chico, esta nueva víctima... Y seguiremos considerando al Estado como un hospicio, y vengan sobresalientes y canibalismo...; ¡canibalismo, sí, canibalismo! Se lo han comido y se lo han bebido; se han comido la carne, le han bebido la sangre...; y a esto de comerse los padres a un hijo, ¿cómo lo llamaremos, señor helenista°? *Gonofagia*, ¿no es así? Sí; gonofagia, gonofagia, porque llamando a las cosas en griego pierden no poco del horror que pudieran tener. Recuerdo cuando me contó usted lo de los indios aquellos de que habla Herodoto,[10] que sepultaban a sus padres en sus estómagos, comiéndoselos. La cosa es terrible; pero más terrible aún es el festín° de Atreo.[11] Porque el que uno se coma al pasado, sobre todo si ese pasado ha muerto, puede aún pasar; ¡pero esto de comerse al porvenir°!...

«Y si usted observa, verá de cuántas maneras nos lo estamos comiendo, ahogando en germen los más hermosos brotes.° Hubiera usted visto la triste mirada del pobre estudiante, aquellos ojos, que parecían mirar más allá de las cosas, a un incierto porvenir, siempre futuro y siempre triste, y luego aquel padre, a quien no le faltaba su café diario. Y hubiera usted visto su dolor al perder al hijo, dolor verdadero, sentido, sincero —no supongo otra cosa—; pero dolor que tenía debajo de su carácter animal, de instinto herido, algo de frío, de repulsivo, de triste. Y luego esos libros, esos condenados libros, que en vez de servir de pasto° sirven de veneno° a la inteligencia; esos malditos libros de texto, en que se suele enfurtir° todo lo más ramplón,° todo lo más pedestre, todo lo más insufrible de la Ciencia, con designios mercantiles de ordinario°...»

Calló el médico, y callé yo también. ¿Para qué hablar? Pasado algún tiempo me dijeron que Teresa Martín, la hija de don Rufo, se iba a monja. Y al manifestar mi extrañeza por ello, me añadieron que había sido novia de Agustín Pérez, el becario, y que desde la muerte de éste se hallaba inconsolable. Pensaba haberse casado en cuanto tuviera partido.

—¿Y los padres? —se me ocurrió argüir.°

Y al contar yo luego al que me trajo esa noticia la manera cómo sus padres se lo habían comido, me replicó inhumanamente:

Hellenist (a specialist in ancient Greek civilization)

banquet

future

shoots

food / poison
shape / vulgar
de... usually

to argue

[10] **Herodoto** Herodotus, a Greek historian (484–425? B.C.).
[11] **Atreo** According to Greek legend, Atreus, king of Mycenae, took vengeance upon his brother Thyestes by slaying Thyestes' sons and serving their remains to him at a banquet.

Miguel de Unamuno

—¡Bah! De no haberle comido sus padres, habríale comido su novia.

—¿Pero es —exclamé entonces— que estamos condenados a ser comidos por uno o por otro?

—Sin duda —me replicó mi interlocutor, que es hombre aficionado a ingeniosidades° y paradojas—, sin duda; ya sabe usted aquello de que en este mundo no hay sino comerse a los demás o ser comido por ellos, aunque yo creo que todos comemos a los otros y ellos nos comen. Es un devoramiento mutuo.   *bright ideas*

—Entonces vivir solo —dije.

Y me replicó:

—No lograría usted nada, sino que se comerá a sí mismo,° y esto es lo más terrible, porque el placer de devorarse se junta al dolor de ser devorado, y esta fusión en uno del placer y el dolor es la cosa más lúgubre° que puede darse.   *sí... yourself*   *dismal*

—Basta —le repliqué.

Actividades preinterpretativas

COMPRENSION

Complete las oraciones de acuerdo con las ideas expresadas en el cuento.

1. Don Agustín no podía conseguir...
2. Según la madre, la única esperanza de la familia era...
3. Según don Agustín, el propósito de la caridad es...
4. Al escuchar el estribillo «aplícate, Agustinito, aplícate», el hijo...
5. Agustinito recibió la beca porque...
6. La vida de la familia no mejoró después de que Agustinito recibió la beca porque...
7. Cuando Agustinito no sacó más que notable una vez, los padres...
8. Agustinito no podía ir al campo porque...
9. Cuando Agustinito cayó enfermo por segunda vez, la enfermedad se manifestó por...
10. Don José Antonio, el médico, llamó la muerte de Agustinito un caso de...
11. El médico opina que los libros de texto...
12. Según el personaje que conversa con el narrador al final del cuento, todos estamos condenados a...

BUSCANDO CLAVES

Busque en el cuento frases que indiquen o sugieran las cosas siguientes.

1. la resignación
2. la hipocresía
3. la codicia (*greed*)
4. contradicciones
5. el calor / el frío
6. la mitología
7. el temor

[handwritten:] Los jovenes que representen el futuro. Los jovenes estudian para consiguir una buena vida por los padres

Actividades interpretativas

OPINIONES Y ANALISIS

Conteste a las siguientes preguntas.

1. ¿Cómo son don Agustín y su esposa? ¿Por qué no podía conseguir trabajo fijo don Agustín? ¿Qué revelan de la madre sus palabras, «Nada de aquello de "pobre pero orgulloso", que es lo que más nos pierde a los españoles...»? *[handwritten:] los padres son flojos no tienen futuro porque dependen del él.*

    [handwritten:] porque el hijo no rebela tiene ~~miedo de sus padres~~, ama a sus padres

2. ¿Cómo es Agustinito? ¿Qué estudia? ¿Qué representa él para sus padres? ¿Por qué no se rebela Agustinito ante las esperanzas de sus padres? ¿Qué sugiere el hecho de que sus padres le llaman «un santo»?

3. ¿Qué dijo el médico que debiera hacer Agustinito para curarse? ¿Qué implicaciones tenían sus recomendaciones para la familia?

    [handwritten:] Los padres están explotan el hijo por los studios, están comiendo los hijos

4. ¿Qué quiere decir don José Antonio, el médico, cuando les llama «antropófagos» a los padres de Agustinito? ¿Cuáles son los motivos, supuestos y verdaderos, de los padres «criminales», según el médico?

5. ¿Le parece curioso a Ud. que don José Antonio condene los libros de texto? ¿Por qué o por qué no? ¿Cree Ud. que es antiintelectual el médico? Explique.

    [handwritten:] porque le recuerden del hijo, los libros venden para los estudiantes compren.

6. ¿Cómo es la sociedad que retrata «La beca»? ¿Qué le sugiere la descripción de la sociedad como «un devoramiento mutuo»? ¿Cómo explica Ud. la frase, «el placer de devorarse se junta al dolor de ser devorado, y esta fusión en uno del placer y el dolor es la cosa más lúgubre que puede darse»?

¿ESTA UD. DE ACUERDO?

Responda a las afirmaciones que siguen. Justifique sus respuestas basándose en ejemplos del cuento.

1. Los padres de Agustinito quieren a su hijo.
2. Agustinito es un hijo modelo.
3. La beca ayuda a la familia.

Actividades de síntesis

TEMAS PARA ESCRIBIR

1. Analice lo que representan los estudios de Agustinito para él, para sus padres y para don José Antonio. ¿Qué sugieren sus actitudes en cuanto al conflicto entre las necesidades materiales y las necesidades intelectuales o espirituales del ser humano?
2. Considere qué relación hay entre la paternidad y la inmortalidad, teniendo en cuenta la leyenda de Atreo y las varias relaciones familiares descritas en «La beca».
3. Comente sobre la crítica social en «La beca». Considere las actitudes de los protagonistas respecto a su situación económica, al trabajo, a la caridad y al Estado. ¿Qué comentarios se hacen sobre las responsabilidades del individuo, de la familia y de la sociedad?

OTRAS PERSPECTIVAS

1. ¿Cuáles son los derechos y las responsabilidades de los padres respecto a los hijos, y de los hijos respecto a sus padres? ¿Son inmutables, o pueden cambiar según las circunstancias?
2. ¿Para qué sirven los estudios y otros tipos de esfuerzo intelectual? ¿Cuáles son los límites de su utilidad?
3. ¿Qué responsabilidad tiene el Estado o la sociedad para asegurar el bienestar del individuo?

ENLACES

1. Compare y contraste el amor paternal y sus consecuencias en «Las ataduras» y «La beca».
2. Compare y contraste Agustinito en «La beca» y Eugenio en «A ninguna parte».
3. Compare y contraste el tema de la familia en dos de las obras siguientes: «Los viejos», «A ninguna parte», «Las ataduras» y «La beca».
4. Compare y contraste el argumento que se hace sobre los límites de la razón en «La beca» y «Fábula».

Quince de agosto

Beatriz de Moura
(1939–)

Beatriz de Moura was born in Rio de Janeiro, Brazil, and lived in various countries in South America, Northern Africa, and Europe as a child due to her father's career as a diplomat. Fluent in several languages, she studied interpreting and humanities in Geneva, Switzerland, before moving to Spain with her family in 1956. She worked as an editor for a number of publishers in Barcelona in the sixties and in 1969 founded a publishing house, Tusquets Editores, of which she is currently co-director. Although de Moura is not a prolific writer of fiction, her short stories and her autobiographical novel, *Suma*, have been well received and are characterized by a complex, imaginative writing style.

PRINCIPAL WORKS

1974   *Suma* (novel)

PREPARATION

"Quince de agosto," published in 1982, deals with the theme of destruction on two levels, the personal and the universal. The destructive effects of time and civilization on the individual and on the planet are addressed from the point of view of older and younger versions of a single protagonist, Paula. As you read, notice how the author uses certain devices, such as confusion of dreaming and waking states and allusions to other texts, to raise questions about the reality, probability, or inevitability of different types of destruction.

CONCEPTOS E IMAGENES

¿Qué conceptos e imágenes le sugieren las palabras siguientes?

1. la juventud / la vejez
2. el paraíso
3. un sueño / una pesadilla
4. el medio ambiente
5. el turismo
6. una cueva
7. una isla

 Quince de agosto

Ya no alcanzo a recordar en qué momento y por qué razón decidí repentinamente° abandonar mi trabajo, mi apartamento abarrotado° de libros, mi amante° y mis amigos para refugiarme en esta cueva enriscada° en los acantilados° de la costa norte de la Isla.

    Tengo probablemente ochenta años y, desde hace muchos, no he asistido a otro espectáculo que al de la versátil° inmensidad del mar. He sido feliz, creo. Nada, en mi vida anterior, dejaba sospechar un cambio tan brusco y radical. Jamás fui —ni soy— de esas personas embobadas° por los sanos y liberadores efectos de la Naturaleza. De hecho, cuando vine a la Isla, me sentía aún a gusto en el escenario proteico° de las metrópolis, donde la aglomeración estimula la elección de afinidades y permite el lujo del anonimato. Poco me importaban las advertencias ecologistas que me remitían° a turbias imágenes infantiles de amenazadores santones° callejeros que predecían el fin del mundo. Pero el caso es que, un día, tomé la decisión de desaparecer. Nadie hace falta° en el mundo, y,

suddenly
filled / lover
high up / cliffs

ever-changing

fascinated

protean, varying

me... sent me back
hypocrites

hace... is necessary

en aquellas lejanas fechas, en que no había individuo cuerdo° que aún creyera en verdades absolutas que no fueran las que cada uno encierra en sí mismo, estaba convencida de que, al irme, me llevaría el mundo conmigo.

Sabía que iría a la Isla. La había visitado apenas unas horas durante un inolvidable crucero por el Mediterráneo. Cuando desembarqué en ella para siempre, estuve explorando durante varios días mi lugar de elección.° Siguiendo un estrecho sendero, di una tarde con° esta amplia cueva que se abre como una concha al mar. Dediqué el primer mes a gastar parte de mi dinero en acomodarla con el mayor confort posible, convirtiéndola en un lujoso salón, evocador de aquellos en que Sarah Bernard[1] se dejaba fotografiar lánguidamente recostada° en inmensos y mórbidos lechos, poblados de cojines° de plumas forrados° de exóticos brocados. Revestí suelo y paredes de alfombras y tapices, y colgué del techo largos lienzos° de seda hindúes. Instalé un enorme y pesado escritorio, vestigio sin duda de algún noble salón colonial de Bangkok, al que me siento a escribir frente al mar. Cinco grandes quinqués° ingleses con pantallas° de porcelana y siete candelabros de plata boliviana me iluminan por la noche. Los enciendo uno tras otro, al atardecer, según un estricto ritual. Vaporosas° cortinas multicolores caen hasta el suelo del ancho arco que conforma la entrada de la cueva. Con los años, compré un órgano y, por las noches, toco mis piezas favoritas, Bach en particular. Pocos fueron los libros que conservé de mi antigua biblioteca y menos aún los que, más tarde, deseé adquirir, por lo que decidí tenerlos en desorden, siempre al alcance de la mano, desperdigados° encima de la gran mesa de jacarandá° y de las mesitas japonesas, o simplemente apilados junto a la cama y a los sofás.

Adquirí en seguida un burro con el que iba, cuando era necesario, a buscar agua al pozo° y provisiones al pueblo más cercano. Durante meses, me tuvieron por una extranjera chiflada,° pero, con el tiempo, se acostumbraron a mis apariciones y visitas y dejaron de chismear° a mi paso o acribillarme° a preguntas vanas. Hasta compartí, con cierta regularidad, animadas cenas, regadas° de un exquisito Chianti, con Julián, el panadero, un viejo gruñón° y solitario. Nadie podría definir la frágil afinidad que nos condujo, a Julián y a mí, a convertirnos, no diría en

sane, sensible

lugar... chosen spot
di... I came upon

reclining
cushions
covered
pieces

oil lamps
shades

Sheer

scattered / jacaranda wood

well
crazy

dejaron... they stopped gossiping / bothering me
washed down
grumpy

---

[1] **Sarah Bernard** Sarah Bernhardt, French actress (1844–1923).

amigos, pues esta relación nos habría parecido excesiva, sino más bien en complacidos° interlocutores. Comprendimos muy pronto, y tácitamente acordamos,° que aun cuando, al principio sobre todo, sintiéramos deseo, o necesidad, de comunicarnos, había que comedir° nuestros encuentros. Julián, quien, en otros tiempos, había sido autor de libros que pocos quisieron leer, conocía bien, tanto por viejo como por sabio, los vericuetos° de las relaciones humanas y aprehendía a la perfección los peligros de la costumbre y del tedio que la acompaña. Tan sólo una vez, al despedirse una noche, Julián, olvidando toda cautela,° rozó con sus labios agrietados° la punta de mis dedos, repentinamente temblorosos.

    A veces, al atarder, cuando el mar adquiere esa tonalidad cardenalicia° y amaina° la brisa como si el Cielo° retuviera° la respiración, descorría las cortinas y me sentaba frente al vacío. Entonces, me esforzaba por recordar con cierta precisión qué me había impulsado a venir aquí. Muchas podrían haber sido las razones, que vagamente recuerdo. No obstante, por mucho que sondeara° en aquel ya neblinoso° pasado, la única situación que acudía con insistencia a mi memoria, y que quizá justificara aquel éxodo mío, era la imagen de Pedro dormido a mi lado. Creo que, aquella noche, me percaté de pronto de que su piel se había marchitado,° de que su rostro se fruncía en sinuosas arrugas° y de que esas manchas marrones,° indefinidas, se apoderaban° ya de sus manos. No pude, súbitamente, soportar la idea de volver a hacer el amor con él. Era como joder con mi muerte. Me levanté horrorizada y me miré al espejo. Pese a mi casi medio siglo, mi imagen reflejada aún me sonreía: había engordado, es cierto, pero mi rostro seguía firme; en cambio, mi frente, que intentaba ocultar sabiamente tras una suerte de flequillo,° revelaba no sólo mi edad, sino también una vida inestable. Y, ante mi cuerpo desnudo, pensé: «Jamás podrás volver a abrazar hombre alguno». Los que te corresponden por edad son premonición de decrepitud, y los más jóvenes ignorarán tu cuerpo mustio.°» Me dejé caer y lloré. Es posible que, al día siguiente, iniciara discretamente las gestiones necesarias para desaparecer de una vez por todas. Hoy, pienso que fue una medida extrema, pues siempre quedan opciones conciliadoras, como requerir sin más remilgos° los servicios de hermosos jovencitos, o rodearme de efebos° que habrían alegrado la vista de la vieja verde° en la que bien habría podido convertirme. Pero intuía ya que me habría resultado insoportable la

Beatriz de Moura

compañía de esos jóvenes mancebos,° quienes, pese a su gratificante tersura,° suelen ser sumamente aburridos. También es cierto que mirar sin tocar, sin sentir, aún más en plena madurez, amarga la vida y que el suicidio, sin la suficiente dosis° de desesperanza, es un esfuerzo vano y, sobre todo, poco original, porque, en realidad, la muerte es la única experiencia previsible de nuestra existencia. La vida, por el contrario, es azarosa,° impensada, y, aun cuando uno no se mueva, no haga absolutamente nada, no participe, todo alrededor cambia sin cesar, a veces de un modo repentino e insospechado.

Como insospechada es también la repentina invasión de la Isla.
Desde hace unos meses, este rincón paradisíaco de la tierra, donde jamás hace frío y la tierra es fértil, olvidado pese a todo por el turismo de aquellos tiempos en que la gente todavía se desplazaba° en tropel° hacia las orillas del mar, este rincón desconocido, decía, es asaltado por centenares de naves° abarrotadas de hombres, mujeres y niños. No di, al principio, mayor importancia al asunto, pues atribuí la llegada de aquellos, por entonces, pocos barcos, al hecho de que, tal vez, se había puesto otra vez de moda el viajar a lugares poco visitados. Pero cuando, una mañana, al desperezarme° frente al sol naciente,° vislumbré° a lo lejos una auténtica flotilla de embarcaciones de todo tipo, presentí el Fin.

A media tarde, monté el burro y fui al pueblo, donde reinaba el desorden y el desvarío.° Detuve el burro ante la panadería. Estaba vacía; no sólo no estaba allí Julián, quien, a esas horas, solía servir «el pan de la eterna juventud», sino que no había ni un miserable panecillo en las estanterías, y lo que realmente me alarmó fue comprobar que el horno estaba apagado. Subí la cuesta hacia la iglesia, buscando a Julián por entre aquella multitud de seres extraños. El farmacéutico, sentado ante la puerta de su botica,° también vacía, me dijo con gran desánimo,° como drogado:

—¿Julián? En «La gaviota». No ha parado de beber desde hace dos días, y va a reventar.°

En «La gaviota», pese a° estar el local repleto de gente, se oían volar las moscas. Cuando entré, como si no hubiera otra diversión, todas las miradas se volvieron hacia mí, alguna hasta con cierta esperanza de que yo fuera portadora de cualquier noticia ansiada. La mayoría bebía agua en vasos de cerveza. Tan sólo unos pocos, todos habitantes de la Isla, con la mirada vidriosa,° habían perdido el mundo de vista y parecían decididos a acabar con la bodega del tabernero. Julián, recostado contra la pared del fondo, la boina caída sobre el ojo izquierdo, el bastón entre las piernas y las manos apoyadas en el puño, soltó al verme una carcajada que sacudió a todo aquel indefinible gentío. Cuando me acerqué, me dijo entre hipos:

—¡Enhorabuena,° querida amiga! Le diré una cosa... confidencialmente... Esto se acaba, no lo dude ni un segundo... Esto se acaba. Emborráchese° conmigo... o se convertirá en uno de ésos... —y levantó el bastón señalando al silencioso público—. Peor que la marabunta... que la peste...° Se lo comen todo, y nos comerían a nosotros también si aún no les quedaran viejos resabios.° Por suerte... no consumen alcohol. ¡Ja! No les interesa... Sólo quieren comida y agua... ¡Agua! Al parecer, allá de donde vienen, ya no hay vida... Estos son los últimos...

Ande, beba y olvide que pronto estaremos igual, si antes... gracias a eso... —e indicó su vaso con el mentón—° no pasamos a mejores.°

—Sí, necesito algo fuerte...

—¡Muy bien! Así me gusta —y, dirigiéndose al tabernero, le gritó—: ¡Juan, algo fuerte para la señora!

—Julián, dígame, ¿he entendido bien? ¿Quiere decir que ya no queda nadie vivo en el planeta sino los que estamos en la Isla?

—Oh, quizás queda algún otro lugar poblado... Nueva Zelanda, tal vez... ¿Quién sabe?

Julián quedó de pronto extático, probablemente ante la visión brumosa° de algún paraíso perdido, y, como para sí mismo, añadió:

—¡Siempre quise ir allí!

Miraba a Julián procurando recordar cuándo y dónde había leído, u oído, algo que pronosticaba, de cierto modo, la espantosa hecatombe° que protagonizábamos. Juan me sirvió un vasito de grappa,° que sorbí de un trago,° y volvió, a llenarme otro. En aquel instante, irrumpió en la taberna don Jacinto, el médico, hombre cuarentón, gordo y sudoroso, por lo general extremamente cortés y afable, pero, en aquella ocasión, alborotado,° casi violento:

—¡Rápido, Juan, dos botellas de coñac, si quedan! Es para anestesiar a un moro con gangrena. Habrá que amputar...

¡Diablos! Nunca se me había ocurrido pensar que mi oficio de salvar vidas pasaría a ser un día el más grotesco... ¡Tiene gracia! —y se secaba el sudor de la frente con un gran pañuelo gris.

Dejé a mi amigo Julián con sus delirios etílicos° y me acerqué, empujando y dando codazos,° a don Jacinto:

—Por favor, dígame, ¿qué ocurre exactamente?

—¿Es que no se ha enterado? ¡En qué mundo vive usted, señora! Siguen llegando... Son miles. Ya no hay bastante para todos. ¡Ojalá nos hundiéramos y nos tragaran las aguas de una vez! Los hay de todos los colores, señora. ¡Algunos han llegado aquí desde Asia! ¿Cómo? Y yo qué sé! El caso es que aquí están. Hay que ver en qué estado: deshidratados,° desnutridos, andrajosos,° sucios, y traen consigo todo tipo de enfermedades. Es una pesadilla, señora. Lo ocupan todo: campos, casas, rocas, playas, cuevas...

«¡Cuevas!», pensé, y salí asustada e inquieta de la taberna. Ni saludé a Julián, quien, trasladándose sin duda, a la velocidad del inconsciente, de Nueva Zelanda al Caribe, canturreaba una antigua habanera.² Nadie le había oído cantar nunca, y don Jacinto enarcó las cejas,° se alzó de hombros e inclinó ligeramente a un lado la cabeza a modo de comentario desalentador.° De hecho, Julián ya se había embarcado hacia un viaje sin retorno.

Volver a bajar la calle hasta la panadería fue, eso sí, como decía don Jacinto, una pesadilla. Toda aquella masa de gente desorbitada° subía en procesión, en al aire maloliente,° mirando hacia la iglesia como si en ella pudiera encontrar la última salvación. Cuando llegué, exhausta, ante la panadería, el burro había desaparecido. De pronto, sentí en los hombros y en las piernas toda la carga de mi vejez. En ciertos momentos de euforia, en la plácida soledad de mi cueva, teniendo por únicos testigos el sol, el aire y el mar, había llegado a creerme inmortal. Pero, allí, me quedé paralizada, los brazos caídos, zarandeada° por todos lados, contemplando mis pies inmóviles. Convertida en estatua, debí estorbar° el lento, pero ininterrumpido, desfile de espectros. Recordé repentinamente aquellos atascos de coches° en la ciudad, en los que, cuando no tenía prisa, solía disfrutar de aquella insolente soledad que me permitía a veces creerme reina entre borregos.° Innegablemente, había perdido toda facultad de arrogancia. Esa fauna ávida y

° alcoholic
° **dando**... elbowing

° dehydrated
° ragged

° **enarcó**... arched his brows
° discouraging

° exorbitant / foul-smelling

° shaken
° **debí**... I must have hindered
° **atascos**... traffic jams
° fools

² **habanera** a dance or song of Cuban origin.

trastocada° me aterraba.° «Debo hacer algo, como sea», pensé.   mad, deranged / terrified
Y, al formular el pensamiento, mis pies emprendieron lentamente su movimiento habitual, primero con torpeza,° después   con... clumsily
con mayor agilidad, a medida que la visión de mi cueva, ocupada por aquella jauría,° iba apoderándose de mí.   pack of hounds (horde of people)

No había nadie, todavía. Las cortinas de seda se estremecían bajo el suave roce de la brisa, tamizando° los últimos   filtering
rayos de sol. Limpié y ordené cuidadosamente mi ya raído°   worn
salón, sacudí alfombras, tapices y cojines, y me senté al
escritorio, frente al mar. De una gran caja de madera labrada,°   madera... carved wood
saqué viejos recortes° de periódico, amarillentos ya. Busqué   clippings
atentamente aquel que, de cierto modo, pronosticaba, hace
unos cuarenta años, lo que hoy, con toda probabilidad, estaba
ocurriendo.

          INFORME GLOBAL, AÑO 2000

AFP, 26 de julio de 1980

Este informe ha sido realizado, a petición del presidente Carter, por el Departamento de Estado Norteamericano y el Consejo para la Calidad del Medio Ambiente,° con la colaboración de once agencias gubernamentales, entre las que destacan° el   Medio... Environment
Departamento de Energía, la Agencia para el Desarrollo Internacional y los servicios secretos   stand out
(CIA). Se trata del primer intento del Gobierno norteamericano de efectuar previsiones cuantitativas
sobre la población, los recursos° y el medio ambiente   resources
a nivel mundial.

(...) Para centenares de millones de personas desesperadamente pobres, las perspectivas en materia de alimentación y de productos de primera calidad no serán mucho mejores. Para muchos serán incluso peores.

(...) La población mundial aumentará de 4.000 millones[3] de habitantes en 1975 a 6.350 millones en el año 2000. Es decir, un aumento de más del 50 por 100. Este incremento afectará principalmente

---

[3] **4.000 millones** four billion, according to the American system. In Spain, **un billón** is equal to a million millions (1,000,000,000,000); in the United States, one billion is equal to one thousand millions (1,000,000,000).

en un 92 por 100 a los países del Tercer Mundo. De los 6.350 millones de habitantes de la Tierra, 5.000 vivirán en los países en vías de desarrollo. La emigración de las poblaciones rurales hacia las ciudades originará una densidad demográfica casi impensable. En el año 2000, México-ciudad contará con más de 30 millones de habitantes, Calcutta tendrá casi 20 y Yacarta[4] y Seúl[5] —entre 15 y 20.

La diferencia entre el producto nacional bruto° (gross) por habitante entre los países industrializados y los países del Tercer Mundo aumentará. En 1975, esta diferencia era de unos 4.000 dólares. En el año 2000 será de 7.900. Los recursos del petróleo por habitante van a disminuir en un 50 por 100 en los próximos veinte años; las reservas de agua, en un 35 por 100; las reservas de madera, en un 47 por 100. Además, entre el 15 y el 20 por 100 de las especies animales y vegetales desaparecerán de aquí al año 2000. Entre 1975 y el año 2000 los precios alimenticios aumentarán en un 95 por 100, y los precios de los productos energéticos, en un 150 por 100.

Yo, quien había perdido la noción del tiempo estructurado en horas, días, meses y años, caí de pronto en la cuenta de que,° (caí... I suddenly realized that) si la previsión examinaba la situación hasta el año 2000, no era de extrañar que, en el 2019, las cosas allende° (beyond) aquel mar, que lamía° (lapped) los pies del acantilado, no habían hecho sino empeorar. Imaginé la lenta e irreparable invasión de las grandes ciudades de Latinoamérica, Africa y Asia, el repentino trasvase° (displacement) de estas poblaciones indigentes a Norteamérica y la URSS[6] y, de allí, a la vieja Europa, y en particular, ahora, a las orillas de esta apacible y receptora cuna° (cradle) mediterránea. Y, naturalmente, a la Isla, ese punto casi invisible en el mapa, donde la tierra volcánica había sido siempre generosa. Pero, ¿por cuánto tiempo podría la Isla abastecer° (provide for) aún a todos esos andrajos humanos que provenían de quién sabe dónde? ¿Y cuánto tiempo me quedaba a mí? Sin el burro, ya no podría acarrear° (transport) el

---

[4] **Yacarta** Jakarta, a port city on the island of Java that is the capital of Indonesia.
[5] **Seúl** Seoul, the capital of South Korea.
[6] **URSS** Unión de Repúblicas Socialistas Soviéticas (the former Soviet Union)

agua ni las provisiones, si las hubiera, claro. Y sin duda, a mi viejo burro —y seguramente a todos los demás— ya se lo habrían comido. Volví a colocar el recorte en la gran caja y contemplé el mar ligeramente erizado,° como irritándose. 〈bristly〉
⁵ Decidí permanecer en la cueva hasta agotar° todas mis posibili- 〈**hasta**... until I exhausted〉
dades de supervivencia,° y morir sola, levitando en esa especie 〈survival〉
de euforia que produce el ayuno,° mirando el horizonte que 〈fasting〉
había dejado de ser inspirador de ensueños para convertirse en simple referencia en el infinito, pues, más allá, todo había
¹⁰ dejado de existir.

　　Empecé a contar los días, como los náufragos.° Sin em- 〈shipwrecked people〉
bargo, la tranquilidad absoluta que me inspiraba la cueva y la serenidad ilimitada de los atardeceres del verano, insólita-
mente° caluroso, me comunicaron poco a poco la sensación de 〈unusually〉
¹⁵ que me había propuesto morir, simplemente porque así lo había dispuesto yo. Pero, al amanecer del décimo día, me despertó de pronto algo así como un zumbido, o un siseo,° y vi 〈hissing〉
moverse, cual sombras chinescas detrás de las ondeantes cortinas, amenazantes figuras. «Ahí vienen», susurré para mí. Me
²⁰ levanté con dificultad, pues los movimientos de mi cuerpo,
oxidado° por el tiempo y la penuria° de los últimos días, se 〈rusted / scarcity〉
hacían siempre más lentos y tortuosos. Descorrí muy despacio las cortinas de par en par, y, ante mi asombro, aparecieron
centenares, quizá miles, de personas demacradas,° haraposas,° 〈emaciated / ragged〉
²⁵ con la mirada hueca,° que bajaban por el sendero en busca, tal 〈hollow〉
vez, de un último cobijo.° Ya no cabían en la Isla, y llegaban al 〈refuge〉
fin del mundo.

　　—Pasen —les dije, con esa insospechada calma que invade a quien dispone por fin de su destino—, esta cueva es ahora vues-
³⁰ tra. Poco encontraréis, pero moriréis en almohadones de seda.

　　En un fantasmal silencio, desfilaron° ante mí y ocuparon 〈they paraded〉
con suma lentitud todo el interior de la cueva. Los que no cupieron, permanecieron allí, en el sendero, extáticos, a la re-
signada espera del cataclismo final. Cuando vi a aquella multi-
³⁵ tud atónita, mirándome alelada,° le di las espaldas, le envié un 〈stupidly〉
último saludo con la mano y me lancé al vacío, a ese mar tan querido que me había aguardado inexorablemente...

　　Paula despertó bruscamente a la luz mortecina° del amanecer. 〈dim〉
⁴⁰ Su primer pensamiento fue para aquella visión, aún muy nítida,° de su propio rostro surcado de arrugas, aunque radiante 〈clear〉
de felicidad. ¿Cómo puede una soñar con la propia vejez y la
propia muerte atribuyéndoles esa vivencia° de plenitud,° casi de 〈experience / fullness〉

Beatriz de Moura

júbilo? Por muy mal que le fueran las cosas en aquel solitario y triste verano, no comprendía esa proyección dichosa de la decreptitud y la muerte; más aún, la indignaba. Le enfurecía el haber gozado de la caída, de *aquella* caída. «Nada justificaba desear la muerte», pensó Paula, olvidando que cuanto más categóricas solían ser sus afirmaciones, más sujetas a contradicciones se encontraban siempre. Y, ya más calmada, antes de volver a cerrar los ojos, se preguntó: «¿No será el deseo de muerte un devaneo° de la soledad?» — delirium

Cuando despertó por segunda vez, eran las tres de la tarde. Deleitándose° en el recuerdo de que podía desperezarse en la cama hasta la hora que le viniera en gana,° se levantó para prepararse un copioso desayuno. Mientras calentaba el café, tostaba el pan y hervía el huevo, se asomó al balcón. El sol parecía más cercano a la tierra. «Quince de agosto»,[7] suspiró Paula y volvió a la cama con la bandeja° del desayuno y un montón de revistas. La refrescante penumbra de su cuarto le devolvió a una apacible somnolencia, hasta que la revista que intentaba leer se deslizó° de entre sus dedos. Así quedó, dormida una vez más, negando la realidad de aquel día de luz cegadora.° Más tarde, deambuló por la casa, empeñada en descifrar el jeroglífico° del sueño de la vieja y de la Isla, por cuya atmósfera se sentía siempre más atraída. Inexplicablemente inquieta, al atardecer, procuró localizar en vano por teléfono a aquellos amigos que no habían desertado de la ciudad.[8] Afligida, salió con la intención de pasear un poco para sacudirse aquella sensación confusa de sentirse poseída, tomar una copa en alguna cafetería con terraza y, sobre todo, rodearse de rostros desconocidos, pero *vivos*.

Taking delight in
hasta... as long as she wanted
tray
slipped
blinding
hieroglyph

Algo en el aire mudo pesaba más de lo admisible, «Ese silencio», se dijo Paula. Sí, lo que convertía aquellas calles deshabitadas en una ciudad hueca era el silencio. Se sintió como una hormiga° despistada° en la inmensidad de un cuarto de baño. Algunas cafeterías tenían abiertas sus puertas, pero, en las terrazas, las sillas, en desorden, estaban vacías, y no había nadie detrás de la barra. Al ver con sorpresa el destello° del anuncio luminoso de un cine, sintió la tentación infantil de pasar ante la taquilla° sin pagar: en el interior, el aire acondicionado y todas las luces de la sala estaban encendidas; el hilo musical° emitía

ant / disoriented
flash
box office
hilo... background music

---

[7] The Catholic church commemorates the assumption of the Virgin Mary to Heaven on August 15.
[8] Many Spaniards go on vacation for the entire month of August. City dwellers head for the beach or the countryside if they are able, and many shops and businesses shut down completely.

una acaramelada° melodía. Por antojo,° se sentó en la butaca central de la platea° y reflexionó acerca de lo que ocurría, o mejor dicho no ocurría —o había ocurrido ya—, a su alrededor. Nada, el día anterior, había dejado ni tan sólo vislumbrar la posibilidad de que tamaña° deserción se produjera. Paula había cenado con unos amigos y regresado a casa tarde, pero serena.° Tampoco ninguna noticia más alarmante que las acostumbradas había aparecido por el telex del periódico en que trabajaba. «¿Quién sabe si sigo soñando?», se preguntó Paula, conocedora de las trampas° que suelen ingeniar los sueños. «Todo esto es absurdo. Aunque este verano no sea precisamente el mejor de mi vida, aún atino° lo suficiente como para no llegar al delirio...», cavilaba° Paula mientras abandonaba el cine. «Tendría gracia que saliera simplemente de una película», sonrió para sí.

Pero, afuera, el silencio la envolvió de nuevo. Repentinamente, por instinto, como atraída por una imagen, o una llamada, se encaminó Ramblas[9] abajo hacia el puerto. Yates, «golondrinas»[10,] trasatlánticos, «canguros», cargueros, y hasta la «Santa María», esa torpe réplica de la verdadera, eternamente anclada al muelle° más cercano, todos los barcos se habían esfumado en la noche. La cabina del teleférico,° que cruza por los aires el puerto de Barcelona, se había detenido a medio camino y se balanceaba, movida por un soplo que parecía destinado sólo a ella. A los pies de la estatua de Colón,° que señala aquellas tierras, hoy quizá devastadas y que fueron un sueño de abundancia, las tranochadas cámaras de los fotógrafos ambulantes parecían extraños insectos venidos de otro planeta; las grúas,° en los muelles, dinosaurios petrificados en las sombras.

Perpleja, presa de esa irrealidad, Paula permanecía extática ante el mar, turbio aún, de aquel puerto fantasmal. De repente, le pareció oír un sonido reconocible, un zumbido, o un siseo:

—¡Pssst!

Giró sobre sus tacones° a la velocidad de una peonza° y no salió de aquella enajenación° hasta que la rueda delantera de un coche blanco, aparcado con desaire° encima de la acera,° terminara de deshincharse° y que la sombra incierta de un chiquillo tonto se escabullera° por entre ociosos turistas y domingueros.°

---

[9] **Ramblas** a long boulevard that leads to the port of Barcelona.
[10] **golondrinas** motorboats used to take tourists for rides around the harbor of Barcelona.

Beatriz de Moura

Actividades preinterpretativas

COMPRENSION

Complete las oraciones de acuerdo con las ideas expresadas en el cuento.

1. La narradora mayor había dejado la ciudad y se había marchado a...
2. Se marchó porque se sentía...
3. Hizo un nuevo hogar dentro de...
4. Su mejor amigo se llamaba...
5. Al ver llegar una flotilla de embarcaciones a la Isla, presintió...
6. Cuando ella llegó a la taberna, su amigo le dijo que...
7. El recorte de periódico era del año...
8. El informe global había pronosticado...
9. La invasión de la Isla tenía lugar en el año...
10. Después de dejarles entrar en la cueva a muchas personas, la narradora mayor...
11. Paula había soñado con su propia...
12. Cuando paseaba por la ciudad, Paula notó que...
13. Al permanecer ante el mar, Paula oyó...

BUSCANDO CLAVES

Busque en el cuento frases que indiquen o sugieran las cosas siguientes.

1. alusiones bíblicas o religiosas
2. confusión
3. la vejez
4. un deseo de escapar
5. engaño
6. revelación

Actividades interpretativas

OPINIONES Y ANALISIS

Conteste a las siguientes preguntas.

1. ¿Cuáles eran los motivos de la narradora por abandonar la ciudad? ¿Por qué cree Ud. que le importaba tanto a la narradora la belleza física? ¿Por qué le era fácil desaparecer?
2. ¿Cómo es la narradora? ¿Qué revelan de ella la lujosa decoración de la cueva y su relación con Julián?
3. ¿Cómo es la Isla? ¿Qué diferencias o semejanzas ve Ud. entre la Isla y el mundo que la narradora había abandonado?
4. ¿Por qué cree Ud. que las palabras **isla**, **naturaleza**, **cielo** y **fin** se escriben con mayúscula en el cuento? ¿Qué sugieren el desorden que reina en la Isla después de la llegada de la flotilla y el «pan de la eterna juventud» que se sirve en la panadería? ¿Desde dónde cree Ud. que habla la narradora?
5. ¿Qué función sirve el recorte de periódico que ofrece pronósticos para el año 2000? ¿Cómo sería diferente el cuento de no haberse incluído el recorte?
6. ¿Cómo explica Ud. las decisiones que toma la narradora en respuesta al cataclismo? ¿Cree Ud. que sus acciones están de acuerdo con su carácter? Explique.
7. ¿Por qué le molestó a Paula el sueño de la Isla? ¿En qué aspectos se parecen Paula y la narradora de su sueño? ¿Qué implicaciones tiene el uso de la palabra «caída» para describir el final del sueño? ¿Por qué?
8. ¿Cómo explica Ud. la ciudad desierta que encuentra Paula al salir y la referencia a la estatua de Colón?
9. ¿Qué semejanzas y diferencias ve Ud. entre las dos partes del cuento? ¿En qué aspectos se complementan?
10. ¿Qué emociones cree Ud. que la autora del cuento espera despertar en el lector? ¿Cuáles son algunas técnicas que emplea para despertarlas?

¿ESTA UD. DE ACUERDO?

Responda a las afirmaciones que siguen. Justifique sus respuestas basándose en ejemplos del cuento.

1. La narradora del sueño es egoísta.
2. El sueño de Paula fue una pesadilla.
3. «Quince de agosto» recomienda el escape como solución a los problemas.

Actividades de síntesis

TEMAS PARA ESCRIBIR

1. Analice el tema de la destrucción a nivel personal y a nivel global en «Quince de agosto». ¿Qué imágenes se utilizan para desarrollar el tema? ¿Qué sugiere el cuento en cuanto a las posibles causas o la inevitabilidad de diferentes tipos de destrucción? ¿Cómo lo hace?
2. Analice el paralelismo y la simetría en «Quince de agosto» y la función que sirven en el cuento. Considere, entre otras cosas, las dos Paulas y sus experiencias.
3. Analice cómo se usan símbolos —por ejemplo, el espejo, la cueva, la isla, el mar y la fecha del quince de agosto— para apoyar las ideas principales del cuento.

OTRAS PERSPECTIVAS

1. ¿Cree Ud. que «Quince de agosto» es una obra de ciencia-ficción? ¿Por qué o por qué no? Explique.
2. Compare los pronósticos para el año 2000 contenidos en el recorte de periódico con la situación mundial actual. Según su opinión, ¿cómo será el mundo en el año 2019?
3. Explique su concepto de lo que constituye un paraíso.

ENLACES

1. Compare y contraste la crítica social en «La beca» y «Quince de agosto».
2. Compare y contraste el significado de la repetición de sucesos en «Quince de agosto» y «El cementerio de Djelfa».
3. Compare y contraste el tema de la supervivencia en «La beca» y «Quince de agosto».

# El inquisidor

Francisco Ayala
(1906–   )

Francisco Ayala's literary career spans his student days in pre–Civil War Madrid, thirty-six years in exile, and his successful return to Spain after the death of Francisco Franco. A native of Granada, Ayala earned a law degree from the University of Madrid in 1929. After a year of postgraduate study in Germany he returned to Madrid, completed a doctorate in law, and began a career as a law professor. He was already active in literary circles in those years, having published two novels by age twenty-five and contributing regularly to literary journals.

Ayala was thirty years old when the Spanish Civil War broke out. He sided with the Republic in the war, serving as secretary of its mission in Prague for eight months in 1937. At the end of the war, Ayala left Spain. His years in exile were spent in Argentina, the United States, and Puerto Rico. During this time he taught sociology and Spanish literature at a number of universities; wrote fiction, literary criticism, and a three-volume sociology text; and founded a literary journal. With the exception of a single short story, none of Ayala's post–Civil War writings was published in Spain until 1970, when *Los usurpadores* reintroduced him to the Spanish reading public. Upon repatriating to Spain in 1976, Ayala quickly assumed a prominent position in the Spanish literary world, winning the Premio Nacional de Literatura in 1983, the Premio de las Letras Españolas in 1988, and the Premio Cervantes in 1992.

Ayala's early novels were literary exercises that emphasized style and aesthetics over content. He did not write fiction at all between 1939 and

1949, and when he began again, the impressions left by the Spanish Civil War and World War II were evident. Much of Ayala's postwar fiction examines historical events in terms of how they affect individual lives, what they reveal about human behavior, and their relevance to the present. The world view that his works present is rarely optimistic, for Ayala often addresses moral issues through situations that bring out the dark sides of his protagonists.

PRINCIPAL WORKS

1925	*Tragicomedia de un hombre sin espíritu* (novel)	
1933	*Cazador en el alba* (stories)	
1944	*El hechizado y otros cuentos* (stories)	
1949	*La cabeza del cordero* (stories)	
1949	*Los usurpadores* (stories)	
1955	*Historia de macacos* (stories)	
1958	*Muertes de perros* (novel)	
1962	*El fondo del vaso* (novel)	
1963	*El as de bastos* (stories)	
1966	*De raptos, violaciones y otras inconveniencias* (stories)	
1971	*El jardín de las delicias* (stories)	
1982–83	*Recuerdos y olvidos* (memoirs): Premio Nacional de Literatura	
1985	*Páginas sobre la libertad* (essays)	
1986	*La imagen de España: Continuidad y cambio en la sociedad* (essays)	
1990	*El escritor en su siglo* (essays)	

PREPARATION

"El inquisidor," originally published in Mexico in 1950, takes place at the time of the Spanish Inquisition, which was at its most powerful in the late fifteenth and early sixteenth centuries. It tells the story of a **converso**, a Jewish convert to Catholicism, who has become a bishop and whose duties include trying converts accused of heresy. The conflict the bishop feels between the weight of his Jewish past and his responsibilities as defender of the Catholic faith is developed through flashbacks, omniscient narration, and other techniques that reveal his turmoil to the reader as the story progresses. As you read, pay special attention to characterization; notice, for example, how detailed descriptions and repetition of words or phrases are used to create both a physical and psychological image of the bishop.

CONCEPTOS E IMAGENES

¿Qué conceptos e imágenes le sugieren las palabras siguientes?

1. la Inquisición
2. el fanatismo
3. la salvación
4. el Mesías
5. la fe
6. el sacrificio
7. la religión

El Inquisidor

¡Qué regocijo°!, ¡qué alborozo°! ¡Qué músicas y cohetes°! — joy / jubilation / fireworks
El Gran Rabino° de la judería°, varón de virtudes y cien- — Rabbi / Jewry
cia sumas, habiendo conocido al fin la luz de la verdad,
prestaba su cabeza al agua del bautismo; y la ciudad entera
5 hacía fiesta.

Aquel día inolvidable, al dar gracias a Dios Nuestro Señor,
dentro ya de su Iglesia, solo una cosa hubo de lamentar el
antiguo rabino; pero ésta, ¡ay!, desde el fondo de su corazón:
que a su mujer, la difunta Rebeca, no hubiera podido exten-
10 derse el bien de que participaban con él, en cambio, felizmente,
Marta, su hija única, y los demás familiares de su casa, bautiza-
dos todos en el mismo acto con mucha solemnidad. Esa era su
espina,° su oculto dolor en día tan glorioso; ésa, y —¡sí, tam- — thorn
bién!— la dudosa suerte (o más que dudosa, temible) de sus
15 mayores,° línea ilustre que él había reverenciado en su abuelo, — ancestors
en su padre, generaciones de hombres religiosos, doctos° y — learned
buenos, pero que, tras la venida del Mesías,° no habían sabido — Messiah

reconocerlo y, durante siglos, se obstinaron en la vieja, derogada Ley.°

Preguntábase° el cristiano nuevo en méritos de qué° se le había otorgado° a su alma° una gracia tan negada a ellos, y por qué designio de la Providencia, ahora, al cabo de casi los mil y quinientos años de un duro, empecinado° y mortal orgullo, era él, aquí, en esta pequeña ciudad de la meseta castellana —él sólo, en toda su dilatada estirpe°— quien, después de haber regido° con ejemplaridad la venerable sinagoga, debía dar este paso escandaloso y bienaventurado por el que ingresaba en la senda de salvación. Desde antes, desde bastante tiempo antes de declararse converso°, había dedicado horas y horas, largas horas, horas incontables, a estudiar en términos de Teología el enigma de tal destino. No logró descifrarlo. Tuvo que rechazar muchas veces como pecado° de soberbia° la única solución plausible que le acudía a las mientes,° y sus meditaciones le sirvieron tan solo para persuadirlo de que tal gracia le imponía cargas y le planteaba exigencias° proporcionadas a su singular magnitud; de modo que, por lo menos, debía justificarla, *a posteriori*,¹ con sus actos. Claramente comprendía estar obligado para con la Santa Iglesia en mayor medida° que cualquier otro cristiano. Dio por averiguado° que su salvación tenía que ser fruto de un trabajo muy arduo en pro de la fe; y resolvió —como resultado feliz y repentino de sus cogitaciones°— que no habría de considerarse cumplido° hasta no merecer y alcanzar la dignidad apostólica° allí mismo, en aquella misma ciudad donde había ostentado la de Gran Rabino, siendo así asombro de todos los ojos y ejemplo de todas las almas.

Ordenóse,° pues, de sacerdote, fue a la Corte, estuvo en Roma y, antes de pasados ocho años, ya su sabiduría, su prudencia, su esfuerzo incansable, le proporcionaron por fin la mitra de la diócesis desde cuya sede episcopal serviría a Dios hasta la muerte.² Lleno estaba de escabrosísimos° pasos —más, tal vez, de lo imaginable— el camino elegido; pero no sucumbió; hasta puede afirmarse que ni siquiera llegó a vacilar por un instante. El relato actual° corresponde a uno de esos momentos de prueba. Vamos a encontrar al obispo, quizás, en el día más atroz de su vida. Ahí lo tenemos, trabajando, casi de madru-

la... the old, abolished Law (Judaism)
(He) asked himself / en... for what merits
granted / soul

obstinate

dilatada... long lineage
run

convert

sin / pride
le... occurred to him

demands

en... to a greater extent
Dio... He was certain

reflections
fulfilled
dignidad... apostolic (ecclesiastical) office

He became ordained

rough, difficult

El... The current story

1 *a posteriori* after the fact (Latin).
2 **le proporcionaron**... they finally provided him with the miter (bishop's hat) of the diocese from whose episcopal see (cathedral) he would serve God until his death.

Francisco Ayala

gada. Ha cenado muy poco: un bocado apenas, sin levantar la vista de sus papeles. Y empujando luego el cubierto° a la punta de la mesa, lejos del tintero y los legajos,° ha vuelto a enfrascarse° en su tarea. A la punta de la mesa, reunidos aparte, se ven ahora la blanca hogaza de cuyo canto falta un cuscurro,° algunas ciruelas° en un plato, restos en otro de carne fiambre,° la jarrita del vino, un tarro° de dulce sin abrir... Como era tarde, el señor obispo había despedido al paje,° al secretario, a todos, y se había servido por sí mismo su colación.° Le gustaba hacerlo así; muchas noches solía quedarse hasta, muy tarde, sin molestar a ninguno. Pero hoy, difícilmente hubiera podido soportar la presencia de nadie; necesitaba concentrarse, sin que nadie lo perturbara, en el estudio del proceso. Mañana mismo se reunía bajo su presidencia el Santo Tribunal;[3] esos desgraciados, abajo, aguardaban justicia,° y no era él hombre capaz de rehuir o postergar° el cumplimiento de sus deberes, ni de entregar el propio juicio a pareceres ajenos: siempre, siempre, había examinado al detalle cada pieza, aun mínima, de cada expediente,° había compulsado trámites, actuaciones y pruebas,° hasta formarse una firme convicción y decidir, inflexiblemente, con arreglo a° ella. Ahora, en este caso, todo lo tenía reunido ahí, todo estaba minuciosamente ordenado y relatado ante sus ojos, folio tras folio, desde el comienzo mismo, con la denuncia sobre el converso Antonio María Lucero, hasta los borradores° para la sentencia que mañana debía dictarse° contra el grupo entero de judaizantes complicados en la causa.° Ahí estaba el acta levantada° con la detención de Lucero, sorprendido en el sueño y hecho preso° en medio del consternado revuelo° de su casa; las palabras que había dejado escapar en el azoramiento° de la situación —palabras, por cierto, de significado bastante ambiguo— ahí constaban. Y luego, las sucesivas declaraciones, a lo largo° de varios meses de interrogatorios, entrecortada alguna de ellas por los ayes y gemidos, gritos y súplicas° del tormento,° todo anotado y transcrito con escrupulosa puntualidad. En el curso del minucioso procedimiento, en las diligencias premiosas° e innumerables que se siguieron, Lucero había negado con obstinación irritante; había negado, incluso, cuando le esta-

[3] **Santo Tribunal** Ecclesiastical Court, also known as the Inquisition, founded in 1478. In 1492, the reigning monarchs, Isabella and Ferdinand, expelled from Spain all Jews who refused to convert to Christianity. The Inquisition investigated the sincerity of new Christians and tried those whose faith it considered suspect. The accused were given no right to a defense, and "confessions" were often exacted through torture.

ban retorciendo los miembros en el potro.° Negaba entre imprecaciones;° negaba entre imploraciones, entre lamentos; negaba siempre. Mas —otro, acaso, no lo habría notado; a él ¿cómo podía escapársele?°— se daba buena cuenta el obispo de que esas invocaciones que el procesado había proferido en la confusión del ánimo, entre tinieblas, dolor y miedo, contenían a veces, sí, el santo nombre de Dios envuelto en aullidos° y amenazas;° pero ni una sola apelaban a Nuestro Señor Jesucristo, la Virgen o los Santos, de quienes, en cambio, tan devoto se mostraba en circunstancias más tranquilas...

Al repasar ahora las declaraciones obtenidas mediante el tormento —diligencia ésta que, en su día, por muchas razones, se creyó obligado a presenciar el propio obispo— acudió a su memoria con desagrado la mirada que Antonio María, colgado por los tobillos, con la cabeza a ras del suelo,° le dirigió desde abajo. Bien sabía él lo que significaba aquella mirada: contenía una alusión al pasado, quería remitirse a los tiempos en que ambos, el procesado° sometido a tortura y su juez, obispo y presidente del Santo Tribunal, eran aún judíos: recordarle aquella ocasión ya lejana en que el orfebre,° entonces un mozo delgado, sonriente, se había acercado respetuosamente a su rabino pretendiendo la mano de Sara, la hermana menor de Rebeca, todavía en vida, y el rabino, después de pensarlo, no había hallado nada en contra de ese matrimonio, y había celebrado él mismo las bodas de Lucero con su cuñada Sara. Sí, eso pretendían recordarle aquellos ojos que brillaban a ras del suelo, en la oscuridad del sótano, obligándole a hurtar° los suyos; esperaban ayuda de una vieja amistad y un parentesco° en nada relacionados con el asunto de autos.° Equivalía, pues, esa mirada a un guiño° indecente, de complicidad, a un intento de soborno;° y lo único que conseguía era proporcionar una nueva evidencia en su contra, pues ¿no se proponía acaso hablar y conmover en el prelado° que tan penosamente se desvelaba° por la pureza de la fe al judío pretérito° de que tanto uno como otro habían ambos abjurado?°

Bien sabía esa gente, o lo suponían —pensó ahora el obispo—, cuál podía ser su lado flaco,° y no dejaban de tantear,° con sinuosa pertinacia° para acercársele.° ¿No había intentado, ya al comienzo —y ¡qué mejor prueba de su mala conciencia!, ¡qué confesión más explícita de que no confiaban en la piadosa justicia de la Iglesia!—, no habían intentado

rack (*instrument of torture*)
curses

¿cómo... how could he miss it?

wails
threats

a... level with the floor

defendant

jeweler

avert
kinship
el... the matter of judicial rulings
wink
bribery

prelate
que... who so arduously guarded / former
renounced

weak
watch for an opportunity / tenacity / move in on him

Francisco Ayala   **143**

blandearlo° por la mediación de Marta, su hijita, una criatura inocente, puesta así en juego?... Al cabo de tantos meses, de nuevo suscitaba en él un movimiento de despecho° el que así se hubieran atrevido a echar mano° de lo más respetable: el candor de los pocos años. Disculpada por ellos, Marta había comparecido° a interceder ante su padre en favor del Antonio María Lucero, recién preso entonces por sospechas. Ningún trabajo costó establecer que lo había hecho a requerimientos de su amiga de infancia y —torció su señoría el gesto°— prima carnal, es cierto, por parte de madre, Juanita Lucero, aleccionada° a su vez, sin duda, por los parientes judíos del padre, el converso Lucero, ahora sospechoso de judaizar. De rodillas, y con palabras quizás aprendidas, había suplicado la niña al obispo. Una tentación diabólica; pues ¿no son, acaso, palabras del Cristo: «El que ama hijo o hija más que a mí, no es digno de mí?»[4]

En alto la pluma,° y perdidos los ojos miopes en la penumbrosa pared de la sala, el prelado dejó escapar un suspiro de la caja de su pecho: no conseguía ceñirse a la tarea;° no podía evitar que la imaginación se le huyera hacia aquella su hija única, su orgullo y su esperanza, esa muchachita frágil, callada, impetuosa, que ahora, en su alcoba, olvidada del mundo, hundida en el feliz abandono del sueño, descansaba, mientras velaba él arañando° con la pluma el silencio de la noche. Era —se decía el obispo— el vástago postrero° de aquella vieja estirpe a cuyo dignísimo nombre debió él hacer renuncia para entrar en el cuerpo místico de Cristo,[5] y cuyos últimos rastros° se borrarían definitivamente cuando, llegada la hora, y casada —si es que alguna vez había de casarse— con un cristiano viejo,° quizás, ¿por qué no?, de sangre noble, criara ella, fiel y reservada, laboriosa y alegre, una prole° nueva en el fondo de su casa... Con el anticipo de esta anhelada perspectiva en la imaginación, volvió el obispo a sentirse urgido por el afán de preservar a su hija de todo contacto que pudiera contaminarla, libre de acechanzas,° aparte; y, recordando cómo habían querido valerse° de su pureza de alma en provecho del procesado Lucero, la ira le subía a la garganta, no menos que si la penosa escena hubiera ocurrido ayer mismo. Arrodillada° a sus plantas, veía a la niña decirle: «Padre, el pobre Antonio María no es

blandearlo — to soften him
despecho — indignation
echar... — to fall back on
había... — had appeared
torció... — his lordship grimaced
aleccionada — coached
En alto la pluma — With his pen raised
ceñirse... — to focus on his task
arañando — scratching
vástago... — last descendant
rastros — vestiges
cristiano... — a Christian of many generations
prole — offspring
acechanzas — traps
valerse — take advantage of
Arrodillada — Kneeling

[4] «El que ama...» "He that loveth son or daughter more than me is not worthy of me." (Matthew 10:37).
[5] **cuerpo místico de Cristo** the mystical body of Christ (the Church).

culpable de nada; yo, padre —¡ella! ¡la inocente!—, yo, padre, sé muy bien que él es bueno. ¡Sálvalo!» Sí, que lo salvara. Como si no fuera eso, eso precisamente, salvar a los descarriados,° lo que se proponía la Inquisición... Aferrándola° por la muñeca,° averiguó en seguida el obispo cómo había sido maquinada toda la intriga, urdida toda la trama:° señuelo° fue, es claro, la afligida Juanita Lucero; y todos los parientes, sin duda, se habían juntado para fraguar la escena° que, como un golpe de teatro,[6] debería, tal era su propósito, torcer la conciencia del dignatario con el sutil soborno de las lágrimas infantiles. Pero está dicho que «si tu mano derecha te fuere ocasión de caer, córtala y échala de ti».[7] El obispo mandó a la niña, como primera providencia° y no para castigo sino más bien por cautela, que se recluyera en su cuarto hasta nueva orden, retirándose él mismo a cavilar sobre el significado y alcance de este hecho: su hija que comparece a presencia suya y, tras haberle besado el anillo y la mano, le implora a favor de un judaizante; y concluyó, con asombro, de allí a poco,° que, pese a toda su diligencia, alguna falla debía de tener que reprocharse en cuanto a la educación de Marta, pues que pudo haber llegado a tal extremo de imprudencia.

Resolvió entonces despedir al preceptor y maestro de doctrina, a ese Dr. Bartolomé Pérez que con tanto cuidado había elegido siete años antes y del que, cuando menos,° podía decirse ahora que había incurrido en lenidad,° consintiendo a su pupila el tiempo libre para vanas conversaciones y una disposición de ánimo proclive a entretenerse en ellas° con más intervención de los sentimientos que del buen juicio.

El obispo necesitó muchos días para aquilatar y no descartar° por completo sus escrúpulos. Tal vez —temía—, distraído en los cuidados de su diócesis, había dejado que se le metiera el mal en su propia casa, y se clavara en su carne una espina de ponzoña.° Con todo rigor, examinó de nuevo su conducta. ¿Había cumplido a fondo sus deberes de padre? Lo primero que hizo cuando Nuestro Señor le quiso abrir los ojos a la verdad y las puertas de su Iglesia, fue buscar para aquella triste criatura, huérfana por obra del propio nacimiento,° no sólo amas y criadas de religión irreprochable, sino también un preceptor que

lost sheep
Grabbing her / wrist

urdida... how the scheme had been plotted / lure

fraguar... set up the scene

como... as a preliminary measure

de... after a bit

cuando... at least
que... he had sinned by his lenience
disposición... disposition inclined to indulge in them

aquilatar... examine closely and not put aside

de... poisoned

por... as a result of her own birth

[6] **golpe de teatro** a translation of the French *coup de théâtre*, which refers to an unexpected event that twists the outcome of a play.
[7] **«si tu mano derecha...»** "If thy hand or thy foot offend thee, cut them off, and cast them from thee." (Matthew 18:8).

Francisco Ayala

garantizara su cristiana educación. Apartarla en lo posible de una parentela° demasiado nueva en la fe, encomendarla a algún varón exento de toda sospecha en punto a doctrina y conducta, tal había sido su designio. El antiguo rabino buscó, eligió y requirió para misión tan delicada a un hombre sabio y sencillo, este Dr. Bartolomé Pérez, hijo, nieto y biznieto de labradores, campesino que sólo por fuerza de su propio mérito se había erguido° en el pegujal° sobre el que sus ascendientes vivieron doblados, había salido de la aldea y, por entonces, se desempeñaba,° discreto y humilde —tras haber adquirido eminencia en letras sagradas—, como coadjutor° de una parroquia que proporcionaba a sus regentes° más trabajo que frutos. Conviene decir que nada satisfacía tanto en él al ilustre converso como aquella su simplicidad, el buen sentido y el llano aplomo° labriego, conservados bajo la ropa talar° como un núcleo indestructible de alegre firmeza. Sostuvo con él, antes de confiarle su intención, tres largas pláticas° en materia de doctrina, y le halló instruido sin alarde,° razonador sin sutilezas, sabio sin vértigo, ansiedad ni angustia. En labios del Dr. Bartolomé Pérez lo más intrincado se hacía obvio, simple... Y luego, sus cariñosos ojos claros prometían para la párvula° el trato bondadoso y la ternura de corazón que tan familiar era ya entre los niños de su pobre feligresía.° Aceptó, en fin, el Dr. Pérez la propuesta del ilustre converso después que ambos de consuno° hubieron provisto al viejo párroco de otro coadjutor idóneo,° y fue a instalarse en aquella casa donde con razón esperaba medrar° en ciencia sin mengua de la caridad:° y, en efecto, cuando su patrono recibió la investidura episcopal,° a él por influencia suya, le fue concedido el beneficio de una canonjía.° Entre tanto, solo plácemes° suscitaba la educación religiosa de la niña, dócil a la dirección del maestro. Mas ahora... ¿cómo podía explicarse esto?, se preguntaba el obispo; ¿qué falla, qué fisura venía a revelar ahora lo ocurrido en tan cuidada, acabada y perfecta obra? ¿Acaso no habría estado lo malo, precisamente, en aquello —se preguntaba— que él, quizás con error, con precipitación, estimara como la principal ventaja: en la seguridad confiada y satisfecha del cristiano viejo, dormido en la costumbre de la fe? Y aun pareció confirmarlo en esta sospecha el aire tranquilo, apacible, casi diríase aprobatorio con que el Dr. Pérez tomó noticia° del hecho cuando él le llamó a su presencia para echárselo en cara.° Revestido de su autoridad impenetrable, le había llamado; le había dicho: «Oigame, doctor Pérez;

vea lo que acaba de ocurrir: Hace un momento, Marta, mi hija...» Y le contó la escena sumariamente. El Dr. Bartolomé Pérez había escuchado, con preocupado ceño;° luego, con semblante calmo y hasta con un esbozo° de sonrisa. Comentó: «Cosas, señor, de un alma generosa»; ése fue su solo comentario. Los ojos miopes del obispo lo habían escrutado a través de los gruesos vidrios° con estupefacción y, en seguida, con rabiosa severidad. Pero él no se había inmutado;° él —para colmo de escándalo° — le había dicho, se había atrevido a preguntarle: «Y su señoría... ¿no piensa escuchar la voz de la inocencia?» El obispo —tal fue su conmoción— prefirió no darle respuesta de momento. Estaba indignado, pero, más que indignado, el asombro lo anonadaba.° ¿Qué podía significar todo aquello? ¿Cómo era posible tanta obcecación?° O acaso hasta su propia cámara —¡sería demasiada audacia!—, hasta el pie de su estrado,° alcanzaban...; aunque, si se habían atrevido a valerse de su propia hija, ¿por qué no podían utilizar también a un sacerdote, a un cristiano viejo?... Consideró con extrañeza, como si por primera vez lo viese, a aquel campesino rubio que estaba allí, impertérrito,° indiferente, parado ante él, firme como una peña (y, sin poderlo remediar, pensó: «¡bruto!»), a aquel doctor y sacerdote que no era sino un patán,° adormilado en° la costumbre de la fe y, en el fondo último de todo su saber, tan inconsciente como un asno. En seguida quiso obligarse a la compasión: había que compadecer más bien esa flojedad, despreocupación tanta en medio de los peligros. Si por esta gente fuera° —pensó—, ya podía perderse la religión: veían crecer el peligro por todas partes y ni siquiera se apercibían°... El obispo impartió al Dr. Pérez algunas instrucciones ajenas al caso°, y lo despidió; se quedó otra vez solo con sus reflexiones. Ya la cólera había cedido a una lúcida meditación. Algo que, antes de ahora, había querido sospechar varias veces, se le hacía ahora evidentísimo: que los cristianos viejos, con todo su orgulloso descuido, eran malos guardianes de la ciudadela de Cristo° y arriesgaban perderse por exceso de confianza. Era la eterna historia, la parábola, que siempre vuelve a renovar su sentido. No, ellos no veían, no podían ver siquiera los peligros, las acechanzas sinuosas, las reptantes maniobras° del enemigo, sumidos como estaban en una culpable confianza. Eran labriegos bestiales, paganos casi, ignorantes, con una pobre idea de la divinidad, mahometanos bajo Mahoma° y cristianos bajo Cristo, según el aire que moviera las banderas; o si no, esos

Francisco Ayala

señores distraídos en sus querellas° mortales, o corrompidos en su pacto con el mundo, y no menos olvidados de Dios. Por algo su Providencia le había llevado a él —y ojalá que otros como él rigieran cada diócesis— al puesto de vigía y capitán de la fe; pues, quien no está prevenido, ¿cómo podrá contrarrestar el ataque encubierto y artero,° la celada,° la conjuración sorda° dentro de la misma fortaleza? Como un aviso, se presentaba siempre de nuevo a la imaginación del buen obispo el recuerdo de una vieja anécdota doméstica oída mil veces de niño entre infalibles carcajadas de los mayores: la aventura de su tío-abuelo, un joven díscolo,° un tarambana,° que, en el reino° moro de Almería,⁸ habría abrazado sin convicción el mahometismo, alcanzando por sus letras y artes a ser, entre aquellos bárbaros, muecín° de una mezquita. Y cada vez que, desde su eminente puesto, veía pasar por la plaza a alguno de aquellos parientes o conocidos que execraban su defección,° esforzaba la voz y, dentro de la ritual invocación coránica, «Lā ilāha illa' llāh»,⁹ injería entre las palabras árabes una ristra de improperios° en hebreo contra el falso profeta Mahoma, dándoles así a entender a los judíos cuál, aunque indigno, era su creencia verdadera, con escarnio° de los descuidados y piadosos moros perdidos en zalemas...° Así también, muchos conversos falsos se burlaban ahora en Castilla, en toda España, de los cristianos incautos, cuya incomprensible confianza sólo podía explicarse por la tibieza° de una religión heredada de padres a hijos, en la que siempre habían vivido y triunfado, descansando, frente a las ofensas de sus enemigos, en la justicia última de Dios. Pero, ¡ah!, era Dios, Dios mismo, quien lo había hecho a él instrumento de su justicia en la tierra, a él que conocía el campamento enemigo y era hábil para descubrir sus espías, y no se dejaba engañar con tretas,° como se engañaba a esos laxos° creyentes que, en su flojedad, hasta cruzaban (a eso habían llegado, sí, a veces: él los había sorprendido, los había interpretado, los había descubierto), hasta llegaban a cruzar miradas de espanto —un espanto lleno, sin duda, de respeto, de admiración y reconocimiento, pero espanto al fin— por el rigor implacable que su prelado desplegaba en defensa de la Iglesia. El propio Dr. Pérez ¿no se había expresado en más de una ocasión con reticencia acerca de la actividad depuradora° de su

quarrels

contrarrestar... counter the hidden and crafty attack / ambush / la... the silent conspiracy

disobedient / madcap / kingdom

muecín... muezzin (*Moslem priest*)

que... who cursed his defection

una... a string of insults

con... mocking
bows of reverence

tepidness

no... he didn't let himself be deceived by tricks / lax, lethargic

cleansing

---

⁸ **Almería** province on the Mediterranean coast of southern Spain that was ruled by the Moors until the fifteenth century.
⁹ *Lā ilāha illa' llāh* "There is no god but Allah" (Arabic), the Islamic profession of faith.

Pastor?°— Y, sin embargo, si el Mesías había venido y se había hecho hombre y había fundado la Iglesia con el sacrificio de su sangre divina, ¿cómo podía consentirse que perdurara y creciera en tal modo la corrupción, como si ese sacrificio hubiera sido inútil?

Por lo pronto, resolvió el obispo separar al Dr. Bartolomé Pérez de su servicio. No era con maestros así como podía dársele a una criatura tierna el temple° requerido para una fe militante, asediada° y despierta; y, tal cual lo resolvió, lo hizo, sin esperar al otro día. Aun en el de hoy, se sentía molesto, recordando la mirada límpida que en la ocasión le dirigiera el Dr. Pérez. El Dr. Bartolomé Pérez no había pedido explicaciones, no había mostrado ni desconcierto ni enojo:° la escena de la destitución había resultado increíblemente fácil; ¡tanto más embarazosa por ello! El preceptor había mirado al señor obispo con sus ojos azules, entre curioso y, quizás, irónico, acatando° sin discutir la decisión que así lo apartaba de las tareas cumplidas durante tantos años y lo privaba al parecer de la confianza del prelado. La misma conformidad asombrosa con que había recibido la notificación, confirmó a éste en la justicia de su decreto, que quién sabe si no le hubiera gustado poder revocar, pues, al no ser capaz de defenderse, hacer invocaciones, discutir, alegar y bregar° en defensa propia, probaba desde luego que carecía del ardor indispensable para estimular a nadie en la firmeza. Y luego, las propias lágrimas que derramó la niña al saberlo fueron testimonio de suaves afectos humanos en su alma, pero no de esa sólida formación religiosa que implica mayor desprendimiento del mundo cotidiano° y perecedero.°

Este episodio había sido para el obispo una advertencia inestimable.° Reorganizó el régimen de su casa en modo tal que la hija entrara en la adolescencia, cuyos umbrales ya pisaba,° con paso propio; y siguió adelante el proceso contra su concuñado Lucero sin dejarse convencer de ninguna consideración humana. Las sucesivas indagaciones° descubrieron a otros complicados, se extendió a ellos el procedimiento, y cada nuevo paso mostraba cuánta y cuán honda era la corrupción cuyo hedor° se declaró primero en la persona del Antonio María. El proceso había ido creciendo hasta adquirir proporciones descomunales;° ahí se veían ahora, amontonados sobre la mesa, los legajos que lo integraban; el señor obispo tenía ante sí, desglosadas°, las piezas principales: las repasaba, recapitulaba los trámites más importantes, y una vez y otra cavilaba sobre las decisiones a que debía abocarse° mañana el tribunal. Eran decisiones graves. Por lo pronto, la sentencia contra los procesados; pero esta sentencia, no obstante su tremenda severidad, no era lo más penoso: el delito de los judaizantes había quedado establecido, discriminado y probado desde hacía meses, y en el ánimo de todos, procesados y jueces, estaba descontada° esta sentencia extrema que ahora sólo faltaba perfilar y formalizar debidamente. Más penoso deber era el de dictar auto de procesamiento contra el Dr. Bartolomé Pérez, quien a resultas de un cierto testimonio, había sido prendido la víspera° e internado en la cárcel de la Inquisición. Uno de aquellos desdichados, en efecto, con ocasión de declaraciones postreras, extemporáneas y ya inconducentes,° había atribuido al Dr. Pérez opiniones bastante dudosas que, cuando menos, descubrían este hecho alarmante: que el cristiano viejo y sacerdote de Cristo había mantenido contactos, conversaciones, quizás tratos con el grupo de judaizantes, y ello no solo después de abandonar el servicio del prelado, sino ya desde antes. El prelado mismo, por su parte, no podía dejar de recordar el modo extraño con que, al referir él, en su día, la intervención de la pequeña Marta a favor de su tío Lucero, había concurrido casi el Dr. Pérez a apoyar sinuosamente el ruego de la niña. Tal actitud, iluminada por lo que ahora surgía de estas averiguaciones, adquiriría un nuevo significado. Y en vista de eso, no podía el buen obispo, no hubiera podido, sin violentar su conciencia, abstenerse de promover una investigación a fondo, tal como solo el procesamiento la consentía. Dios era testigo de cuánto le repugnaba decretarlo: la endiablada materia de este asunto parecía tener una especie de adherencia gelatinosa, se pegaba a las manos, se extendía y amenazaba ensuciarlo todo: ya hasta le daba asco.° De buena gana lo hubiera pasado por alto.° Mas ¿podía, en conciencia, desentenderse de los indicios° que tan inequívocamente señalaban al Dr. Bartolomé Pérez? No podía, en conciencia: aunque supiera, como lo sabía, que este golpe iba a herir de rechazo° a su propia hija... Desde aquel día de enojosa memoria —y habían pasado tres años, durante los cuales creció la niña a mujer—, nunca más había vuelto Marta a hablar con su padre sino cohibida y medrosa,° resentida quizás o, como él creía, abrumada por el respeto. Se había tragado sus lágrimas; no había preguntado, no había pedido —que él supiera— ninguna explicación. Y, por eso mismo, tampoco el obispo se había atrevido, aunque procurase estorbarlo, a prohibirle que siguiera teniendo por confesor al Dr. Pérez. Prefirió más bien —para lamentar ahora su debilidad de entonces— seguir una táctica de entorpecimiento,° pues que no disponía de razones válidas con que oponerse abiertamente... En fin, el mal estaba hecho. ¿Qué efecto le produciría a la desventurada, inocente y generosa criatura el enterarse, como se enteraría sin falta, y saber que su confesor, su maestro, estaba preso por sospechas relativas a cuestión de doctrina? Lo que, de otro lado, acaso echara sombras, descrédito, sobre la que había sido su educanda,° sobre él mismo, el propio obispo, que lo había nombrado preceptor de su hija... «Los pecados de los padres...» —pensó, enjugándose la frente.°

    Una oleada de ternura compasiva hacia la niña que había crecido sin madre, sola en la casa silenciosa, aislada de la vulgar chiquillería,° y bajo una autoridad demasiado imponente, inundó el pecho del dignatario. Echó a un lado los papeles, puso la pluma en la escribanía,° se levantó rechazando el sillón hacia atrás, rodeó la mesa y, con andar callado, salió del despacho, atravesó, una tras otra, dos piezas más, casi a tientas,° y, en fin, entreabrió con suave ademán la puerta de la alcoba donde Marta dormía. Allí, en el fondo, acompasada,° lenta, se oía su respiración. Dormida, a la luz de la mariposa de aceite,° parecía, no una adolescente, sino mujer muy hecha;° su mano, sobre la garganta, subía y bajaba con la respiración. Todo estaba quieto, en silencio; y ella, ahí, en la penumbra, dormía. La contempló el obispo un buen rato; luego, con andares suaves, se retiró de nuevo hacia el despacho y se acomodó ante la mesa de trabajo para cumplir, muy a pesar suyo, lo que su conciencia le mandaba. Trabajó toda la noche. Y cuando, casi al rayar el alba,° se quedó, sin poderlo evitar, un poco traspuesto,° sus perplejidades, su lucha interna, la violencia que hubo de hacerse,° infundió en su sueño sombras turbadoras. Al entrar Marta al despacho, como solía, por la mañana temprano, la cabeza amarillenta, de pelo entrecano,° que descansaba pesadamente sobre los tendidos brazos, se irguió° con precipitación; espantados tras de las gafas, se abrieron los ojos miopes. Y ya la muchacha, que había querido retroceder, quedó clavada° en su sitio.

    Pero también el prelado se sentía confuso; quitóse las gafas y frotó los vidrios con su manga, mientras entornaba los párpados.° Tenía muy presente°, vívido en el recuerdo, lo que acababa de soñar: había soñado —y, precisamente, con Marta—

táctica... obstructionist tactics

pupil

enjugándose... wiping his brow

vulgar... common children

inkstand

groping

rhythmic
mariposa... small oil lamp
grown up

al... at the break of dawn
drowsy
hubo... he had to do to himself

grayish
se... he straightened up

motionless

entornaba... he squinted /
Tenía... He recalled very clearly

Francisco Ayala   **151**

extravagancias que lo desconcertaban y le producían un oscuro malestar. En sueños, se había visto encaramado al alminar° de una mezquita, desde donde recitaba una letanía repetida, profusa, entonada y sutilmente burlesca, cuyo sentido a él mismo se le escapaba. (¿En qué relación podría hallarse este sueño —pensaba— con la celebrada historieta de su pariente, el falso muecín? ¿Era él, acaso, también, algún falso muecín?) Gritaba y gritaba y seguía gritando las frases de su absurda letanía. Pero, de pronto, desde el pie de la torre, le llegaba la voz de Marta, muy lejana, tenue, mas perfectamente inteligible, que le decía —y eran palabras bien distintas, aunque remotas—: «Tus méritos, padre —le decía—, han salvado a nuestro pueblo. Tú solo, padre mío, has redimido a toda nuestra estirpe». En este punto había abierto los ojos el durmiente, y ahí estaba Marta, en frente de la mesa, parada, observándolo con su limpia mirada, mientras que él, sorprendido, rebullía° y se incorporaba en el sillón... Terminó de frotarse los vidrios, recobró su dominio, arregló ante sí los legajos desparramados sobre la mesa y, pasándose todavía una mano por la frente, interpeló° a su hija: «Ven acá, Marta —le dijo con voz neutra—, ven, dime: si te dijeran que el mérito de un cristiano virtuoso puede revertir sobre sus antepasados y salvarlos, ¿qué dirías tú?»

La muchacha lo miró atónita. No era raro, por cierto, que su padre le propusiera cuestiones de doctrina: siempre había vigilado el obispo a su hija en este punto con atención suma. Pero ¿qué ocurrencia repentina era ésta, ahora, al despertarse? Lo miró con recelo; meditó un momento; respondió: «La oración y las buenas obras pueden, creo, ayudar a las ánimas del purgatorio, señor.»

—Sí, sí —arguyó el obispo—, sí, pero... ¿a los condenados?
Ella movió la cabeza:
—¿Cómo saber quién está condenado, padre?
El teólogo había prestado sus cinco sentidos a la respuesta. Quedó satisfecho; asintió. Le dio licencia,° con un signo de la mano, para retirarse. Ella titubeó° y, en fin, salió de la pieza.°

Pero el obispo no se quedó tranquilo; a solas ya, no conseguía librarse todavía, mientras repasaba los folios, de un residuo de malestar. Y, al tropezarse de nuevo con la declaración rendida en el tormento por Antonio María Lucero, se le vino de pronto a la memoria otro de los sueños que había tenido poco rato antes, ahí, vencido del cansancio, con la cabeza retrepada° tal vez contra el duro respaldo del sillón. A

encaramado... perched on the minaret

stirred

asked

Le... He gave her permission
hesitated / room

reclined

hurtadillas°, en el silencio de la noche, había querido —soñó— bajar hasta la mazmorra° donde Lucero esperaba justicia, para convencerlo de su culpa y persuadirlo a que se reconciliara con la Iglesia implorando el perdón. Cautelosamente, pues, se aplicaba a abrir la puerta del sótano,° cuando —soñó— le cayeron encima de improviso° sayones° que, sin decir nada, sin hacer ningún ruido, querían llevarlo en vilo° hacia el potro del tormento. Nadie pronunciaba una palabra; pero, sin que nadie se lo hubiera dicho, tenía él la plena evidencia de que lo habían tomado por el procesado Lucero y que se proponían someterlo a nuevo interrogatorio. ¡Qué turbios, qué insensatos son a veces los sueños! El se debatía, luchaba, quería soltarse,° pero sus esfuerzos, ¡ay!, resultaban irrisoriamente vanos, como los de un niño, entre los brazos fornidos° de los sayones. Al comienzo había creído que el enojoso error se desharía sin dificultad alguna, con solo que él hablase; pero cuando quiso hablar notó que no le hacían caso, ni le escuchaban siquiera, y aquel trato tan sin miramientos le quitó de pronto la confianza en sí mismo; se sintió ridículo entonces, reducido a la ridiculez extrema, y —lo que es más extraño— culpable. ¿Culpable de qué? No lo sabía. Pero ya consideraba inevitable sufrir el tormento: y casi estaba resignado. Lo que más insoportable se le hacía era, con todo, que el Antonio María pudiera verlo así, colgado por los pies como una gallina. Pues, de pronto, estaba ya suspendido con la cabeza para abajo y Antonio María Lucero lo miraba; pero lo miraba como a un desconocido; se hacía el distraído° y, entre tanto, nadie prestaba oído° a sus protestas. El, sí; él, el verdadero culpable, perdido y disimulado entre los indistintos oficiales del Santo Tribunal, conocía el engaño; pero fingía, desentendido; miraba con hipócrita indiferencia. Ni amenazas, ni promesas, ni súplicas rompían su indiferencia hipócrita. No había quien acudiera a su remedio. Y solo Marta, que, inexplicablemente, aparecía también ahí, le enjugaba de vez en cuando, con solapada habilidad,° el sudor de la cara...

El señor obispo se pasó un pañuelo por la frente. Hizo sonar una campanilla de cobre que había sobre la mesa, y pidió un vaso de agua. Esperó un poco a que se lo trajeran, lo bebió de un largo trago ansioso y, en seguida, se puso de nuevo a trabajar con ahínco° sobre los papeles, iluminados ahora, gracias a Dios, por un rayo de sol fresco, hasta que, poco más tarde, llegó el Secretario del Santo Oficio.

Dictándole estaba aún su señoría el texto definitivo de las previstas resoluciones —y ya se acercaba la hora del mediodía— cuando, para sorpresa de ambos funcionarios, se abrió la puerta de golpe y vieron a Marta precipitarse, arrebatada, en la sala. Entró como un torbellino,° pero en medio de la habitación se detuvo y, con la mirada reluciente fija en su padre, sin considerar la presencia del subordinado ni más preámbulos, le gritó casi, perentoria:° «Qué le ha pasado al Dr. Pérez?», y aguardó en un silencio tenso.

  Los ojos del obispo parpadearon tras de los lentes. Calló un momento; no tuvo la reacción que se hubiera podido esperar, que él mismo hubiera esperado de sí; y el Secretario no creía a sus oídos ni salía de su asombro, al verlo aventurarse después en una titubeante respuesta: «¿Qué es eso, hija mía? Cálmate. ¿Qué tienes? El Dr. Pérez va a ser..., va a rendir una declaración. Todos deseamos que no haya motivo... Pero —se repuso, ensayando un tono de benévola severidad—, ¿qué significa esto, Marta?»

  —Lo han preso; está preso. ¿Por qué está preso? —insistió ella, excitada, con la voz temblona—. Quiero saber qué pasa.

  Entonces, el obispo vaciló un instante ante lo inaudito;° y, tras de dirigir una floja sonrisa de inteligencia al Secretario, como pidiéndole que comprendiera, se puso a esbozar una confusa explicación sobre la necesidad de cumplir ciertas formalidades que, sin duda, imponían molestias a veces injustificadas, pero que eran exigibles° en atención a la finalidad más alta de mantener una vigilancia estrecha en defensa de la fe y doctrina de Nuestro Señor Jesucristo... Etcétera. Un largo, farragoso° y a ratos inconexo discurso durante el cual era fácil darse cuenta de que las palabras seguían camino distinto al de los pensamientos. Durante él, la mirada relampagueante° de Marta se abismó en las baldosas° de la sala, se enredó en las molduras del estrado y, por fin, volvió a tenderse, vibrante como una espada, cuando la muchacha, en un tono que desmentía la estudiada moderación dubitativa de las palabras, interrumpió al prelado:

  —No me atrevo a pensar —le dijo— que si mi padre hubiera estado en el puesto de Caifás,[10] tampoco él hubiera reconocido al Mesías.

---

[10] **Caifás** Caiaphas, high priest of Jerusalem from approximately 18–36 A.D. According to the New Testament, he presided over the council that condemned Jesus to death and arrested the apostles.

—¿Qué quieres decir con eso? —chilló, alarmado, el obispo.

—«No juzguéis, para que no seáis juzgados.»[11]

—¿Qué quieres decir con eso? —repitió, desconcertado.

—Juzgar, juzgar, juzgar —ahora, la voz de Marta era irritada; y, sin embargo, tristísima, abatida, inaudible casi.

—¿Qué quieres decir con eso? —amenazó, colérico.

—Me pregunto —respondió ella lentamente, con los ojos en el suelo— cómo puede estarse seguro de que la segunda venida no se produzca en forma tan secreta como la primera.

Esta vez fue el Secretario quien pronunció unas palabras: «¿La segunda venida?», murmuró, como para sí; y se puso a menear la cabeza. El obispo, que había palidecido al escuchar la frase de su hija, dirigió al Secretario una mirada inquieta, angustiada. El Secretario seguía meneando la cabeza.

—¡Calla! —ordenó el prelado desde su sitial.

Y ella, crecida, violenta:

—¿Cómo saber —gritó— si entre los que a diario encarceláis, y torturáis, y condenáis, no se encuentra el Hijo de Dios?

—¡El Hijo de Dios! —volvió a admirarse el Secretario. Parecía escandalizado; contemplaba, lleno de expectativa, al obispo.

Y el obispo, aterrado:

—¿Sabes, hija mía, lo que estás diciendo?

—Sí, lo sé. Lo sé muy bien. Puedes, si quieres, mandarme presa.

—Estás loca; vete.

—¿A mí, porque soy tu hija, no me procesas? Al Mesías en persona lo harías quemar vivo.

El señor obispo inclinó la frente, perlada de sudor;° sus labios temblaron en una imploración: «¡Asísteme, Padre Abraham!»,[12] e hizo un signo al Secretario. El Secretario comprendió; no esperaba otra cosa. Extendió un pliego limpio, mojó la pluma en el tintero y, durante un buen rato, solo se oyó el rasguear° sobre el áspero papel, mientras que el prelado, pálido como un muerto, se miraba las uñas.

perlada... pearled with sweat

scratching

---

[11] «No juzguéis, para que no seáis juzgados.» "Judge not, that you be not judged." (Matthew 7:1).
[12] **Abraham** Biblical patriarch of the Jews.

Francisco Ayala

Actividades preinterpretativas

COMPRENSION

Conteste a las siguientes preguntas.

1. ¿Qué evento se celebró unos ocho años antes del comienzo de la narración?
2. ¿Quién era Rebeca? ¿Quién es Marta?
3. ¿Qué cosas hizo el Gran Rabino para llegar a ser obispo?
4. ¿En qué parece consistir el trabajo del obispo?
5. ¿Quién es Antonio María Lucero? ¿En qué consiste la denuncia contra él?
6. ¿Bajo qué circunstancias fue interrogado Antonio María por la Inquisición?
7. ¿Qué había hecho Marta a favor de Antonio María?
8. ¿Quién es el doctor Bartolomé Pérez? ¿Qué características del doctor Pérez le habían gustado al obispo? ¿Por qué decide despedir al doctor Pérez el obispo?
9. ¿Qué opina el obispo de los cristianos viejos?
10. ¿Qué había hecho un tío-abuelo del obispo?
11. ¿Qué ocurre en el primer sueño del obispo? ¿Y en el segundo?
12. ¿A causa de qué hecho confronta Marta a su padre? ¿Qué frase bíblica le recuerda? ¿Cómo reacciona el Secretario al oír las palabras de Marta?
13. ¿A quién invoca el obispo al escuchar las palabras de Marta? ¿Qué hace después?

BUSCANDO CLAVES

Busque en el cuento frases que indiquen o sugieran las cosas siguientes.

1. hipocresía
2. sinceridad
3. cambios de papel entre personajes
4. amor
5. temor
6. características de Jesucristo
7. ironía

Actividades interpretativas

OPINIONES Y ANALISIS

Conteste a las siguientes preguntas.

1. ¿Qué «espina» le hacía sufrir al obispo el día de su propio bautismo? ¿Qué imagen evoca la palabra «espina»? ¿Con qué tono refiere el narrador a «la luz de la verdad» y «la vieja, derogada Ley»?

2. ¿Por qué cree el antiguo rabino que está «obligado para con la Santa Iglesia en mayor medida que otro cristiano»? ¿Cómo interpreta él su misión, sus deberes y las experiencias que culminaron en su nombramiento como obispo?

3. ¿Cómo se le describe al obispo en «el día más atroz de su vida»? ¿Qué revela de él la descripción? ¿Qué contraste se ve entre la descripción del obispo y la de las cosas (comida, papeles) que le rodean? ¿Qué le sugiere a Ud. este contraste?

4. ¿Cómo interpreta el obispo las declaraciones hechas por Antonio María Lucero bajo tortura? ¿Por qué le molestó al obispo la mirada de Lucero? ¿Qué revelan de él sus reacciones? Justifique sus respuestas.

5. ¿Por qué cree Ud. que intercedió Marta a favor de Lucero? ¿Cómo explica Ud. las diferentes maneras en que el obispo y el doctor Bartolomé Pérez interpretan las acciones de Marta? ¿Cree Ud. que el conflicto entre el obispo y el preceptor era inevitable? ¿Qué significado podrían tener el origen humilde y la humanidad del doctor Pérez?

6. ¿Qué función sirven las citas bíblicas en el cuento? ¿Qué efecto tienen las referencias a los ojos miopes del obispo? ¿Qué semejanzas o contrastes encuentra Ud. entre las miradas del obispo y las de otros personajes?

7. ¿Qué importancia tiene la anécdota del tío-abuelo para el obispo? Justifique su respuesta.

8. ¿Cómo interpreta Ud. los sueños del obispo? ¿Qué aspectos de su ser revelan? ¿Qué importancia tiene la presencia de Marta en los dos sueños?

9. ¿Por qué provocan escándalo las declaraciones que hace Marta al final del cuento? ¿Qué importancia tiene la invocación del obispo a «Padre Abraham»? ¿Cómo explica Ud. la conclusión del cuento?

¿ESTA UD. DE ACUERDO?

Responda a las afirmaciones que siguen. Justifique sus respuestas basándose en ejemplos del cuento.

1. El obispo abusaba de su poder.
2. El obispo no quería a nadie.
3. No es posible juzgar con justicia a los demás.

Actividades de síntesis

TEMAS PARA ESCRIBIR

1. Analice el tema de la verdad en «El inquisidor». Considere cómo contribuyen la citas bíblicas, los ojos miopes del obispo y otros elementos al argumento que hace el cuento sobre la posibilidad o imposibilidad de conocer la verdad.
2. Examine el uso de la ironía en «El inquisidor». Piense, entre otras cosas, en la relación que existe entre el obispo y los otros personajes, los vínculos que permanecen entre el obispo y su vida anterior y la voz omnisciente del narrador.
3. Describa los conflictos sicológicos que revelan los sueños del obispo. ¿Cuáles son las consecuencias de sus esfuerzos por reprimirlos?
4. Analice el personaje del inquisidor desde el punto de vista del narrador, enfocándose en los orígenes y las consecuencias de su fanatismo. Considere si el inquisidor es o no es víctima.

OTRAS PERSPECTIVAS

1. El filósofo Jorge Ruiz de Santayana, nativo de España, dijo que «Los que no pueden recordar la historia están condenados a repetirla». ¿Cree Ud. que se ha repetido la Inquisición en otros tiempos y en otras formas? Justifique su respuesta.
2. ¿Qué significa tener poder? Con sus compañeros de clase, identifiquen diferentes tipos de poder y hablen de cómo se puede abusar de ellos.
3. ¿Cuáles son algunos ejemplos de conflictos que pueden sentir los padres entre sus hijos y el desempeño de otras responsabilidades personales o profesionales? ¿Pueden resolverse estos conflictos?

ENLACES

1. Compare y contraste el abuso del poder en «El inquisidor» y «La beca».
2. Compare y contraste la relación entre padre e hija en «El inquisidor» y «Las ataduras».
3. Compare y contraste la función que sirve la historia en «El inquisidor» y «El cementerio de Djelfa».
4. Compare y contraste la función de los sueños en «El inquisidor» y «Quince de agosto».

Redacción

Ana María Moix
(1947–   )

Ana María Moix, a native of Barcelona, began to publish poetry and fiction in her twenties; she is also a successful journalist and literary translator. Her literary works reflect her life and times in both content and language. Moix's fiction is critical of the postwar Catalan society in which she was raised, and it often portrays events that echo her own life, particularly an unhappy adolescence that included the death of an older brother when she was fifteen. Many of her protagonists are sensitive young people who are repressed and misunderstood by those around them. In several of her works, repression is viewed in terms of generational conflict and the feminine perspective. Like most Catalans who grew up during the Franco regime, Moix was educated in Spanish rather than Catalan in school; Spanish is the language in which she began and continues to write. Her literary language, rich in vivid, often experimental visual imagery, reflects the influence of the mass media, especially film, on her generation.

PRINCIPAL WORKS

1969   *Baladas del Dulce Jim* (poetry)

1969   *Call me Stone* (poetry)

1970   *Julia* (novel)

1971 *No time for flowers y otras historias* (poetry): Premio Vizcaya del Ateneo de Bilbao

1971 *Ese chico pelirrojo a quien veo cada día* (stories)

1973 *¿Walter, por qué te fuiste?* (novel)

1985 *Las virtudes peligrosas* (stories)

1986 *Miguelón* (novel)

1988 *La niebla y otros relatos* (stories)

PREPARATION

"Redacción," from the collection *Ese chico pelirrojo a quien veo cada día*, unites two of Moix's major themes, childhood and the nature of reality. Like many of her works, "Redacción" takes place in the spaces of the mind. Framed as an essay written by a twelve-year-old boy for his religion class, the story makes use of two images that recur frequently in Moix's fiction: the Chinese puzzle box, where objects of decreasing size fit inside one another; and the double, a division or duplication of characters or images. As you read, look for various forms of these images and consider how they convey the protagonist's feelings and raise questions about the nature of reality.

CONCEPTOS E IMAGENES

¿Qué conceptos e imágenes le sugieren las palabras y frases siguientes?

1. la creación del mundo
2. Dios
3. lo conocido / lo desconocido
4. el universo
5. el cuento de nunca acabar
6. el cuerpo humano

◢ *Redacción*

CLASE: Religión.
TEMA: Dios, la creación, el mundo y las criaturas.
INDICACIÓN: Desarrollad el tema sin seguir el libro de texto. Exponed, libremente, problemas, dudas y soluciones personales al respecto.
CURSO: tercero.
EDAD: 12 años.
NOMBRE: Martín Torca.

Redacción

Yo, la verdad, hace tiempo que no medito sobre esas cosas. Quizá sea malo no hacerlo, pero le diré, cuando pienso, o leo o oigo la frase «Dios creó el mundo y las criaturas», me imagino al mundo, todo entero, a Dios fuera del mundo y a mí mismo andando por una calle muy muy larga, llena de coches, árboles y gente, veo montañas, ríos, animales en las selvas, otras ciudades con muchas casas y gentes, lo veo, cómo le diría, como si yo estuviera muy lejos, como una película, sí como si estuviera en un cine pero la pantalla° al fondo de una sala muy muy larga, y allí estoy en la película y a la vez mirando la película, y, la verdad, me mareo.° Sí, porque pienso: alguien ha hecho esta película en la que salgo° y miro a la vez. Podría ser Dios, a lo mejor,° el que la ha hecho (lo digo como un ejemplo), pero entonces pienso que yo, si tuviera una máquina, una cámara, podría filmar una película, y no por eso sería Dios, y a la vez alguien que también tuviera una cámara, podría filmar una película en la que apareciera yo filmando mi película, y otro alguien podría también hacer una película en que saliera el alguien que me está filmando a mí. Bueno, pues cuando pienso en el mundo, me pasa eso a mí, que es como si viera una película en la que salgo y a la que estoy mirando, y me siento que me están mirando, no sé quien, mientras yo miro la peli° en la que salgo. Me mareo, y por eso ya nunca pienso en esas cosas. Antes, hace tiempo, sí pasaba horas y horas dándole al magín,° tanto llegó a preocuparme el asunto de la creación que incluso se me quitó el apetito y el sueño y tuvieron que llevarme al médico. Si no lo cree pregúnteselo a mi madre. Ahora no sé qué escribir sobre el tema, porque ya lo he dicho, no me

screen

me... I get queasy
I appear
a... maybe

movie

dándole... imagining it

gusta pensar en ello. Pero puedo explicar a las conclusiones a las que llegué hace tiempo, cuando meditaba sobre el asunto. Empecé a darle vueltas a la cosa hace tiempo. El día de mi cumpleaños me regalaron mis padres todo lo que yo les había pedido, pero mi abuela, la tacaña,° sólo me regaló una caja de lapiceros de colores° y un cuaderno de dibujo. Me fastidió,° porque yo le había pedido un coche eléctrico que funcionara con pilas,° pero ya le digo, es una tacaña y me salió con la caja de colores que ni siquiera eran acualeras° y el cuaderno. No sabía dibujar ni me gustaba. Así que guardé el regalito y no lo usé hasta al cabo de° muchos meses, porque yo ya tenía lápices de colores y aunque, la verdad, me gusta estrenar lápices y bolis nuevos,° como eran regalo de la abuela que me la había jugado,° los aborrecí° y a punto estuve de dárselos a mi hermana, cosa que no hice porque ella es como es, y le das algo y ya se cree con derecho a creer que todo lo tuyo es suyo, si le das un goma de borrar° luego te pide una pluma y si se la das luego te pide otra cosa y cada vez pide cosas más gordas.° Así que no le di la caja de colores. Y yo ya no me recordaba que tenía colores por estrenar y un día estuve en cama, enfermo, con amigdalitis° que tenía fiebre y todo, y mucho miedo también porque hacía poco había muerto un hijo de un amigo de mi padre y se me ocurrió que lo mismo podía morirme yo, así que venga llorar y pedirle a mi madre que no me dejara solo. Mi madre para que me distrajera y dejara de dar la lata° bajó al quiosco° y me compró tebeos.° Al final de cada tebeo había una página con dibujos: tanques, pistolas, soldados, muchas cosas que había que colorear, y como mi madre no encontraba mi plumier en donde tenía yo mis lápices de colores (yo me creo que mi hermana los cogió pensando que como estaba enfermo me iba a morir y podría quedárselos) va y me da la caja que me regaló la abuela. Era bastante grande la caja y en ella, dibujado, había un niño que en la mano tenía una caja de colores como la que tenía yo, y en la caja que tenía el niño, dibujado, había otro niño, el mismo pero más pequeño y en sus manos una caja de colores más pequeña también donde había el mismo niño, aún más pequeño, con la misma caja en la mano, aún más pequeña, y en esa cajita otra vez el niño, mucho más pequeño con una caja en la mano... Y así iba yo contando niños y cajas, unos dentro de otros hasta que... creo que lo cuento mal, pero empecé a marearme y dejé de mirar la caja de colores y me vi en el espejo del armario, que estaba frente a mi cama, y claro, fíjese,

the stingy one
lapiceros... crayons / **Me...** It annoyed me

batteries

watercolors

al... after

estrenar... to use new pencils and pens for the first time
que... who had played a dirty trick on me / **los...** I hated them
goma... eraser
cosas... bigger things

tonsilitis

dejara... I would stop pestering her
newsstand / comic books

Ana María Moix

me vi con la caja de colores entre las manos. Fue una sensación muy rara: yo tenía en las manos una caja en donde había un niño que tenía la misma caja en las manos y en esa caja había otro niño igual con una caja igual y en la caja... Tuve que pellizcarme,° en serio, porque pensé que también yo era un niño con una caja en la mano, dibujado en una caja y en tal caso, otro niño mayor que yo tenía en las manos la caja en donde yo estaba dibujado con mi caja. Y claro, ese niño mayor que yo, estaba dibujado en una caja mayor que la mía, y estaba en las manos de otro más grande que tenía en las manos la caja en donde estaba el niño más mayor que yo, y que tenía la caja en donde yo estaba. Mi madre dijo que era la fiebre, cuando yo le expliqué esas cosas, y me quitó la caja de colores. Dormí mal, ¿sabe? porque se me dio por pensar: y una de esas cosas que pensé era, mire, que igual que a mí se me podía pasar por la jeta° romper la caja y al hacerlo romper al niño dibujado sosteniendo otra cajita. De la misma manera el niño mayor que yo, el que tenía en la mano la caja en donde yo estaba se le podía pasar por las narices° romper su caja (en donde yo estaba), ¿y qué iba a pasarme a mí? ¿Qué culpa tenía yo, si al niño más grande que yo se le ocurría romperme, así, porque sí? ¿Y qué culpa tenía el más pequeño que yo, el que estaba en mi caja, si a mí me daba la gana de romper la caja y a él? Y si la gamberrada,° se le pasaba por la cabeza al chico mayor que tenía una caja en la que estaba el mayor que yo, ¿qué?, lo mismo, de rebote° recibía yo y también el que estaba en mi caja y así hasta no parar de contar. Otra cosa que pensaba: yo veía al que estaba en la caja que yo tenía, pero ¿me veía él?, supongo que no, porque yo no veía al que tenía la caja en donde yo estaba. Claro, todo esto se me ocurría a mí entonces porque era más pequeño y menos inteligente y no pensaba bien, quiero decir correctamente, no daba en el clavo,° porque se trataba de dibujos, eso me explicó mi padre. Porque claro, yo estaba en la caja, pero aparte estaba en la cama o en el comedor, o en el váter,° o en la calle y en la caja no habían dibujado ni váter, ni calle ni comedor. Pero fíjese lo que me pasó que cuando me curé° no se me fue la cosa de la cabeza, y en la calle, o en el colegio, o jugando o comiendo, se me daba la sensación a mí de estar en un sitio cerrado y pequeño y ese sitio estaba metido dentro de otro sitio un poco más grande que estaba también metido dentro de otro más grande y así hasta que ya no podía imaginar el sitio más más más grande de

pinch myself

se... I could decide on a whim

se... he could get it into his head to

the mischief

de... on the rebound

no... I didn't get it

bathroom

me... I recovered

todos. Me daba vueltas la cabeza, de verdad, si pensaba esas cosas. Y ya verá usted lo que me pasó un día. Ya estudiaba yo ciencias naturales, aunque no tanto como ahora, y sabía que dentro del cuerpo de uno hay cosas: hígado,° sangre, corazón, riñones,° pulmones,° huesos, agua... Y me puse otra vez malo y me hicieron un análisis de sangre para ver cuántos leoconcitos, o leuto... bueno, glóbulos rojos° tenía, y entonces resultó que tenía muchos millones, lo menos cuatro o no sé cuántos, dentro de la sangre. Eran más que los habitantes de una ciudad. Y también estudié más tarde que había en el cuerpo tejidos° y en los tejidos células,° millones y millones de células, como habitantes en el mundo, y que morían miles en un segundo y nacían otras tantas miles al mismo tiempo, como en el mundo también. Me daba angustia pensar, y ahora también al escribirlo, eso de que dentro de mí hay tantas cosas, tantos millones de glóbulos rojos, pues es como una ciudad capital formada por personas, a lo mejor tienen casas, como nosotros, o el equivalente a nuestras casas, porque claro, otras necesidades tendrán. Y las células, si hay tantos y tantos millones de millones, pues es como nuestro mundo. Lo que yo pensaba, que está la Tierra° y Marte° y Saturno° a miles de kilómetros de distancia, pues, en relación, bueno, en escala,° también los riñones están separados del hígado y del corazón y para estos órganos, tan pequeños, esa distancia que los separa debe ser, a lo mejor, como de aquí a Marte. Tenemos nosotros nuestras cosas, amigos, parientes, hablamos y trabajamos, pues los glóbulos también a su manera, pues su trabajo es alimentar la sangre para que no nos muramos nosotros. Cuando una célula no trabaja es que está enferma o vieja y se muere, como los viejos. Me dio que pensar el asunto, porque entonces es lo que le pasa al hombre, trabaja y cuando no sirve es que es viejo y se muere. Pero así como la célula o los glóbulos o el corazón trabajan para que uno esté vivo, ¿para quién trabaja un hombre? Para otro, digo yo, más grande que él, pues pensé que si hay otros seres dentro de mí, a lo mejor es que yo estaba dentro de otro ser más grande que yo, y que mis padres, mis amigos, las ciudades y los mares y las montañas y todo lo que sé que existe, todo, es un mundo dentro de otro ser, un mundo que sería como el de los glóbulos en mi sangre. Pero entonces ese ser tan grande en cuya sangre hay todo el mundo nuestro, estaría también dentro de alguien, y así es el cuento de nunca acabar. Y dice mi abuela, que es muy beata,° cómo que no hay

Ana María Moix

Dios, pues quién hace el día y la noche, y la suerte y la desgracia, y la enfermedad, los terremotos,° y las cosas de la vida. Yo no le digo nada, pero el libro de geografía bien que lo explica. Y además, lo que yo pensaba: si tomo, por ejemplo, demasiado chocolate, o la menta° de mi padre que siempre se deja un poco en la copa después de comer, yo voy y vomito porque me hace daño a la barriga,° a los intestinos o al estómago. Lo noto cuando vomito, que en mitad del pecho se abre como un camino y el estómago se me sube a la garganta. Pues así los terremotos, que ése en el que está nuestro mundo, toma algo que le sienta mal. Ese otro, no sé cómo debe ser. A lo mejor los astronautas van y lo descubren, me dije. Pero luego pensé que no, porque lo que ellos hacen es algo así como si mi hígado se disparara hacia arriba: iría descubriendo el estómago, los pulmones, el corazón... (como ellos llegan a la Luna, o a Marte) pero al llegar a la cabeza chocaría con el cráneo y de ahí no pasarían. Y si el hígado viajara en dirección contraria, hacia abajo sucedería lo mismo: la cosa, la expedición acabaría al llegar a la uña del dedo gordo° del pie: nunca podría mi hígado salir de mí y verme. Así los astronautas no van a poder salirse del universo y ver al ser por cuya sangre (a lo mejor no tiene sangre, pero se lo digo así para que entienda) anda el universo en donde estamos. Así que yo he dejado de meditar sobre esas cosas, porque cuando me imagino el mundo metido en la sangre o en el tejido de otro ser, me da ahogo° y me mareo. Y Dios, bueno a eso iba, pues yo me imaginaba que sería el ser más grande de todos, pero cuando pienso la de millones y millones de universos que tiene metidos en el cuerpo, y que él debe de estar metido en alguna otra cosa... me da como con la caja de colores, alguien me tiene cogido y no puedo moverme, y así como el glóbulo rojo cumple su función en mi sangre, yo tengo una función en la sangre o en lo que sea, del señor en el que estamos todos metidos, y, si esto es así, del mismo modo que el glóbulo rojo nace glóbulo rojo y el hígado hígado y los tejidos óseos tejidos óseos, pues en nuestro mundo uno nace hombre, o serpiente cascabel o león, o mariposa. Pero ya no pienso nada de eso, ya se lo he dicho, porque me mareo y me da asco pensar en los cuerpos por dentro, y, en segundo lugar, porque cuando pienso «ahora me voy a jugar al fútbol» supongo que es porque tengo ganas, y si le empiezo a dar vueltas a la cosa y me digo que lo he pensado porque aquel dentro del cual estoy metido necesita que yo vaya a jugar al

fútbol y me lo hace desear para que lo haga en su provecho,° benefit
pues vaya gracia, me pasan las ganas de ir, por puntillo,° y pride, honor
entonces pienso que se han pasado las ganas porque él ya no
necesita que yo vaya a jugar, y me hago tal lío que me pongo
5 muy nervioso y a veces tengo ganas de llorar, porque, la verdad, muy claro no veo yo todo esto. Porque mire usted, dicen
hay buenos y malos, guerras, criminales y malas personas...
bueno, en la sangre lo mismo, los glóbulos blancos son los
malos, y la de luchas° que hay en el organismo, a mí me gus- la... the number of conflicts
10 taría ser bueno y me esfuerzo, de verdad, pero ¿y si resulta que
en la sangre del ser en el que estoy soy una especie de glóbulo
blanco en lugar de ser una especie de glóbulo rojo?, ¿de qué me
sirve tanto esfuerzo por portarme bien? ¿Y estudiar? ¿estudian
las células? Claro que no, se reproducen por actos reflejos,
15 aunque, bueno, es posible que el ser en el que estamos sea más
complejo que nosotros y para sobrevivir necesite médicos, abogados, científicos para sobrevivir (porque todo está en relación
con la escala, sabe usted, y un glóbulo es un microser, y yo ya
soy macro, el otro, el grande, debe ser metamacro y así...) y en
20 tal caso, que estudiemos, trabajemos y suframos debe de ser en
nosotros actos reflejos semejantes a los que hacen funcionar a
los seres microscópicos. Es muy complicado, me entra opresión, es como estar encerrado y entonces el cielo me parece un
pie, el pie de alguien muy muy grande y nosotros estamos
25 debajo, como cuando ponemos el pie nosotros encima de una
hormiga, o mire, nuestro suelo debe ser como un pie para los
que están debajo. <u>Ya no sé, a lo mejor me pone usted un cero</u>,
pero la verdad, no puedo pensar en estas cosas. Las preguntas
del libro me las sabía todas, pero así, ya le digo: me mareo.

[Nota manuscrita: Está hablando a su profesor]

Actividades preinterpretativas

COMPRENSION

Complete las oraciones de acuerdo con las ideas expresadas en el cuento.

1. Martín debe escribir una redacción sobre el tema de...
2. Cuando Martín piensa en la frase «Dios creó el mundo y las criaturas», se imagina...
3. Para su cumpleaños la abuela de Martín le regaló...
4. Cuando Martín se miró en el espejo vio...

Ana María Moix

5. Martín especula sobre un «niño mayor que yo» que...

6. Martín compara las células humanas a...

7. Dice la abuela, que es muy beata, que...

8. Martín compara los terremotos a...

9. A Martín no le gusta pensar en el tema de la redacción porque...

BUSCANDO CLAVES

Busque en el cuento frases que indiquen o sugieran las cosas siguientes.

1. cosas que temen los niños
2. la sensación de estar dentro y fuera de una situación al mismo tiempo
3. diferencias y semejanzas entre los niños y los adultos
4. repetición de imágenes, acciones o emociones
5. «cajas chinas»

Actividades interpretativas

OPINIONES Y ANALISIS

Conteste a las siguientes preguntas.

1. ¿Podría considerarse polémica la imagen que Martín ofrece de la creación del mundo? ¿Por qué? ¿Qué le sugiere a Ud. la idea de Dios como director de una película y la posibilidad de múltiples directores?

2. ¿Cómo explica Ud. la reacción de Martín ante el regalo de cumpleaños que le había hecho su abuela? ¿Parecen llevarse bien Martín y su abuela? ¿Y Martín y su hermana? ¿Qué características típicas de los niños se revelan a través de las relaciones que mantiene Martín con otras personas?

3. Al mirarse en el espejo, ¿qué se le ocurre a Martín en cuanto al lugar que él ocupa en el universo? ¿Cuáles son algunas implicaciones de su comparación del universo al cuerpo humano? ¿Cómo le hace sentir a Martín especular sobre la existencia de otros seres, mundos y realidades?

4. ¿Cómo explican sus padres las preocupaciones de Martín? ¿Qué tipo de respuestas le dan? ¿Por qué descarta Martín las explicaciones de su abuela?

5. ¿Por qué cree Ud. que le resulta tan difícil a Martín explicar conceptos como Dios o la creación del mundo? ¿Cómo es que no le sirven de apoyo los datos, los libros o las tradiciones?

¿ESTA UD. DE ACUERDO?

Responda a las afirmaciones que siguen. Justifique sus respuestas basándose en ejemplos del cuento.

1. Martín no es un niño típico.
2. Las palabras sólo sirven para limitar la realidad; no sirven para explicarla.
3. La redacción de Martín no corresponde a la tarea.

Actividades de síntesis

TEMAS PARA ESCRIBIR

1. Analice cómo se utilizan la caja china y el doble para apoyar los temas principales en «Redacción».
2. Analice las técnicas que se utilizan en «Redacción» para que el lector experimente los sentimientos de Martín. Piense, por ejemplo, en el punto de vista del cuento, en el uso de ciertas expresiones y en la estructura del cuento.
3. ¿Cuáles son las dificultades que se le presentan a Martín a la hora de expresarse por escrito? ¿Cree Ud. que le habría sido más fácil o más difícil expresar sus ideas en una conversación con otra persona? ¿Por qué?

OTRAS PERSPECTIVAS

1. ¿Qué nota cree Ud. que va a sacar Martín en la clase de religión? ¿Por qué? ¿Qué nota le pondría Ud. a su redacción? Explique.
2. ¿Cómo respondería Ud. a Martín si le preguntara: «Pero así como la célula o los glóbulos o el corazón trabajan para que uno esté vivo, ¿para quién trabaja un hombre?» Explique.
3. Cuente algunos de sus propios intentos de explicar algo que le parecía misterioso o difícil de comprender. ¿Cómo lo hizo? ¿Cómo reaccionaron sus padres o su profesor(a)?

1. Compare y contraste el concepto de la niñez en «Redacción» y «Don Payasito».
2. Compare y contraste el concepto de la realidad en «Redacción» y «Fábula».
3. Compare y contraste el significado y la función de imágenes o técnicas cinematográficas en «Redacción» y «El cementerio de Djelfa».
4. Compare y contraste el uso del doble en «Redacción» y «Quince de agosto».

La despedida

Ignacio Aldecoa
(1925–1969)

Ignacio Aldecoa was a keen and gifted observer of the times in which he lived, and his stories provide vivid portraits of post–Civil War Spain. He was born in Vitoria and attended the University of Salamanca, where he proved to be less interested in formal study than in observing the daily lives of the farm workers, fishermen, gypsies, and other poor and working-class people who would ultimately serve as the inspiration for much of his fiction. By the time of his untimely death at age forty-four, Aldecoa had published two volumes of poetry, four novels, and over 100 short stories.

Aldecoa's works emphasize social problems and the human condition, exalting the value and dignity of life and work. His narrative style ranges from simple, conversational prose to lyrical prose poems, all of which maintain a consistent focus on everyday objects and events.

PRINCIPAL WORKS

1954 *El fulgor y la sangre* (novel)
1955 *Espera de tercera clase* (stories)
1955 *Vísperas del silencio* (stories)
1956 *Con el viento solano* (novel)

1957   *Gran Sol* (novel): Premio de la Crítica

1959   *El corazón y otros frutos amargos* (stories)

1961   *Caballo de pica* (stories)

1963   *Pájaros y espantapájaros* (stories)

1965   *Los pájaros de Baden Baden* (stories)

1967   *Parte de una historia* (novel)

PREPARATION

In "La despedida," written in 1961, a train ride through the Spanish countryside and the predicament of an elderly man whose poor health forces him to leave his wife for the first time provide a vehicle for two of Aldecoa's principal concerns as a writer: loneliness, even in the company of others, and the passage of time. Much like the eye of a camera, the narrative focuses on images, events, and interactions that are visible to the eye. As you read, pay attention to things that are implied rather than stated; notice, for example, how sensory images are used to create mood and to convey information about the characters.

CONCEPTOS E IMAGENES

¿Qué conceptos e imágenes le sugieren las palabras y frases siguientes?

1. la soledad
2. la compasión
3. el compañerismo
4. la solidaridad
5. el diálogo
6. la vida

La despedida

A través de los cristales de la puerta del departamento° y de la ventana del pasillo, el cinemático paisaje era una superficie en la que no penetraba la mirada; la velocidad hacía simple perspectiva de la hondura.° Los amarillos de las tierras paniegas,° los grises del gredal° y el almagre° de los campos lineados por el verdor acuoso° de las viñas se sucedían monótonos como un traqueteo.°

En la siestona° tarde de verano, los viajeros apenas intercambiaban desganadamente° suspensivos retazos° de frases. Daba el sol en la ventanilla del departamento y estaba bajada la cortina de hule.

El son de la marcha° desmenuzaba° y aglutinaba° el tiempo; era un reloj y una salmodia.° Los viajeros se contemplaban mutuamente sin curiosidad y el cansino° aburrimiento del viaje les ausentaba de su casual relación. Sus movimientos eran casi impúdicamente familiares, pero en ellos había hermetismo y lejanía.°

Cuando fue disminuyendo la velocidad del tren, la joven sentada junto a la ventanilla, en el sentido° de la marcha, se levantó y alisó su falda y ajustó su faja° con un rápido movimiento de las manos, balanceándose, y después se atusó° el pelo de recién despertada, alborotado, mate y espartoso.°

—¿Qué estación es ésta, tía? —preguntó.

Uno de los tres hombres del departamento le respondió antes que la mujer sentada frente a ella tuviera tiempo de contestar.

—¿Hay cantina?

—No, señorita. En la próxima.

La joven hizo un mohín,° que podía ser de disgusto o simplemente un reflejo de coquetería, porque inmediatamente sonrió al hombre que le había informado. La mujer mayor desaprobó la sonrisa llevándose la mano derecha a su roja, casi cárdena pechuga,° y su papada° se redondeó al mismo tiempo que sus labios se afinaban y entornaba los párpados de largas y pegoteadas pestañas.°

—¿Tiene usted sed? ¿Quiere beber un traguillo de vino? —preguntó el hombre.

—Te sofocará —dijo la mujer mayor— y no te quitará la sed.

Ignacio Aldecoa

—¡Quiá!, señora. El vino, a pocos, es bueno.

El hombre descolgó su bota° del portamaletas y se la ofreció a la joven.
°wineskin

—Tenga cuidado de no mancharse —advirtió.

La mujer mayor revolvió en su bolso y sacó un pañuelo grande como una servilleta.

—Ponte esto —ordenó—. Puedes echar a perder° el vestido.
echar... ruin

Los tres hombres del departamento contemplaron a la muchacha bebiendo. Los tres sonreían pícara y bobamente; los tres tenían sus manos grandes de campesinos posadas, mineral e insolidariamente, sobre las rodillas. Su expectación era teatral, como si de pronto fuera a ocurrir algo previsto como muy gracioso. Pero nada sucedió y la joven se enjugó una gota que le corría por la barbilla° a punto de precipitarse ladera abajo de su garganta hacia las lindes° del verano, marcadas en su pecho por una pálida cenefa ribeteando el escote° y contrastando con el tono tabaco de la piel soleada.
°chin
°borders
una... a pale trim bordering her neckline

Se disponían los hombres a beber con respeto y ceremonia, cuando el traqueteo del tren se hizo más violento y los calderones de las melodías de la marcha[1] más amplios. El dueño de la bota la sostuvo cuidadosamente, como si en ella hubiera vida animal, y la apretó con delicadeza, cariciosamente.

—Ya estamos —dijo.

—¿Cuánto para aquí? —preguntó la mujer mayor.

—Bajarán mercancía y no se sabe. La parada es de tres minutos.

—¡Qué calor! —se quejó la mujer mayor, dándose aire con una revista cinematográfica—. ¡Qué calor y qué asientos! Del tren a la cama...

—Antes era peor —explicó el hombre sentado junto a la puerta—. Antes, los asientos eran de madera y se revenía° el pintado. Antes echaba uno hasta la capital cuatro horas largas, si no traía retraso. Antes, igual no encontraba usted asiento y tenía que ir en el pasillo con los cestos.° Ya han cambiado las cosas, gracias a Dios. Y en la guerra... En la guerra tenía que haber visto usted este tren. A cada legua le daban el parón° y todo el mundo abajo. En la guerra...
se... was coming off
°baskets
le... they would stop the train suddenly

Se quedó un instante suspenso. Sonaron los frenos del tren y fue como un encontronazo.°
°crash

—¡Vaya calor! —dijo la mujer mayor.

---

[1] **calderones...** the pauses in the melodies of the movement. (The train is braking.)

—Ahora se puede beber —afirmó el hombre de la bota.

—Traiga usted —dijo, suave y rogativamente, el que había hablado de la guerra—. Hay que quitarse el hollín.° ¿No quiere usted, señora? —ofreció a la mujer mayor.

—No, gracias. No estoy acostumbrada.

—A esto se acostumbra uno pronto.

La mujer mayor frunció el entrecejo° y se dirigió en un susurro° a la joven; el susurro coloquial tenía un punto de menosprecio para los hombres del departamento al establecer aquella marginal intimidad. Los hombres se habían pasado la bota, habían bebido juntos y se habían vinculado° momentáneamente. Hablaban de cómo venía el campo y en sus palabras se traslucía la esperanza. La mujer mayor volvió a darse aire con la revista cinematográfica.

—Ya te lo dije que deberíamos haber traído un poco de fruta —dijo a la joven—. Mira que insistió la Encarna; pero tú, con tus manías...

—En la próxima hay cantina, tía.

—Ya lo he oído.

La pintura de los labios de la mujer mayor se había apagado y extendido fuera del perfil de la boca. Sus brazos no cubrían la ancha mancha de sudor axilar,° aureolada del destinte de la blusa.

La joven levantó la cortina de hule. El edificio de la estación era viejo y tenía un abandono triste y cuartelero. En su sucia fachada nacía, como un borbotón de colores, una ventana florida de macetas° y de botes con plantas. De los aleros° del pardo tejado colgaba un encaje° de madera ceniciento, roto y flecoso.° A un lado estaban los retretes, y al otro un tingladillo,° que servía para almacenar las mercancías. El jefe de estación se paseaba por el andén; dominaba y tutelaba° como un gallo, y su quepis° rojo era una cresta irritada entre las gorras, las boinas y los pañuelos negros.

El pueblo estaba retirado de la estación a cuatrocientos o quinientos metros. El pueblo era un sarro° que manchaba la tierra y se extendía destartalado° hasta el leve henchimiento° de una colina. La torre de la iglesia —una ruina erguida,° una desesperada permanencia— amenazaba al cielo con su muñón. El camino calcinado, vacío y como inútil hasta el confín de azogue,° atropaba las soledades de los campos.

Los ocupantes del departamento volvieron las cabezas. Forcejeaba, jadeante, un hombre en la puerta. El jadeo se

Ignacio Aldecoa

intensificó. Dos de los hombres del departamento le ayudaron a pasar la cesta y la maleta de cartón atada con una cuerda. El hombre se apoyó en el marco y contempló a los viajeros. Tenía una mirada lenta, reflexiva, rastreadora. Sus ojos, húmedos y negros como limacos,° llegaron hasta su cesta y su maleta, colocadas en la redecilla° del portamaletas, y descendieron a los rostros y a la espera, antes de que hablara. Luego se quitó la gorrilla° y sacudió con la mano desocupada su blusa.

— Salud les dé Dios —dijo, e hizo una pausa—. Ya no está uno con la edad para andar en viajes.

Pidió permiso para acercarse a la ventanilla y todos encogieron las piernas. La mujer mayor suspiró protestativamente y al acomodarse se estiró buchona.°

— Perdone la señora.

Bajo la ventanilla, en el andén, estaba una anciana acurrucada,° en desazonada° atención. Su rostro era apenas un confuso burilado° de arrugas que borroneaba las facciones,° unos ojos punzantes y unas aleteadoras° manos descarnadas.

— ¡María! —gritó el hombre—. Ya está todo en su lugar.

— Siéntate, Juan, siéntate —la mujer voló una mano hasta la frente para arreglarse el pañuelo, para palpar el sudor del sofoco, para domesticar un pensamiento—. Siéntate, hombre.

— No va a salir todavía.

— No te conviene estar de pie.

— Aún puedo. Tú eres la que debías...

— Cuando se vaya...

— En cuanto llegue iré a ver a don Cándido. Si mañana me dan plaza, mejor.

— Que haga lo posible. Dile todo, no dejes de decírselo.

— Bueno, mujer.

— Siéntate, Juan.

— Falta que descarguen.° Cuando veas al hijo de Manuel le dices que le diga a su padre que estoy en la ciudad. No le cuentes por qué.

— Ya se enterará.

— Cuídate mucho, María. Come.

— No te preocupes. Ahora, siéntate. Escríbeme con lo que te digan. Ya me leerán la carta.

— Lo haré, lo haré. Ya verás cómo todo saldrá bien.

El hombre y la mujer se miraron en silencio. La mujer se cubrió el rostro con las manos. Pitó° la locomotora. Sonó la

° slugs
° netting, mesh
° cap
° se... she stretched out, plumped like a pigeon
° huddled / uneasy
° engraving / features
° fluttering
° Falta... They still have to unload.
° whistled

campana de la estación. El ruido de los frenos al aflojarse pareció extender el tren, desperezarlo antes de emprender la marcha.

—¡No llores, María! —gritó el hombre—. Todo saldrá bien.

—Siéntate, Juan —dijo la mujer, confundida por sus lágrimas—. Siéntate, Juan —y en los quiebros de su voz había ternura, amor, miedo y soledad.

El tren se puso en marcha. Las manos de la mujer revolotearon° en la despedida. Las arrugas y el llanto habían terminado de borrar las facciones.   fluttered

—Adiós, María.

Las manos de la mujer respondían al adiós y todo lo demás era reconcentrado silencio. El hombre se volvió. El tren rebasó el tingladillo del almacén y entró en los campos.

—Siéntese aquí, abuelo —dijo el hombre de la bota, levantándose.

La mujer mayor estiró las piernas. La joven bajó la cortina de hule. El hombre que había hablado de la guerra sacó una petaca° oscura, grande, hinchada y suave como una ubre.°   pouch / udder

—Tome usted, abuelo.

La mujer mayor se abanicó° de nuevo con la revista cinematográfica y preguntó con inseguridad.   se... fanned herself

—¿Las cosechas son buenas este año?

El hombre que no había hablado a las mujeres, que solamente había participado de la invitación al vino y de las hablas del campo, miró fijamente al anciano, y su mirada era solidaria y amiga. La joven decidió los prólogos de la intimidad compartida.

—¿Va usted a que le operen?

Entonces el anciano bebió de la bota, aceptó el tabaco y comenzó a contar. Sus palabras acompañaban a los campos.

—La enfermedad..., la labor..., la tierra..., la falta de dinero...; la enfermedad..., la labor..., la tierra...; la enfermedad..., la labor...; la enfermedad... La primera vez, la primera vez que María y yo nos separamos...

Sus años se sucedían monótonos como un traqueteo.

Ignacio Aldecoa

Actividades preinterpretativas

COMPRENSION

Diga si las siguientes oraciones son verdaderas o falsas.

1. Los pasajeros del tren muestran curiosidad por conocerse.
2. Uno de los hombres le ofrece vino a la joven.
3. Los tres hombres mantienen una conversación animada.
4. Antes de la guerra los trenes eran más cómodos y mejor cuidados.
5. El pueblo donde para el tren es pequeño y feo.
6. Dos personas suben al tren y entran en el departamento.
7. Juan necesita ir a la ciudad para que le operen.
8. María no sabe leer.
9. María se mantiene tranquila al despedirse de su esposo.
10. Los otros pasajeros no le dejan hablar a Juan.

BUSCANDO CLAVES

Busque en el cuento frases que indiquen o sugieran las cosas siguientes.

1. el paso del tiempo
2. la monotonía
3. la comunicación no verbal
4. imágenes evocativas de la vida rural

Actividades interpretativas

OPINIONES Y ANALISIS

Conteste a las siguientes preguntas.

1. ¿Cómo es la descripción del paisaje que comienza el cuento? ¿Qué sentimientos evoca? ¿Cuáles son algunos paralelos entre el paisaje y los pasajeros del tren? ¿Qué sugiere el traqueteo del tren?
2. ¿Cómo es el ambiente dentro del departamento? ¿Cómo explica Ud. la falta de conversación entre los pasajeros al comienzo del cuento? ¿Qué implica su silencio?

3. ¿Cómo es la joven? ¿Qué revelan de ella sus gestos? ¿Cómo es la mujer mayor? ¿Cuál parece ser su actitud hacia los otros pasajeros? ¿Cómo contribuye a la caracterización de ella la revista cinematográfica?

4. ¿Qué efecto tienen las repetidas referencias colectivas a los tres hombres? ¿Por qué cree Ud. que el autor no les pone nombres a los cinco pasajeros? ¿Cómo sería diferente el cuento si los tuvieran?

5. ¿Qué efecto tienen los comentarios del hombre que habla de la guerra en respuesta a las quejas de la mujer mayor?

6. ¿Cómo es el pueblo donde para el tren? ¿Qué sentimientos y problemas sociales evoca la descripción del pueblo? ¿Cómo contribuye el imagen del pueblo a las caracterizaciones de María y Juan?

7. ¿Cómo cambian los pasajeros durante el viaje? ¿Cómo explica Ud. los cambios? ¿A qué recuerda la historia que cuenta Juan a los otros pasajeros?

¿ESTA UD. DE ACUERDO?

Responda a las afirmaciones que siguen. Justifique sus respuestas basándose en ejemplos del cuento.

1. La comunicación no verbal revela mucho de las personas.
2. La diferencia entre la juventud y la vejez es menos de lo que parece.
3. Todo lo que uno hace en compañía de otros afecta a los demás.

Actividades de síntesis

TEMAS PARA ESCRIBIR

1. Analice el comentario sobre las relaciones humanas que hace «La despedida». Piense, por ejemplo, en las dificultades en llegar a conocer a otros y los posibles obstáculos a la comunicación, el compañerismo y la solidaridad.

2. Considere «La despedida» como alegoría de la existencia humana, teniendo en cuenta el valor simbólico del tren, el viaje, los pasajeros, el diálogo, el silencio, los sonidos del tren y la tarde.

3. Pensando en los personajes, el paisaje y el pueblo, escriba un ensayo sobre el retrato de la España de posguerra que evoca este cuento. ¿Qué técnicas estilísticas se usan para formarlas?

OTRAS PERSPECTIVAS

1. Cuente de una ocasión en la que Ud. se ha sentido a solas en compañía de otros, o de una muestra inesperada de solidaridad humana.

2. En su opinión, ¿qué constituye una auténtica relación humana? ¿Cuáles son los obstáculos a este tipo de relación?

3. Con cinco compañeros de clase, preparen una escena en la que el tren llega a su destino y los pasajeros se despiden.

1. Compare y contraste los sentimientos, tanto positivos como negativos, que se manifiestan en «Quince de agosto», «El inquisidor» y «La despedida». ¿Cómo afectan estos sentimientos el individuo, la sociedad y la historia?

2. Compare y contraste el concepto de la vejez y las actitudes que se expresan respecto a los ancianos en dos de las obras siguientes: «Los viejos», «La despedida» y «Las ataduras».

3. Compare y contraste el tema de la comunicación en dos de las obras siguientes: «Fábula», «Las ataduras» y «La despedida».

4. Compare y contraste los elementos cinematográficos en «Redacción» y «La despedida».

La mujer y los libros

Mercedes Ballesteros
(1913–   )

Mercedes Ballesteros was born in Madrid to a titled family with a tradition of scholarship. Unlike many young women of her generation, she was encouraged to pursue both an education and a literary career. She studied philosophy and letters at the University of Madrid, published her first work of fiction in 1939, and began to write for newspapers and magazines in the forties. Her regular contributions to the comic journal *La Codorniz*, written under the pseudonym Baronesa Alberta, brought her a reputation as a talented humorist; she is also well known as a novelist and dramatist.

Although Ballesteros' fiction and drama reveal a predilection for portraying children, women, and marginal characters, she is a gifted observer of humanity in general. Her works frequently combine psychological detail; sensitivity to human concerns that bridge age, social class, and gender; and criticism tempered with irony, sarcasm, and humor.

PRINCIPAL WORKS

1950   *Este mundo* (essays)

1953   *Así es la vida* (essays)

1953   *Las mariposas cantan* (play): Premio Tina Gascó

1954 *Eclipse de tierra* (novel): Premio Novela del Sábado

1956 *La cometa y el eco* (novel)

1960 *Taller* (novel)

1962 *Mi hermano y yo por esos mundos* (novel)

1965 *La sed* (novel)

1967 *El chico* (novel): Premio María de Molina

1975 *El personal* (essays)

1985 *Pasaron por aquí* (stories)

PREPARATION

Ballesteros is famous for brief, humorous essays that examine Spanish life, culture, and traditions. "La mujer y los libros," from the collection *El personal,* considers the cultural attitudes toward women exemplified by the popular saying, *La mujer honrada, la pata quebrada y en casa.* As you read, identify the objects, activities, and adjectives that are associated with men and with women, and consider what opinions may lie beneath the writer's sarcastic prose.

CONCEPTOS E IMAGENES

¿Qué conceptos e imágenes le sugieren las palabras y frases siguientes?

1. el analfabetismo
2. los libros
3. la mujer virtuosa
4. el sultán
5. el matrimonio

La mujer y los libros

El índice de analfabetismo° femenino entre la clase media española fue muy crecido° hasta el pasado siglo. Tan penoso estado de cosas se superó a principios de éste, pero sin mayor provecho. Las mujeres sabían leer, pero no leían. La sirvienta nueva, al llegar a una casa, solía preguntar qué procedimiento debía usar para limpiar «los libros del señor». No se le pasaba por las mientes que la señora usase la biblioteca. El libro se consideraba un objeto específicamente masculino, como podría serlo un frac.°

Cierto que alguna que otra dama leía las *Rimas* de Bécquer,[1] las *Doloras* de Campoamor[2] y hasta las había tan cultas que se sabían tiradas de versos de «El tren expreso» de Espronceda;[3] pero de ahí no pasaban.

Muy culpables de semejante atraso fueron los varones pertenecientes a esa generación que se regía por° el cortés precepto de «la mujer honrada, la pata quebrada° y en casa». Y ya se sabe que la mujer española de la clase media es especialmente virtuosa y, en consecuencia, se pasaba el día encerrada, con las zapatillas del marido debajo del brazo por si al rey del hogar se le ocurría venir a deshora° y no encontraba a punto la cómoda pantufla° con la que descansar de sus viriles quehaceres. No hay que olvidarse de que también era peculiaridad muy destacada del marido chapado a la antigua° tener un genio de todos los demonios° y si no se le rendía el reverente acatamiento° a que estaba acostumbrado —índice de que la mujer no tenía aún la pata bastante quebrada— se la quebraba él de motu proprio.°

Frotando dorados° y haciendo empanadillas y labores de aguja° se le pasaba la vida a la dama de antes, de la cual solía decir su marido con orgullo de sultán «es una santa» y de paso le proporcionaba todos los medios para alcanzar la santidad.

En las casas entraba la prensa, pero ya se sabía que era «el periódico del señor» y la mujer más osada° no se habría atrevido a echarle una ojeada a las noticias. Si alguna se arriesgaba a

---

[1] **Bécquer** Gustavo Adolfo Bécquer (1836–1870), Spanish poet and writer. His *Rimas* are love poems.
[2] **Campoamor** Ramón de Campoamor (1817–1901), Spanish poet. The collection of poems entitled *Doloras* contains short, sentimental poems on philosophical topics.
[3] **Espronceda** José de Espronceda (1808–1842), romantic Spanish poet. Campoamor, not Espronceda, is the author of the poem "El tren expreso."

hacerlo, su esposo la reconvenía rapándole° el papel: «Tú de eso no entiendes», y le daba a cambio una patata para que la pelara.

Después de pasarse la mencionada esposa siglo tras siglo aguantando mecha,° con una resignación y una paciencia que al mismo Job le harían poner colorado,° llegó un día en que dijo: «Basta». Tiró por la ventana el calcetín que estaba zurciendo° y echó una mirada alrededor para ver qué era eso que les hacía decir a los hombres que la vida era una cosa tan agradable. Cogió un libro, se interesó en su lectura y sólo se decidió a soltarlo cuando la empezaba a ahogar la humareda que salía de la cocina. La pierna de cordero se había achicharrado;° pero la mujer había dado un paso de gigante en el camino de la civilización. El paso de gigante le costó una buena bronca;° pero ya se sabe que las broncas alegran la vida del matrimonio.

° snatching away from her

aguantando... grinning and bearing it
le... would make him blush
darning

burned

fight

Actividades preinterpretativas

COMPRENSION

Conteste a las siguientes preguntas.

1. ¿Cómo fue el índice de analfabetismo femenino entre la clase media española hasta el pasado siglo?
2. ¿En qué sentido se podía comparar el libro a un frac?
3. ¿Qué tipo de libros leían las mujeres?
4. ¿Qué precepto seguían los hombres?
5. ¿Cómo pasaban el día las mujeres?
6. ¿Qué palabra solían usar los hombres para describir a sus esposas?
7. ¿Cómo reaccionaban los maridos cuyas esposas se atrevían a leer el periódico?
8. ¿Qué pasó para cambiar la situación?
9. Según la lectura, ¿cuál fue el resultado de esa acción?

BUSCANDO CLAVES

Busque en el ensayo frases que indiquen o sugieran las cosas siguientes.

1. actitudes respecto a la capacidad intelectual de la mujer
2. características de «la mujer ideal»
3. el significado de la casa para los hombres y las mujeres
4. ironía o sarcasmo
5. el sacrificio
6. el poder

Actividades interpretativas

OPINIONES Y ANALISIS

Conteste a las siguientes preguntas.

1. Según el ensayo, ¿por qué no se mejoró la situación de la mujer después de superarse el penoso estado del analfabetismo femenino del siglo XIX? ¿Por qué cree Ud. que el libro se consideraba objeto masculino?
2. ¿Qué significa la palabra «*dama*»? ¿Qué sugiere la preferencia de las damas por autores como Bécquer, Campoamor y Espronceda? ¿Qué implicaciones tiene la identificación equivocada del autor de «*El tren expreso*»?
3. ¿Qué actitudes sociales se reflejan en el refrán: «La mujer honrada, la pata quebrada y en casa»?
4. ¿Qué significa la palabra «*virtuosa*»? ¿Qué importancia tiene el uso de la palabra «*reverente*» en este ensayo? ¿Qué implica un hombre al referir a su esposa como «una santa»? ¿Cómo entiende Ud. la frase: «le proporcionó todos los medios para alcanzar la santidad»?
5. ¿Por qué cree Ud. que el marido no permitía que su mujer leyera el periódico? ¿Qué implican las palabras: «Tú de eso no entiendes»?
6. En su opinión, ¿por qué se había comportado la mujer con resignación y paciencia siglo tras siglo? ¿Qué tipo de acción parece recomendar este ensayo para mejorar la situación de la mujer?

¿ESTA UD. DE ACUERDO?

Responda a las afirmaciones que siguen. Justifique sus respuestas basándose en ejemplos del ensayo.

1. Las normas culturales restrictivas oprimen tanto a los hombres como a las mujeres.
2. Las palabras «*mujer*» y «*dama*», igual que «*hombre*» y «*caballero*», son sinónimos.
3. La igualdad entre los sexos se conseguirá a través de la educación.

Actividades de síntesis

TEMAS PARA ESCRIBIR

1. ¿Cuáles son las opiniones de la autora en cuanto al papel que debe ocupar la mujer dentro de la sociedad? ¿Cómo las comunica?
2. Analice el simbolismo y la importancia de los libros en «La mujer y los libros». Piense, por ejemplo, en lo que leen los hombres y las mujeres y la posible relación entre los libros y el papel tradicional del hombre y de la mujer.
3. Compare y contraste el papel femenino y el masculino expuestos en «La mujer y los libros». Piense, por ejemplo, en los distintos mundos, actividades, privilegios y responsabilidades de los sexos.

OTRAS PERSPECTIVAS

1. En su opinión, ¿cómo es la mujer ideal? ¿Y el hombre ideal?
2. ¿Piensa Ud. que las actitudes hacia la mujer expuestas en «La mujer y los libros» aún existen? ¿Cómo han contribuido los medios de comunicación al cambio o a la perpetuación de estas actitudes?
3. ¿Cómo reflejan los dichos populares las actitudes y valores de una sociedad? Explique.

ENLACES

1. Compare y contraste el tema del poder en dos de las obras siguientes: «En la edad del pato», «La beca», «El inquisidor» y «La mujer y los libros». Considere la cuestión del poder entre los sexos, entre los miembros de una familia y entre clases sociales u otros grupos.

2. Compare y contraste la situación de la mujer y el concepto del matrimonio en «Las ataduras», «La despedida» y «La mujer y los libros».

3. Compare y contraste el tema de la educación como puerta a la oportunidad o como obstáculo en «A ninguna parte», «La beca» y «La mujer y los libros».

4. Compare y contraste las actitudes culturales que se manifiestan respecto a la mujer, y sus consecuencias, en «En la edad del pato», «Las ataduras» y «La mujer y los libros».

La naranja es una fruta de invierno

Camilo José Cela
(1916–   )

Camilo José Cela burst onto the Spanish literary scene in 1942 with the publication of his first novel, *La familia de Pascual Duarte.* The novel created an uproar for its graphic presentation of violence, perversion, and cruelty in post–Civil War Spain, and established *tremendismo* as a new trend in Spanish literature. It also brought instant fame to the twenty-six-year-old Cela, who had studied medicine before the Civil War and law after it, abandoning both to concentrate on literature. While both *La familia de Pascual Duarte* and a later novel, *La colmena*, were subjected to government censorship, Cela's innovative approach to fiction and his flair for the outrageous made him a favorite subject of literary critics and the media. In 1957, Cela became the youngest member ever admitted to the prestigious Spanish Academy of Letters. He won the Nobel Prize for Literature in 1989.

Cela stands out as a writer for the experimental nature of his works and for his ability to portray diverse worlds. Varied images of the Civil War and its aftermath appear in most of Cela's best-known works. His extensive travels throughout Spain, often on foot, are reflected in his vivid portrayals of both urban areas and small, isolated towns, especially those of his native Galicia. His narrative style has continued to evolve throughout his career; his early works tend to portray characters and events in a direct, unsentimental manner, while later works, such as *Mazurca para dos muertos*, emphasize mystery, ambiguity, and imagination.

PRINCIPAL WORKS

1942	*La familia de Pascual Duarte* (novel)
1943	*Pabellón de reposo* (novel)
1944	*Nuevas andanzas y desventuras de Lazarillo de Tormes* (novel)
1945	*Esas nubes que pasan* (stories)
1947	*El bonito crimen del carabinero* (stories)
1948	*Viaje a la Alcarria* (travel literature)
1951	*La colmena* (novel)
1951	*El gallego y su cuadrilla y otros apuntes carpevetónicos* (stories)
1953	*Mrs. Caldwell habla con su hijo* (novel)
1953	*Baraja de invenciones* (stories)
1969	*San Camilo, 1936* (novel)
1975	*Oficio de tinieblas 5* (novel)
1983	*Mazurca para dos muertos* (novel): Premio Nacional de la Literatura
1988	*Cristo vs. Arizona* (novel)
1992	*El cameleón soltero* (essays)
1993	*Memorias, entendimientos y voluntades* (memoirs)

PREPARATION

"La naranja es una fruta de invierno," one of Cela's best-known short stories, was written in 1950. It tells the story of two men, Picatel and El Tinto, whose mutual hatred and craving for vengeance reflect the primitive passions that seem to permeate the atmosphere of their village. As you read, notice how Cela elaborates principal themes, such as violence, not only through actions, but also through images, symbols, and comparisons. Consider, for example, how the descriptions of the village and the landscape are related to the ideas, events, and characterizations developed in the story.

CONCEPTOS E IMÁGENES

¿Qué conceptos e imágenes le sugieren las palabras y frases siguientes?

1. las pasiones primitivas
2. la violencia
3. el invierno / la primavera
4. el odio
5. la venganza
6. el ambiente

La naranja es una fruta de invierno

Al frutero Pardiñas que, cuando los tiempos vienen mal dados,° me fía naranjas.° Y al confitero Ramonín que, en una navidad amarga, me regaló una rueda de mazapán° para dos de la que comimos cinco.

cuando... when times are bad / me... sells me oranges on credit
marzipan

La naranja es una fruta de invierno. Un sol color naranja se fue rodando, más allá de los montes, por los remotos caminos del mundo, por los ignorados y lejanos caminos del mundo.

En la sombra, al pie de una colina de pedernal,° de una colina que marca a chispas veloces la andadura de la caballería,° dos docenas de casas se aprietan° contra el campanario.° Las casas son canijas,° negruzcas, lisiadas;° parecen casas enfermas con el alma de roña,° que va convirtiendo las carnes en polvo de estiércol.° El campanario —un día esbelto° y altanero—, hoy está desmochado y ruinoso,° desnudo y pobre como un héroe en desgracia. El viento, a veces, se distrae en llevarse una piedra del campanario, una piedra que sale volando, como una maldición, contra cualquier tejado y rompe cien tejas, que después ya no se repondrán jamás. Sobre el companario, el vacío nido de la cigüeña° espera los primeros soles rojos de la primavera, los soles que marcarán el retorno de las aves lejanas, de las extrañas aves que conocen el calendario de memoria, como un niño aplicado.

El vacío nido de la cigüeña ha echado misteriosas raíces, firmes raíces en la piedra. Al vacío nido de la cigüeña —doce docenas de secos palitos puestos al desgaire°— no hay viento de la sierra que lo derribe, no hay rayo de la nube que lo eche al

flint
cavalry
huddle / bell tower
rickety / broken-down
de... mangy
manure / sleek
desmochado... toppled and dilapidated

stork

al... haphazardly

suelo. Sobre el vacío nido de la cigüeña quizá vuele, como un alto alcotán,° la primera sombra de Dios.¹

Al caserío° le van naciendo, con la noche, tenues rendijas° de luz en las ventanas que no ajustan del todo, en las ventanas que siempre dejan un resquicio° abierto, quién sabe si a la ilusión, al miedo o a la esperanza: como un corazón anhelante,° como un corazón que no encuentra consuelo en la soledad.

Entornando el mirar,° las rendijas de luz semejan flacos fantasmas atados a las sombras, hojas° de las peores facas,° las facas que tienen luz propia como los ojos de los gatos, como los ojos de los caballos, como los ojos del lobo, que muestran el color del matorral° del odio. Y su figura. Y su andar, que nos muerde los nervios de la cabeza, que forman un raro árbol dentro de la cabeza, un árbol que mete sus ramas espantadas por entre las junturas de los sesos.°

Un vientecillo que pincha baja por la ladera, husmea como un can° con hambre por las callejas y se escapa ululando° por el olivar° del Cura, el olivar que se pinta con el ceniciento° color de la plata vieja, la plata de las monedas antiguas, el confuso color del recuerdo.

Al pie del olivar del Cura, conforme se sale° hacia el arroyo,° una cerca° de adobe guarda del lobo negro de la noche las ovejas de Esteban Moragón, alias Tinto, mozo que va a casar. La alta barda de adobe se corona de espinas erizadas,° de secas y heridoras zarzas,° de violentas botellas en pedazos, de alambres° agresivos, descarados, fríamente implacables. El Tinto se guarda lo mejor que puede.

La taberna de Picatel es baja de techo. Picatel es alto. La taberna de Picatel es húmeda y lóbrega. Picatel es seco y tarambana.° La taberna de Picatel es negra y rumorosa. Picatel es albino, pero también decidor.°

Picatel tiene cincuenta años. Picatel no come. A Picatel le zurra su mujer.° Picatel es un haragán.° Picatel es un pendón.° Picatel es fumador, es bebedor, es jugador. Picatel es faldero.° Picatel fue cabo en Africa. En Monte Arruit le pegaron a Picatel un tiro en una pierna.° Picatel es cojo.° Picatel está picado de viruela.° Picatel tose.

---

¹ A stork's nest on a building is a traditional symbol of good luck; a nest quickly built and abandoned by the stork, however, is thought to be a sign of war.

Camilo José Cela

Esta es la historia de Picatel.

—¡Así te vea comido de la miseria!°   **Así...** I'd like to see you eaten by lice!
—...
—¡Y con telarañas° en los ojos!   cobwebs
—...
—¡Y con gusanos en el corazón!
—...
—¡Y con lepra° en la lengua!   leprosy
Picatel estaba sentado detrás del mostrador.
—¿Te quieres callar, Segureja?
—No me callo porque no me da la gana.
Picatel es un filósofo práctico.
—¿Quieres que te cuente otra vez lo de tu madre, Segureja?
Segureja se calló. Segureja es la mujer de Picatel. Segureja es baja y gorda, sebosa y culona,° honesta y lenguaraz.° Segureja fue garrida de moza,° y de rosada color.   **sebosa...** greasy and big-bottomed / foul-mouthed
    garrida... pretty as a girl
Segureja se metió en la cocina. Iba en silencio.

El Tinto y Picatel no son buenos amigos. La novia del Tinto estuvo de criada° en casa de Picatel. Según las gentes, Picatel, a veces, entraba en la cocina y le decía a la novia del Tinto: **estuvo...** worked as a maid
—No te afanes,° muchacha; lo mismo te van a dar. Que trabaje la Segureja, que ya no sirve para nada más.   **No...** Don't work so hard
Según las gentes, un día salió la novia del Tinto llorando de casa de Picatel. La Segureja le había pegado una paliza, que a poco más la desloma.° La Segureja, según la gente, le decía a la gente: **que...** if it had been a bit worse, would have broken her back
—Es una guarra° y una tía asquerosa,° que se metía con Picatel en la cuadra° a hacer las bellaquerías.°   sow / **tía...** disgusting tart
    stable / **hacer...** to fool around
La gente le preguntaba a la mujer de Picatel:
—Pero, ¿usted los vio, tía Segureja?
Y la mujer de Picatel respondía:
—No; que si los veo, la mato; ¡vaya si la mato!
Desde entonces, el Tinto y Picatel no son buenos amigos.

De las vigas° de la taberna de Picatel cuelgan unos chorizos y unas tiras de papel engomado° que aún guardan las moscas del verano, las moscas zumbadoras y pendencieras° de julio y de agosto.   beams
    tiras... strips of flypaper
    quarrelsome

El Tinto es un mozo jaquetón° y terne,° que baila el paso-doble de lado.° El Tinto lleva gorra de visera.° El Tinto sabe pescar la trucha con esparavel.° El Tinto sabe capar° puercos silbando. El Tinto sabe poner el lazo en el camino del conejo.°
5 El Tinto escupe por el colmillo.[2]

Las artes del Tinto le vienen de familia. Su padre mató una vez una loba a palos.°

—¿Dónde le diste?° —le preguntaban los amigos.

—En el alma, muchachos; que si no, no lo cuento.

10 El padre del Tinto, otra vez, por mor de dos cuartillos de vino que iban apostados,° entró en una tienda y se comió una perra° de todo: una perra de jabón, una perra de sal, una perra de cinta, una perra de clavos, una perra de azúcar, una perra de pimienta, una perra de cola° de carpintero, tres piedras de
15 mechero,° una carpeta de papel de cartas, una perra de añil,° una perra de tocino, una perra de pan de higo, una perra de petróleo, una perra de lija° y una perra que sacó el amo del cajón del mostrador. Los seis reales los pagó el de la apuesta.

Después, el padre del Tinto se fue a la botica° y se tomó
20 una perra entera de bicarbonato.

El Tinto entró en la taberna de Picatel.

—Oye, Picatel...

Picatel, ni le miró.

25 —Llámame Eusebio.

El Tinto se sentó en un rincón.

—Oye, Eusebio...

—¿Qué quieres?

—Dame un vaso de blanco.° ¿Tienes algo de picar?°

30 —Chorizo, si te hace.°

Picatel salió del mostrador con el vaso de blanco.

—También te puedo dar un poco de bacalao.°

El Tinto estaba recostado en la pared, con dos patas de la banqueta en el aire.

35 —No. No quiero el bacalao. Ni el chorizo.

El Tinto sacó el chisquero,° encendió su apagado cigarro y echó una larga bocanada de humo, con la cabeza atrás, casi con deleite.

---

[2] **escupe por el colmillo** he talks big, he brags. Literally, he spits through his eyetooth.

Camilo José Cela

—Me vas a traer un papel de las moscas. Hoy me da la gana de comerte el papel de las moscas.

Picatel dejó el vaso de blanco sobre la mesa.

—El papel es mío. No lo vendo.

—¿Y las moscas?

—Las moscas también son mías.

—¿Todas?

—Todas, sí, ¿Qué pasa?

Lo que pasó en la taberna de Picatel, nadie lo sabe a ciencia cierta.° Y si alguien lo sabe, no lo quiere decir. **nadie**... no one knows for certain

Cuando llegó la pareja[3] a la taberna de Picatel, Picatel estaba debajo del mostrador, echando sangre por un tajo que tenía en la cara.

La pareja levantó a Picatel, que estaba blanco como la primera harina.[4]

—¿Qué ha pasado?

Picatel estaba como tonto. La herida de la cara le manaba sangre, lenta y roja como un sueño siniestro. Picatel, en voz baja, repetía y repetía la monótona retahíla° de su venganza. line

—Por donde más te ha de doler... Te he de pinchar por donde más te ha de doler...° **Te**... I'm going to stick you where it hurts the most...

Los ojos de Picatel le bizqueaban° un poco. crossed

—Por donde más te ha de doler... Te he de pinchar por donde más te ha de doler...

La pareja se acercó al Tinto, que esperaba en su rincón sin mirar para la escena.

—¿Qué comes?

—Nada, papel de moscas. A la guardia civil no se le hace° lo que yo coma. **A**... It's none of the civil guard's business

La naranja es una fruta de invierno. El sol color naranja aún ha de tardar varias horas en oír la letanía de Picatel:

—Por donde más te ha de doler... Te he de pinchar por donde más te ha de doler...

La Segureja restañó° la herida de Picatel con un pañuelo mojado en anís. Después le puso vinagre en la frente, para que espabilara.° stopped the bleeding of

para... to bring him around

---

[3] **la pareja**   a pair of civil guards, members of the Spanish rural police.
[4] **primera harina**   first flour, flour that is newly ground from wheat.

—Por donde más te ha de doler... Te he de pinchar por donde más te ha de doler...
—Pero, ¿qué dices?
Picatel, con los ojos cerrados, no escuchaba la voz de la Segureja.
—Por donde más te ha de doler... Te he de pinchar por donde más te ha de doler...

En el cuartelillo,° el Tinto le decía al cabo que él no había querido más que comerse el papel de las moscas. °barracks
—Se lo puedo jurar a usted por mi madre, señor cabo. Yo, en comiéndome el papel de las moscas, me hubiera marchado por donde entré.
El cabo estaba de mal humor; la pareja le había levantado de la cama.
Cuando la pareja dio dos golpes sobre la puerta de su cuarto, el cabo estaba soñando que un capitán le decía:
—Oiga usted, brigada, se trata de un servicio difícil, de un servicio que tiene que ser prestado por un hombre de mucha confianza.° **de**... trustworthy
El cabo no entendía del todo lo del papel de las moscas.
—Pero bueno, vamos a ver: usted, ¿por qué se quería comer el papel de las moscas?
El Tinto buscaba una buena razón, una razón convincente:
—Pues ya ve usted, señor cabo: ¡un capricho!

La gente, la misma gente que había preguntado a Segureja lo que había pasado entre su marido y la novia del Tinto, se agolpó° ante la cerca de adobe que hay al pie del olivar del Cura, conforme se sale hacia el arroyo. **se**... flocked
Una hora antes, Picatel había saltado como un garduño° la alta barda de las espinas y las zarzas, de los vidrios y los alambres desgarradores. **había**... had jumped like a shrewd thief
Picatel llevaba en la mano una faca de acero brillador, una faca cuya luz semejaba en la noche el temblor de una tenue rendija en la ventana que no ajusta del todo, en la ventana que siempre deja un resquicio abierto, quién sabe si a la venganza, al miedo o a la desesperación.
Picatel llevaba en la boca la temerosa salmodia° que le empujó por encima de los adobes del corral del Tinto. °chant

Camilo José Cela

—Por donde más te ha de doler... Te he de pinchar por donde más te ha de doler...

Picatel se acercó a las ovejas, tibias y prometedoras, aromáticas y femeniles. Su corazón le andaba a saltos, como cuando se encerraba en la cuadra con la novia del Tinto.

Picatel paseó entre las ovejas, celoso como un gallo, rendidamente lujurioso como un sultán que vaga su veneno° por entre las confusas filas de un ejército de esclavas desnudas.

vaga... spreads his poison

A Picatel se le hizo un nudo en la garganta.

—Por donde más te ha de doler... Te he de pinchar por donde más te ha de doler...

Picatel palpó los lomos a una oveja soltera,° a una cordera que miraba como su mujer, de moza, o como la novia del Tinto derribada sobre el suelo de estiércol de la cuadra.

oveja... a sheep that has not been bred

A Picatel le empezaron a zumbar las sienes.° La cordera se estaba quieta y sobresaltada, como una novia enamorada y obediente.

le... his temples began to pound

A Picatel se le nublaron los ojos°... La cordera también sintió que la mirada se le iba...

se... his eyes clouded over

Fue cosa de un instante. Picatel echó el brazo atrás y descargó un navajazo temeroso en el vientre de la cordera. La cordera se estremeció y se fue contra el suelo del corral.

Una carcajada retumbó por los montes, como el canto de un gallo inmenso y loco.

La gente, la misma gente que decía que entre Picatel y la novia del Tinto había más que palabras, seguía, firme y silenciosa ante el corral que queda al pie del olivar del Cura, conforme se sale del pueblo, camino del arroyo.

La pareja no dejaba arrimar° a la gente.

approach

Ese hombre que llega tarde a todos los acontecimientos, preguntó:

—¿Qué ha pasado?

—Nada —le respondieron—, que Picatel despanzurró° a las cien ovejas del Tinto.

gutted

Sí; la naranja es una fruta de invierno.

Cuando el sol color naranja llegó rodando, más acá de los montes, por los remotos caminos del mundo, por los lejanos e ignorados caminos del mundo, ya Picatel marchaba, más allá de la colina de duro pedernal, de espaldas a las casas canijas, negruzcas, lisiadas, por aquellos caminos que llevaban al mundo, andando como un sonámbulo, repitiendo a la media voz del remordimiento:

5 —Por donde más te ha de doler... Te he de pinchar por donde más te ha de doler...

El sol color naranja alumbraba la escena, sin darle una importancia mayor.

Sí; sin duda alguna, la naranja es una fruta de invierno.

Actividades preinterpretativas

COMPRENSION

Conteste a las siguientes preguntas.

1. ¿Cómo es la aldea?
2. ¿Cómo es Picatel?
3. ¿Cómo es Segureja?
4. ¿Por qué no son buenos amigos el Tinto y Picatel?
5. ¿Cómo es el Tinto?
6. Cuando entra el Tinto en la taberna de Picatel, ¿qué pide para comer?
7. ¿Qué encuentran los guardias civiles al llegar a la taberna de Picatel?
8. ¿Qué frase repite sin cesar Picatel?
9. ¿Qué hace Picatel para vengarse del Tinto?
10. ¿Cómo reacciona la pareja a las acciones de Picatel?

BUSCANDO CLAVES

Busque en el cuento frases que indiquen o sugieran las cosas siguientes.

1. personificación de animales o de cosas inanimadas
2. instrumentos de violencia
3. historias que se repiten
4. espontaneidad
5. indiferencia
6. colores que evocan pasiones

Actividades interpretativas

OPINIONES Y ANALISIS

Conteste a las siguientes preguntas.

1. ¿Qué efecto produce la voz narrativa al describir las casas y el campanario como si fueran personas? ¿Qué sugiere la acción del viento en el campanario? ¿Qué implica el contraste que se hace entre el campanario ruinoso y el nido de la cigüeña? ¿Cómo explica Ud. la referencia a «la primera sombra de Dios»?

2. ¿Qué sentimientos evocan las casas «con resquicio abierto y rendijas de luz que parecen facas»? ¿Por qué está rodeada la casa del Tinto de botellas en pedazos y alambres agresivos? ¿Qué sugieren estas descripciones de la gente y la vida de la aldea?

3. ¿Cuál parece ser la actitud del narrador respecto a Picatel? ¿Cómo se revela esta actitud? ¿Cómo es la relación entre Picatel y Segureja?

4. ¿Por qué cree Ud. que se cuenta la historia del padre del Tinto? ¿Qué le aporta al cuento?

5. ¿Cómo contrastan el sueño del cabo y el episodio del papel de las moscas? ¿Qué sugiere este contraste de la vida de los personajes?

6. ¿Por qué mató Picatel las ovejas del Tinto? ¿Cómo corresponden la naturaleza de su venganza y sus motivos? ¿Qué elementos se destacan en la descripción de sus actos? ¿Cómo explica Ud. la indiferencia de la gente ante la matanza?

7. ¿Qué función sirve la frase: «la naranja es una fruta de invierno» en la narración? ¿Cómo sería diferente el cuento sin ella?

¿ESTA UD. DE ACUERDO?

Responda a las afirmaciones que siguen. Justifique sus respuestas basándose en ejemplos del cuento.

1. La pelea entre Picatel y el Tinto es culpa de la novia del Tinto.
2. La venganza de Picatel puede justificarse.
3. Los habitantes de la aldea son insensibles.

Actividades de síntesis

TEMAS PARA ESCRIBIR

1. Analice los temas de la violencia y la crueldad en «La naranja es una fruta de invierno». Considere los motivos por la violencia, la naturaleza de los actos de violencia, la actitud de los personajes respecto a la violencia y los símbolos e imágenes que se usan para desarrollar este tema.

2. Analice el tema del destino en «La naranja es una fruta de invierno». Identifique aspectos de la vida en la aldea que parecen condenar a los personajes a cierto tipo de existencia y elementos estilísticos que enfatizan la fuerza del destino.

3. Considere cómo Cela usa símbolos —los colores, los animales, el nido, el viento, la luz y la faca— para apoyar los temas y las ideas del cuento.

4. Analice la estructura de «La naranja es una fruta de invierno». Comente sobre la eficacia de la estructura circular y fragmentada y la función de los diálogos.

OTRAS PERSPECTIVAS

1. ¿Cuáles son algunas implicaciones positivas y negativas de la palabra «primitivo»? ¿Cree Ud. que nos convendría a los seres humanos ser más primitivos o menos primitivos? Explique.

2. ¿Cómo influyen nuestra manera de pensar y nuestro comportamiento el medio ambiente y la herencia? Explique.

3. ¿Cree Ud. que hay más violencia e indiferencia en las sociedades de hoy que en las del pasado? Explique.

1. Compare y contraste el comentario sobre la naturaleza humana que ofrecen «La naranja es una fruta de invierno» y «El cementerio de Djelfa». ¿Cómo contrastan estilísticamente los dos cuentos?

2. Compare la voz narrativa y la interacción de los personajes en «La naranja es una fruta de invierno» y «La despedida».

3. Compare y contraste «La naranja es una fruta de invierno» y «La despedida» como retratos de la España de posguerra.

4. Compare y contraste el tema de la indiferencia en dos de las obras siguientes: «La naranja es una fruta de invierno», «Los viejos», «El cementerio de Djelfa», «Quince de agosto», «Redacción» y «La mujer y los libros».

Orquesta de verano

Esther Tusquets
(1936–)

Esther Tusquets was exposed to world cultures and literatures from an early age. She attended a private German school in Barcelona as a child, and later studied history at the universities of Madrid and Barcelona. A Catalan whose literary language is Spanish, Tusquets published her first novel at age forty-two and has achieved considerable success as both a writer and an editor. She currently directs a Barcelona publishing house, Editorial Lumen.

Tusquets' fiction focuses on women in post–Civil War Catalan society, examining their lives within the context of universal rites of passage and aspects of female identity. Her works are known for their extensive and candid treatment of love and sexuality from the feminine perspective, as well as for their skillful use of erotic and lyrical imagery and allusions to literary texts, myths, and films to underscore themes and develop the psychology of characters.

PRINCIPAL WORKS

1978   *El mismo mar de todos los veranos* (novel)

1979   *El amor es un juego solitario* (novel)

1980   *Varada tras el último naufragio* (novel)

1981   *Siete miradas en un mismo paisaje* (stories)

1985   *Para no volver* (novel)

1993   *La reina de los gatos* (stories)

PREPARATION

"Orquesta de verano" is one of seven short stories in the collection *Siete miradas en un mismo paisaje* that present significant events in the childhood and adolescence of a single protagonist, Sara. "Orquesta de verano" uses Sara's summer vacation at an oceanside resort to portray the process of awareness and disillusionment that characterize the end of childhood. As you read, look for implications of this loss of innocence, such as distinctions between the point of view of the child Sara and that of the adult narrator who remembers and interprets events.

CONCEPTOS E IMAGENES

¿Qué conceptos e imágenes le sugieren las palabras y frases siguientes?

1. el privilegio
2. el prejuicio
3. el verano
4. los cuentos de hadas
5. el amor
6. ser una mujer
7. el mar

Orquesta de verano

Estaba muy avanzado el verano —más que mediado agosto— cuando decidieron iniciar las obras en el comedor pequeño y trasladar a los chicos con sus señoritas y sus nurses y sus mademoiselles al comedor de los mayores. Los niños habían formado a lo largo de julio y de la primera quincena° de agosto una cuadrilla° desmandada° y salvaje, paulatinamente° más ingobernable, que asaltaba invasora las playas, recorría el pueblo en bicicleta con los timbres a todo sonar, merodeaba° turbulenta y

two weeks
gang / unrestrained / gradually

prowled

curiosa por las casetas° de la feria, o se deslizaba —de pronto subrepticia, callada, casi invisible— en el rincón más recóndito° del cañaveral,° donde venían construyendo de año en año sus cabañas, para ocultar en ellas sus insólitos° tesoros, e iniciarse los unos a los otros en esas secretas maravillosas transgresiones siempre renovadas (fumar los primeros cigarrillos, a menudo manoseados,° húmedos, compartidos; enfrascarse° en unas partidas de póquer cuya dureza hubiera dejado atónitos a los mayores, tan apasionadas y reñidas° que hasta renunciaban a veces por ellas a bajar a la playa; adentrarse° en otros juegos más ambiguos y extraños, que Sara relacionaba oscuramente con el mundo de los adultos y de lo prohibido, y que la habían tenido aquel verano fascinada y avergonzada a un tiempo, deseosa de asistir a ellos como espectadora pero muy reacia a participar, y había estado tan astuta o tan cauta° en el juego de las prendas° y tan afortunada con las cartas que había conseguido ver pasar los días sin tener que dejar, ella sola acaso entre todas las niñas, que la besaran en la boca, o le toquetearan los senos° o le bajaran las bragas°), transgresiones doblemente embriagadoras porque venían a colmar° este paréntesis de provisoria libertad que les brindaba° el verano y resultaban impensables en el ámbito invernal de los colegios y los pisos° en la ciudad.

Pero se había disuelto en dos o tres días la colonia veraniega, y junto con ella la pandilla de los chicos, trasladados unos al interior para consumir en la montaña o el campo lo que les quedaba de vacaciones, devueltos los más a sus casas para preparar los exámenes de septiembre.[1] Y había quedado Sara como única rezagada° en la diezmada cuadrilla de varones° (a finales de agosto vendrían, para su cumpleaños, las cuatro o cinco amigas más amigas, habían prometido consoladoras mamá y la mademoiselle), y la atmósfera había cambiado, se había puesto de pronto tensa y desagradable, agravados tal vez la irritabilidad y el descontento generales por las frecuentes lluvias y la sensación compartida de que quedaban ya sólo unos restos inoportunos y deteriorados del verano. Lo cierto era que las ocupaciones de los chicos se habían hecho más y más violentas, y estaba harta Sara de ellos y sus peleas° y sus juegos, de sus bromas pesadas,° de sus palabras sucias, de sus chistes groseros,° de que la espiaran por la ventana cuando se estaba

[1] **los exámenes de septiembre** Spanish schoolchildren who do not pass their exams at the end of the school year are given a second chance in September.

cambiando de ropa o le volcaran° la barca o la acorralaran entre tres o cuatro en el cañaveral. Por eso se alegró tanto del cambio de comedor: allí por lo menos, durante las horas de las comidas, tendrían que comportarse los chicos como personas. Y esto o algo muy parecido debieron de pensar ellos, porque protestaron y rezongaron° muchísimo, lamentándose de que sólo les faltaba ahora, encima de haberse quedado en tan pocos y de que la lluvia les privara muchas mañanas de la playa y casi todas las tardes del cañaveral, tener que mantenerse quietos y erguidos° ante la mesa, sin hablar apenas, comiendo todo lo que les pusieran en el plato, pelando las naranjas con cuchillo y tenedor, y tener que ponerse para colmo° chaqueta y corbata para entrar por las noches al comedor.

Pero Sara estaba radiante, tan excitada la primera noche que se cambió tres veces de vestido antes de bajar a cenar —se decidió por uno de organdí, con el cuello cerrado° y mucho vuelo,° que le dejaba los brazos al aire y no le gustaba mucho a su madre, porque decía que la hacía parecer mayor y que no era adecuado para una niña que no había cumplido todavía los doce años— y se recogió el pelo —muy largo, muy rubio, muy liso— con una cinta de seda. Excitada sobre todo Sara esta primera noche por la posibilidad que se le ofrecía de husmear el mundo de los adultos, hasta entonces apenas entrevisto° y sólo adivinado, porque quedaban los niños durante el largo invierno confinados al colegio, a los paseos con mademoiselle, al cuarto de jugar, y no había existido —ni este año ni en años anteriores— apenas contacto tampoco entre los chicos y sus padres a lo largo del verano (algo había oído Sara que le decía la mademoiselle a una camarera del hotel sobre las delicias y lo entrañable° de este veraneo familiar, y las dos se reían y callaron de repente cuando advirtieron que ella las estaba escuchando, y le dio todo junto a Sara una rabia atroz), y lo cierto era que los niños se levantaban, desayunaban, hacían los deberes° o jugaban al ping pong, mientras los mayores todavía seguían durmiendo, y cuando ellos subían de la playa apenas terminaban los padres su desayuno y se preparaban perezosos para el baño, y cuando los adultos entraban en el comedor grande para el almuerzo, andaban ya los chicos por ahí, pedaleando por la carretera en sus bicicletas o tirando al blanco° en las casetas de la feria. Sólo a veces, al cruzar —adrede— ante la puerta de alguno de los salones o de la biblioteca, veía Sara a su madre, rubia y evanescente° entre el rizoso° humo de los

cigarrillos, y la conmovía y envanecía° que fuera tan delicada, — made her proud
tan frágil, tan elegante y tan hermosa, con ese aire de hada o
de princesa que sobrevolaba etérea la realidad (la más mágica
de las hadas y la más princesa de todas las princesas, había
pensado Sara de pequeña, y en cierto modo lo seguía pensando), y la madre abandonaba por unos instantes las cartas o
la charla con los amigos, le hacía un gesto de saludo, la llamaba para que se acercara a darle un beso, a coger un bombón
de licor de la caja que alguien le acababa de regalar, y otras
veces se acercaba el padre a la mesa de los niños, y preguntaba
a la mademoiselle si se portaban° bien, si hacían todos los días — se... were behaving
los deberes, si estaban disfrutando del veraneo; y coincidían
todos, claro está, en la iglesia los domingos, porque había una
sola misa en el pueblo y el grupo de los padres tenía que —relativamente— madrugar,° pero incluso allí llegaban tarde y se — get up early
sentaban en los bancos de atrás, cerca de la puerta, aunque
esperaban a los niños a la salida para darles un beso y dinero
para que tiraran al blanco o se compraran un helado en las
casetas de la feria.

    Y aquella primera noche en que pasaron los chicos al comedor grande —donde ocuparon sólo cuatro mesas—, se arregló
Sara con muchísimo cuidado, y entró en la sala flanqueada por
las figuras de la mademoiselle y de su hermano —ambos remolones° y cariacontecidos°—, y el corazón le latía de prisa y se — sullen / glum
sintió enrojecer, y estaba tan excitada y tan nerviosa que le costó
un esfuerzo terminar la comida que le pusieron en el plato, y le
pareció que no podía ver apenas nada, que no acertaba a fijarse
en nada, tan grande era su afán por verlo todo y registrarlo
todo, las mujeres con sus vestidos largos y los hombros
desnudos y el cabello recogido y los largos pendientes descendiendo fulgurantes° a ambos lados de la garganta; los hombres — brilliantly
apuestos° y risueños, tan distintos a como se los veía por las — elegant
mañanas en la playa o en las terrazas, hablando todos animadamente —¿de qué podían hablar?—, entre las risas y los
tintineos de las copas de cristal, mientras se deslizaban silenciosos y furtivos los camareros por entre las mesas, pisando
leve y sin despegar° apenas los labios, tan estirados° y ceremoniosos e impersonales que costaba reconocer en ellos a los — separating / haughty
tipos bullangueros° y bromistas° y hasta groseros algunas veces — rowdy / joking
que les habían servido hasta ayer en el comedor de los niños,
todos, camareros y comensales,° sin reparar° en los chicos para — dining companions / noticing
nada, de modo que resultaba inútil el afán de las señoritas y las

mademoiselles para lograr que se estuvieran quietos, que no dejaran nada en el plato, que utilizaran correctamente los cubiertos. Como resultaba asimismo inútil la música que ejecutaba la orquesta (oyéndola al cruzar por el vestíbulo o desde la lejanía de la terraza, había supuesto Sara que eran más los músicos, pero ahora comprobó que había sólo un piano, un violonchelo y un violín, y le pareció que tenía el pianista unos ojos muy tristes), porque no parecía escucharla nadie, no parecían ni siquiera oírla, y se limitaban a fruncir el entrecejo y elevar un poco más la voz en los momentos en que aumentaba el volumen de la música, como si debieran sobreponer sus palabras a un ruido incómodo. Ni un gesto, ni un simulacro° [pretense] de aplauso, ni una sonrisa. Y esto le sorprendió a Sara, porque en la ciudad los padres y sus amigos asistían a conciertos, iban a la ópera (esas noches la madre entraba en el cuarto de los niños, ya acostados, para despedirse, porque sabía que le gustaba mucho a Sara verla —como ahora en el comedor— con hermosos vestidos largos y escotados,° [low-cut] abrigos de piel, tocados° de plumas, pulseras tintineantes,° el bolsito de malla° [hats / jingling / mesh] de oro donde guardaba un pañuelito bordado y los prismáticos,° [opera glasses] y en torno a ella aquel perfume fragante y denso que impregnaba todas las cosas que tocaba la madre y que ella no olvidaría ya jamás), y había en el salón biblioteca varias estanterías llenas de discos, que la mademoiselle ponía algunas noches, cuando los padres no estaban en casa, para que la oyera Sara desde la cama y se durmiera con música. Pero aquí nadie prestaba la menor atención, y tocaban los músicos para nadie, para nada, y cuando se acercó Sara a la mesa de los padres para darles un beso de buenas noches, no pudo abstenerse de preguntar, y los padres y sus amigos se echaron a reír y comentaron que «aquello» tenía poco que ver con la verdadera música, por mucho que se esforzaran «esos pobres tipos». Y lo de «pobres tipos» le hizo a Sara daño y lo relacionó sin saber por qué con las burlas de los chicos, con sus estúpidas crueldades en el cañaveral, pero descartó en seguida este pensamiento, puesto que no existía relación ninguna, como no tenía tampoco nada que ver —y no entendía por qué le había vuelto a la memoria— la frase ácida y sarcástica que había oído a mademoiselle sobre las delicias de los veraneos en familia.

Fue sin embargo a la mademoiselle a quien le preguntó a la siguiente noche, porque a Sara la música le seguía pareciendo muy bonita y le daba rabia que los mayores no se molestaran en escuchar y dictaminaran° luego condescendientes sobre algo en lo que no habían puesto la más mínima atención —«¿verdad que es precioso?, ¿no te parece a ti que tocan muy bien?»—, y la mademoiselle respondió que sí, que tocaban sorprendentemente bien, sobre todo el pianista, pero que lo mismo daba tocar bien o tocar mal en el comedor de aquel lujoso hotel de veraneo. Era en definitiva un desperdicio.° Y entonces Sara reunió todo su valor, se puso en pie, recorrió sonrojada° y con el corazón palpitante —pero sin vacilar— el espacio que la separaba de la orquesta, y le dijo al pianista que le gustaba mucho la música, que tocaban muy bien, ¿por qué no tocaban algo de Chopin?, y el hombre la miró sorprendido, y le sonrió por debajo del bigote (aunque ni por esas dejó de parecerle muy triste) y respondió que no era precisamente Chopin lo que allí se esperaba que interpretasen, y a punto estuvo Sara de replicar que lo mismo daba, puesto que no iban de todos modos a escuchar ni a enterarse tampoco de nada, y se sintió —acaso por primera vez en su vida— incómoda y avergonzada a causa de sus padres, de aquel mundo rutilante° de los adultos que no le parecía de pronto ya tan maravilloso, y, sin saber bien el porqué, le pidió disculpas° al pianista antes de regresar a su mesa.

Ahora Sara se ponía todas las noches un vestido bonito (iba alternando entre los tres vestidos elegantes que se había traído y que no había llevado en todo el verano: siempre en tejanos° o en bañador) y se peinaba con cuidado, bien cepillado el pelo y reluciente antes de atarlo con una cinta de seda. Y seguía entrando en el comedor sofocada y confundida —se burlaban enconados° y despechados° y acaso celosos los chicos, pero Sara no los escuchaba ya: habían dejado simplemente de existir—, y comía luego de modo maquinal lo que le ponían en el plato, porque era más cómodo tragar° que discutir. Y seguía observando Sara los bonitos vestidos de las mujeres, las nuevas alhajas° y peinados,° la facilidad de sus risas y sus charlas entre el tintineo de los vasos, lo apuestos que parecían casi todos los hombres, y lo bien que se inclinaban hacia sus parejas, les sonreían, les encendían el cigarrillo o les alargaban un chal,° mientras se apresuraban a su alrededor unos camareros reducidos a la categoría de fantasmas, y sonaba la música, y fuera rielaba° la luna llena sobre el mar oscuro, todo casi como en las películas o en los anuncios en tecnicolor. Pero cada vez con mayor frecuencia se le iban los ojos hacia la orquesta y el pianista, que le parecía más y más triste, más y más ajeno, pero que algunas veces, al levantar la vista del teclado° y encontrarse con la mirada de Sara, le sonreía y esbozaba un vago gesto cómplice.

De repente todo lo concerniente al pianista le parecía interesante, y averiguó Sara entonces que aquella mujer flaca y pálida, o más que pálida descolorida, como si fuera una copia borrosa° de un original más atractivo, aquella mujer a la que habría visto seguramente a menudo sentada sobre la arena de la playa o paseando por los senderos más distantes y menos frecuentados del jardín, siempre con una niña pequeña de la mano o trotando a su alrededor, era la esposa del pianista, y era, la niña, de ellos dos, y nunca había visto Sara una criatura tan preciosa, y se preguntó si en algún momento del pasado habría sido la madre también así, y qué pudo haber ocurrido después para disminuirla de ese modo. Y como Sara había roto definitivamente su nexo° con la pandilla de muchachos, y la mademoiselle no puso reparos, empezó a ir cada vez más a menudo en compañía de la mujer y de la niña, que le inspiraban un afecto transferido, como por delegación, porque Sara quería al pianista —lo descubrió una noche cualquiera, en que él levantó la vista del piano y sus miradas se encontraron, y fue un descubrimiento libre de sobresaltos° o turbación o espanto, la mera comprobación de una realidad evidente que lo llenaba todo— y la niña y la mujer eran algo muy suyo, y Sara le compraba a la pequeña helados, garrapiñadas,° globos de colores, cromos,° y la invitaba a subir a las barcas, a la noria, al tiovivo, a asistir a una función en el circo, y parecía la niña enloquecida de gozo, y Sara miraba entonces con extrañeza a la madre, y la madre explicaba invariable: «es que no lo había visto nunca, tenido nunca, probado nunca, es que nunca —y aquí la mirada se le ponía dura— se lo hemos podido proporcionar», y Sara se sentía entonces hondamente acongojada° y como en peligro —le hubiera gustado pedirle perdón, como se lo pidió en una noche ya lejana al pianista, no sabía por quién o de qué, porque no lograba comprender, o quizá porque algo estaba madurando tenaz dentro de ella, y cuando saliera a la luz y la desbordara,° tendría que comprenderlo todo y estaría la inocencia para siempre perdida y el mundo patas arriba y ella naufragando° en medio del caos sin saber cómo acomodarse° en él para sobrevivir.

Al anochecer —anochecía ya más temprano a finales de agosto—, mientras la mujer daba de cenar a la niña y la acostaba en las habitaciones de servicio, se tropezaba° casi siempre Sara con el pianista en el jardín, y solían pasear juntos por el camino, hacia arriba y hacia abajo, cogidos de la mano, y hablaba el hombre entonces de todo lo que pudo haber sido, de todo lo que había soñado en la juventud —ya perdida, aunque no tendría más de treinta años—, de lo que había significado para él la música, de cómo se habían amado él y la mujer, y de cómo habían ido luego las circunstancias agostándolo todo,° quebrándolo todo, haciéndoselo abandonar todo por el camino. Era un discurso pavoroso° y desolador,° y le parecía a Sara que el hombre no hablaba para ella —¿cómo iba a descargar esas historias en una chiquilla de once años?—, sino acaso para sí mismo, para el destino, para nadie, y en la oscuridad de la noche en la carretera no se veían las caras, pero en algunos puntos el hombre vacilaba, se estremecía, le temblaba la voz, y entonces Sara le apretaba más fuerte la mano y sentía en el pecho un peso duro que no sabía ya si se llamaba piedad o se llamaba amor, y le hubiera gustado animarse a decirle que había existido sin duda un malentendido°, un cúmulo° de fatalidad contra ellos conjurada,° que todo iba a cambiar en cualquier instante, que la vida y el mundo no podían ser permanentemente así, como él los describía, y en un par de ocasiones el hombre se detuvo, y la abrazó fuerte fuerte, y le pareció a Sara que tenía las mejillas húmedas, aunque no hubiera podido asegurarlo.

Acaso se sintiera la mujer sutilmente celosa de estos paseos a dos en la oscuridad, o tal vez necesitara simplemente alguien en quien verter la propia angustia y ante quien justificarse (aunque nadie la estaba acusando de nada), porque aludía a veces amarga a «lo que te debe haber contado mi marido», y por más que Sara tratara de detenerla, intentara no escuchar, «¿sabes que desde que hay menos clientes en el hotel no nos pagan siquiera la miseria que habían prometido, y que él ni se ha dignado enterarse?, ¿sabes lo que me hizo el otro día el gerente delante de sus narices, sin que él interviniera para nada?, ¿sabes que he pedido yo dinero prestado° a todo el mundo, que debemos hasta el modo de andar, que no tenemos adonde ir cuando termine el verano dentro de cuatro días?, y él al margen, como si nada de esto le concerniera para nada». Y un día la agarró por los hombros y la miró con esa mirada dura, que

se... bumped into

agostándolo... withering everything
frightening / distressing

misunderstanding
accumulation / conspired

dinero... loans

la dejaba inerme y paralizada: «Ayer me sentía yo tan mal que ni podía cenar, ¿crees que se inquietó o me preguntó siquiera lo que me pasaba?, cogió mi plato y se comió sin decir una palabra la comida de los dos, ¿te ha contado esto?» Y Sara intentó explicarle que el hombre no le hablaba nunca de incidentes concretos, de sórdidos problemas cotidianos, de lo que estaba sucediendo ahora entre él y la mujer; hablaba sólo, melancólico y desolado, de la muerte del amor, de la muerte del arte, de la muerte de la esperanza.

Así llegó el día del cumpleaños de Sara, justo el día antes de que terminara el veraneo y se cerrara el hotel y volvieran todos a la ciudad, y subieron sus amigas más amigas, como mamá y la mademoiselle habían prometido, y hasta los chicos estaban mejor, con sus trajes recién planchados y su sonrisa de los domingos, y tuvo muchísimos regalos, que colocó sobre una mesa para que todos los vieran, y le habían comprado un vestido nuevo, y papá le dio una pulsera de oro con piedrecitas verdes que había sido de la abuela y que significaba que Sara empezaba ya a ser una mujer, y hubo carreras de saco,° piña- — **carreras...** sack races
tas, fuegos artificiales, y montañas de bocadillos y un pastel monumental, y hasta una tisana con mucho champán que los achispó° un poquito porque nunca antes les habían dejado — **los...** made them tipsy
beberla, y era un síntoma más de que estaban dejando a sus espaldas la niñez. Y estuvo Sara toda la tarde tan excitada y tan contenta, tan ocupada abriendo los regalos y organizando juegos y atendiendo a los amigos, que sólo al anochecer, cuando terminó la fiesta y se despidieron algunos para volver a la ciudad, se dio cuenta° de que la hija de los músicos no había — **se...** she realized
estado con ellos, y supo entonces desde el primer instante lo que había sucedido, por más que se obstinara en negarse algo que era tan evidente y le parecía sin embargo inverosímil,° lo — unlikely
supo antes de agarrar a la mademoiselle por el brazo y sacudirla con furia, «¿por qué no ha venido la niña a mi fiesta, di?», y no hacía falta ninguna especificar de qué niña estaba hablando, y la mademoiselle sonrojada, tratando de hablar con naturalidad pero sonrojada hasta el pelo y sin atreverse a mirarla, «no lo sé, Sara, te aseguro que no lo sé, me parece que el conserje no la ha dejado entrar» y, en un intento de apaciguarla, «de todos modos es mucho más pequeña que vosotros...», lo supo antes de plantarse delante del conserje y gritarle su desconcierto y escupirle su rabia, y encogerse el tipo de hombros,° y explicar que él había hecho únicamente lo — **encogerse...** the fellow shrugged his shoulders

que le habían mandado, que había instrucciones de su madre sobre quiénes debían participar en la fiesta, lo supo antes de acercarse a su madre con el corazón encogido, esforzándose por no estallar en sollozos, y la madre levantó del libro unos ojos sorprendidos e impávidos,° y dijo con voz lenta que no sabía ella que fueran tan amigas y que de todos modos debería ir aprendiendo Sara cuál era la gente que le correspondía tratar, y luego, al ver que se le llenaban los ojos de lágrimas y que estaba temblando, «no llores, no seas tonta, a lo mejor me he equivocado, pero no tiene demasiada importancia, ve a verla ahora, le llevas un pedazo de pastel, unos bombones, y todo queda olvidado». Pero en el cuarto de los músicos, donde no había estado nunca antes, la mujer la miró con una mirada dura —definitiva ahora, pensó Sara, la dureza que había ido ensayando y aprendiendo a lo largo del verano—, pero se le quebró la voz al explicar, «lo peor es que ella no entendía nada, sabes, os veía a vosotros y la merienda y los juegos, y no entendía por qué no se podía ella acercar, ha llorado mucho, sabes, antes de quedarse dormida». Pero la mujer no lloraba. Y Sara se secó las lágrimas, y no pidió perdón —ahora que sí sabía por quién y por qué, también sabía que uno no pide perdón por ciertas cosas—, y no les llevó pasteles ni bombones, ni intentó regalarles nada, arreglar nada.

Sara subió a su habitación, se arrancó a manotazos la cinta, el vestido, la pulserita de la abuela, lo echó todo revuelto encima de la cama, se puso los tejanos, se dejó suelto el pelo mal peinado encima de los hombros. Y cuando entró así en el comedor, nadie, ni la mademoiselle ni los chicos ni los padres ni el maitre, se animó a decirle nada. Y Sara se sentó en silencio, sin tocar siquiera la comida que le pusieron en el plato, muy erguida y ahora muy pálida, mirando fijo hacia la orquesta y repitiéndose que ella no olvidaría nunca nunca lo que había ocurrido, que nunca se pondría un hermoso vestido largo y escotado y un abrigo de pieles y unas joyas y dejaría que unos tipos en esmoquin le llenaran la copa y le hablaran de amor, que nunca —pensó con asombro— sería como ellos, que nunca aprendería cuál era la gente que debía tratar, porque su sitio estaba para siempre con los hombres de mirada triste que habían soñado demasiado y habían perdido la esperanza, con las mujeres duras y envejecidas y desdibujadas° que no podían apenas defender a sus crías, desde este verano terrible y complicado en que había descubierto Sara el amor y

° impassive

° faded

Esther Tusquets

luego el odio (tan próximo y tan junto y tan ligado con el amor), en este verano en que se había hecho, como anunciaban los mayores aunque por muy distintos caminos, mujer, repitiéndose esto mientras le miraba fijo fijo, y él la miraba
5 también a ella todo el tiempo, sin necesidad ninguna de bajar los ojos al teclado para interpretar, durante todo lo que duró la cena, música de Chopin.

Actividades preinterpretativas

COMPRENSION

Complete las oraciones de acuerdo con las ideas expresadas en el cuento.

1. Durante el verano, los niños y las niñas...
   a. habían jugado por separado.
   b. habían jugado a ser mayores.
   c. habían cenado cada noche en el comedor de los mayores.

2. Los padres y sus hijos...
   a. bajaban cada día a la playa.
   b. almorzaban juntos.
   c. se veían poco.

3. De pequeña, Sara había pensado que su madre era...
   a. una princesa.
   b. una payasa.
   c. una antipática.

4. Sara se presentó al pianista porque...
   a. quería aprender a tocar el piano.
   b. le parecía mal que sus padres se burlaran de los músicos.
   c. él tenía una hija de la misma edad que ella.

5. Durante sus paseos en el jardín el pianista le hablaba a Sara de...
   a. la pérdida de sus ilusiones.
   b. la enfermedad que padecía su hija.
   c. su amor por Sara.

6. La mujer del pianista le hablaba a Sara de...
   a. un trabajo que ella había conseguido.
   b. los celos que tenía de Sara.
   c. sus problemas económicos.

7. Sara celebró su cumpleaños...
   a. con la familia del pianista.
   b. en la ciudad con sus padres.
   c. con algunos de los chicos de la pandilla de verano.

8. Sara se puso furiosa porque...
   a. los chicos le habían contado chistes groseros.
   b. no se había invitado a la hija del pianista.
   c. no le habían regalado la pulsera de la abuela.

9. Aquella noche, a la hora de la cena, Sara...
   a. no bajó al comedor.
   b. se puso un vestido elegante.
   c. entró en el comedor en tejanos.

10. El pianista tocó música de Chopin porque...
    a. a Sara le gustaba.
    b. a su mujer le gustaba.
    c. a la madre de Sara le gustaba.

BUSCANDO CLAVES

Busque en el cuento frases que indiquen o sugieran las cosas siguientes.

1. idealización de personas o de situaciones
2. ilusión o fantasía
3. experimentación o rebelión
4. una jerarquía social
5. la naturaleza de las relaciones entre los hombres y las mujeres y entre los niños y los adultos
6. cambios de actitud

Actividades interpretativas

OPINIONES Y ANALISIS

Conteste a las siguientes preguntas.

1. ¿Cómo es Sara? ¿Cómo cree Ud. que sería diferente el cuento si fuera narrado en primera persona?
2. ¿Qué representa el verano para los niños? ¿Qué importancia tienen sus juegos secretos? ¿Por qué cree Ud. que le hacía ilusión a Sara, pero no a los chicos, pasar al comedor de los mayores? ¿Cómo explica Ud. la actitud de Sara respecto a los chicos?
3. ¿Cómo parece ser la relación entre los niños y los mayores? ¿Cómo cambia la relación entre Sara y su madre en el transcurso del cuento? ¿Cómo explica Ud. el cambio? ¿Qué consecuencias tiene para Sara?
4. ¿Por qué le hacen daño a Sara los comentarios que hacen sus padres sobre los músicos? ¿Por qué cree Ud. que Sara relaciona lo de «pobres tipos» con las burlas de los chicos? ¿Qué le sugiere a Ud. la descripción del ambiente de las cenas como «casi como en las películas o en los anuncios en tecnicolor»?
5. ¿Por qué se interesa tanto Sara por el pianista y su familia? ¿Cómo es su relación con el pianista, su esposa y la niña?
6. ¿Cuáles son las imágenes del matrimonio que percibe Sara a través de sus padres, el pianista y su esposa?
7. ¿Cómo contrastan las actitudes de Sara, su madre y la esposa del pianista respecto al desenlace de la fiesta de cumpleaños? ¿Cómo explica Ud. estos contrastes?
8. ¿Con quiénes decide identificarse Sara al final del cuento? ¿Cómo se manifiesta su solidaridad? ¿Qué representa esta decisión en cuanto a su desarrollo como persona?
9. ¿Qué elementos de la experiencia femenina se destacan en el cuento?

¿ESTA UD. DE ACUERDO?

Responda a las afirmaciones que siguen. Justifique sus respuestas basándose en ejemplos del cuento.

1. Los prejuicios perjudican tanto a los privilegiados como a los marginados.
2. Es imposible que personas de diferentes clases socioeconómicas mantengan una relación personal.
3. El amor que siente Sara por el pianista es sólo una forma de rebelión contra sus padres.

TEMAS PARA ESCRIBIR

1. Analice el verano como rito de iniciación para Sara. ¿Cuáles son los varios sucesos que marcan su transición de niña a mujer? ¿Cómo afectan su concepto de las demás personas y de sí misma? ¿Qué imágenes o alusiones se utilizan para apoyar la idea de la transición?
2. Analice el tema del amor en «Orquesta de verano», teniendo en cuenta las maneras en que diferentes personajes lo expresan y los resultados de las relaciones amorosas.
3. Analice los motivos y las formas de rebelión, transgresión o protesta en «Orquesta de verano».

OTRAS PERSPECTIVAS

1. ¿Cómo influyen el desarrollo de la identidad los valores sociales o familiares? ¿Piensa Ud. que el rechazo de los valores de los padres es un aspecto necesario del proceso de maduración? ¿Por qué sí o por qué no?
2. ¿Cuáles son los factores que determinan las jerarquías sociales? ¿Son lógicos? Explique.
3. ¿Cree Ud. que los jóvenes tienen menos dificultades que los mayores a la hora de relacionarse con gente de diferentes clases sociales? ¿Por qué sí o por qué no? Explique.

1. Compare y contraste las experiencias de Cristina en «En la edad del pato» con las de Sara en «Orquesta de verano».

2. Compare y contraste el conflicto generacional en dos de las obras siguientes: «Las ataduras», «A ninguna parte», «El inquisidor» y «Orquesta de verano».

3. Compare y contraste el tema de la desilusión en «A ninguna parte» y «Orquesta de verano».

4. Compare y contraste la relación entre madre e hija en «Las ataduras» y «Orquesta de verano».

5. Compare y contraste el comentario que se hace sobre la vida de la mujer en «Orquesta de verano», «En la edad del pato» y «La mujer y los libros».

El viajero perdido

José María Merino
(1941–   )

José María Merino first achieved literary recognition in the early seventies as a poet, and has since become a strong voice in contemporary Spanish fiction as well. Born in La Coruña and raised in León, Merino studied law at the University of Madrid, and has been a cultural advisor to the United Nations Educational, Scientific, and Cultural Organization. He is currently director of the Centro de las Letras, an institution in Madrid that promotes Spanish literature and awards literary prizes each year.

Merino's works depict complex imaginary worlds—frequently inspired by his childhood experiences in León and his interest in Latin America—in which reality and personal identity are always in question. Ordinary events, usually the result of chance or surprise, often assume mysterious, fantastic dimensions to create a puzzling web of changing appearances, characters, and relationships. Merino frequently intertwines dreams, fiction, and imagined experiences that continually merge or replace one another. The carefully chosen language of his prose enhances the dreamlike and nebulous atmosphere of his works.

PRINCIPAL WORKS

1972	*Sitio de Tarifa* (poetry)
1975	*Parnasillo provincial de poetas apócrifos* (poems)
1976	*Novela de Andrés Choz* (novel): Premio Novelas y Cuentos
1981	*El caldero de oro* (novel)
1982	*Cuentos del reino secreto* (stories)
1984	*Mírame Medusa y otros poemas* (poems)
1985	*La orilla oscura* (novel): Premio de la Crítica
1986	*El oro de los sueños* (novel)
1987	*La tierra del tiempo perdido* (novel)
1990	*El viajero perdido* (stories)
1991	*El centro del aire* (novel)
1992	*Las crónicas mestizas* (novel)

PREPARATION

"El viajero perdido" creates a story within a story when a writer's chance encounter with a lost traveler prompts him to begin writing a tale whose plot quickly becomes entangled with the events of his own life. As you read, notice how "El viajero perdido" highlights the creative process and the relationship between the writer and his work as a means to explore concepts of personal identity.

CONCEPTOS E IMAGENES

¿Qué conceptos e imágenes le sugieren las palabras y frases siguientes?

1. el proceso creador
2. el sueño
3. el recuerdo
4. la literatura

El viajero perdido

Muy densa, la lluvia se precipitaba en enormes goterones, restallaba° con eco agudo sobre el asfalto y lo cubría de oscilante blancor, con un reverbero plateado. El hombre apareció de improviso y se detuvo súbitamente ante él, que hizo un gesto de retroceso,° buscando inconscientemente mayor protección bajo el vano° del portal en que se había guarecido.° El hombre llevaba una maleta pequeña en la mano derecha y en la otra una bolsa de lona.° Su pelo escurría agua sobre el cuello, empapando° la bufanda y las solapas° de la gabardina, oscura de tan mojada. «Por favor» —dijo el hombre. Él, sorprendido, no contestó. El hombre le miraba con ojos muy abiertos, sobre los que relucía la frente cubierta de agua que rebasaba° las cejas en dos pequeños regueros.° «Por favor» —repitió. El agua goteaba también desde el extremo de las mangas sobre los bultos° que sus manos sostenían. «Qué desea» —repuso. «Estoy perdido» —murmuró el hombre y él advirtió que jadeaba, como si hubiese estado corriendo. «Estoy perdido. Tengo que ir a la estación del norte. Debo coger un tren a las doce.» «Está lejos» —repuso él— «debería ir en taxi». «No los hay» —exclamó el otro— «llevo una hora buscando un taxi, pero no lo encuentro». «Ahí hay un metro» —dijo entonces él. «Dónde.» Él señaló hacia el final de la calle, invisible por el espesor° plomizo° del aguacero.° «Ahí abajo, en esta misma acera.» Los ojos del hombre no habían perdido su expresión despavorida.° «Estoy de paso» —musitó. «Esa estación tiene muchas escaleras» —explicó él— «dese prisa. Tardará casi media hora». El hombre, tras un balbuceo° de agradecimiento, se alejó bajo la lluvia.

Cuando volvió a casa con el periódico y la compra, el recuerdo del viajero perdido permanecía en su memoria, con el mismo rostro crispado,° los ojos temerosos y aquellos titubeos en el modo de pronunciar las palabras. Y mientras concluía los trabajos de la mañana —redactar° algunos fragmentos más del artículo sobre los diez años de narrativa y meter en el ordenador° casi la mitad de la entrevista con el académico mexicano— y luego, durante el almuerzo —comió en casa, pues continuaba lloviendo con ímpetu— y por la tarde, durante la reunión del consejo de la revista, el encuentro del mediodía no se esfumaba de su imaginación.

José María Merino

Regresó a eso de las ocho y media. Berta no estaba y le telefoneó al poco rato para decir que se retrasaría. Él se sirvió un trago y se recostó en el sofá, contemplando la pantalla apagada del televisor. Persistía en su mente aquel rostro despavorido sobre una figura empapada y tal insistencia iba adquiriendo la brumosa° consistencia de los elementos novelescos. Se levantó para recoger el cuaderno de apuntes y un bolígrafo, y redactó unas notas. Un hombre deambula por una ciudad desconocida. Un hombre atemorizado vaga por una ciudad que no conoce.

A las diez menos cuarto, Berta llamó otra vez. «Saldré dentro de un rato» —dijo. Él se sirvió otro trago y se fue al escritorio. Conectó el ordenador, puso el disco de las ficciones y comenzó a escribir. Al fin, después de tanto tiempo, tenía una idea. Se encontraba enardecido,° casi dichoso, con la cabeza clara. Un hombre recorre una ciudad al atardecer. Viajero habitual, proviene de un lugar lejano y es del todo extraño a estas calles donde el viento arremolina billetes viejos de lotería, hojas y colillas.° En sus ojos hay tal expresión de fijeza desolada, que los transeúntes° con los que se cruza le observan con sorpresa y hasta los vendedores ambulantes y los mendigos le miran con recelo,° sin decidirse a interpelarle.° El hombre no pasea: vaga, con las manos en los bolsillos, el cuerpo algo encorvado y un andar de largas y lentas pisadas. Se detiene a veces ante los escaparates, pero no contempla los objetos ofrecidos sino la superficie del cristal, buscando un ángulo que le permita descubrir su propio reflejo, como para reconocerse.

Después de trabajar casi una hora, imprimió° lo redactado y regresó a la sala con el vaso vacío. Se sentía muy bien, pues estaba escribiendo otra vez. Conectó el televisor, pero lo contemplaba sin atención y, a través de las imágenes movedizas, seguía representándose la angustia de aquel viajero, que ya no era el de su encuentro de la mañana, sino el de su relato recién comenzado. «Está cogido» —murmuró. «Está aterrorizado.» «Como si le fuese a suceder algo terrible.»

Berta llegó pasadas las once y media, mientras él bebía el cuarto vaso. Berta tenía en el rostro una mueca de hastío° y ademán de cansancio en todo su cuerpo. «¿No me das un beso?» —preguntó él, abrazándola. «¿Has bebido?» —repuso ella. «Estoy escribiendo un relato.» Le miró como si no le hubiese oído y se alejó hacia el dormitorio. Apareció en seguida sin abrigo, bajándose la falda, y entró en el cuarto de baño. La oyó orinar con fuerza y lanzar un gran suspiro. «¿No me has oído?» —repitió él— «estoy escribiendo un relato». Ella salió del cuarto de baño sin la falda, regresó al dormitorio y continuó desnudándose. «¿Has cenado?» «No.» «Yo tampoco. No hemos parado hasta ahora mismo. ¿Hay algo?» Él se encogió de hombros. Se sentía contento. «Algo habrá.»

Volvió a decírselo al día siguiente, también a la hora final de la jornada, cuando ambos estaban juntos en casa. Berta, que repasaba su agenda, se quedó mirándole. «¿Un cuento?» «Te lo dije ayer. No me oíste.» «Estaba molida.° No sé si podré aguantar la dichosa reorganización.» Encendió un cigarrillo y continuó hablándole, interesada. «¿De modo que estás escribiendo?» «Sí, aunque tengo mucho trabajo. Ayer encontré un tipo pingando° agua y tuve una idea.» «¿De qué se trata?» Fue entonces a buscar lo que llevaba escrito. «Sólo está apuntada la idea» —dijo— «un hombre recorre una ciudad lejana, en la que se encuentra perdido, asustado, como si le persiguiesen.» Leyó el breve texto. Cuando hubo concluido, la miró. Ella continuaba con los ojos fijos en él, en actitud absorta. «¿Qué te parece?» Berta no contestó.

«Acaso no haya perseguidor ajeno y su angustia provenga solamente de sí mismo, de sus propios fantasmas» —añadió él. «El hombre, que tal vez haya vivido una tragedia personal, puede ser alguien obligado por su trabajo a viajar mucho. Cambia habitualmente de ciudad, de clima, de ambiente callejero. Con los años, la rapidez y continuidad de los cambios y la persistencia de un mal recuerdo, van haciendo surgir en su ánimo una extraña ansiedad. Acaso teme que un día, en alguna de esas ciudades ajenas, no sepa regresar al hotel e incluso se olvide de quién es. Acaso teme ser dominado por esos ámbitos en que suele moverse, siempre para él extraños y hasta hoscos,° y sin embargo tan certeros, en su hostilidad, para reflejar la pena sañuda° que le habita.»

«¿Cómo va a continuar?» —preguntó ella. «No lo sé aún» —repuso—. «Voy a seguir pensando, con calma. Le tengo ahí, andando de un lado para otro, dando vueltas° y vueltas, como en un laberinto, y es una imagen que, en lugar de inquietarme, me tranquiliza. Como si en esa ansiedad suya, cuyas causas yo no conozco todavía, se descargasen todas mis desazones.° Hace meses que no me encuentro tan bien. Pero continuaré.» Ella afirmó con la cabeza: «Sí, tienes que continuar. No debes ser tan cruel.» «¿Tan cruel?» —repuso. «Con tu personaje.» Él se quedó desconcertado. «Quién sabe si no le espera algo peor»

worn out

dripping

gloomy

angry

dando... going around in circles

se... all of my anxieties were relieved

José María Merino

—dijo luego y ambos se echaron a reír. Pero a finales de marzo le encargaron el reportaje sobre el encuentro de críticos y luego se juntaron varias cosas más, de modo que abandonó la elaboración del relato. Sin embargo, ella no lo olvidó y a veces le preguntaba por el desarrollo de la historia. Sus preguntas le producían cierta turbación. «No he tenido tiempo, no he podido seguir» —contestaba, y ella movía los párpados con el breve guiño que le suscitaban los asuntos extraños o pendientes y, luego, su gesto se resolvía en una sonrisa que no lograba convertir del todo su reproche en ironía: «¿Y le tienes por ahí, dando vueltas y vueltas?»

Una noche, despertó horrorizado por un grito de ella. Tanteó torpemente, hasta conectar la luz de la mesita. Desde la cama contigua, Berta le miraba con tal mueca de miedo, que él se sintió arrollado también por una ola de congoja. Retiró las ropas del embozo° y se echó a su lado, abrazándola. «Pero qué te ha pasado, qué tienes.» La frente de Berta estaba sudorosa y los ojos rebosaban lágrimas densas como moco.° Hablaba con voz convulsa, entre suspiros: «Me miraba. Había alguien aquí que me miraba. Era un hombre. Su rostro estaba muy cerca. Un hombre me estaba mirando con un gesto atroz». Desde entonces, el grito aterrorizado de Berta le despertó varias noches más. Siempre decía que había visto, muy cerca de la suya, la cara de un hombre con los ojos encendidos de miedo. Un hombre en una calle gris, de casas bajas y feas, en una ciudad polvorienta.

Una de aquellas noches le increpó° con tono acusador: «Es el hombre de tu cuento» —exclamó—. «Es ese mismo viajero perdido, lleno de terror.» Él no supo qué contestar. «Tienes que sacarle de ahí.» Apagó la luz y sintió gran desasosiego.° Berta no dormía. «Tienes que sacarle de ahí» —repitió. Él alzó el cuerpo, habló en dirección a ella y, aunque la sabía tan cercana, percibió dentro de sí un pavor confuso ante lo oscuro. «Sí, le sacaré de ahí. Duerme ya.» Pero ella no se apaciguaba. «Tienes que sacarle de ahí.» «Tranquilízate. Te prometo que lo haré.» «Cómo.» Entonces, la idea le llegó de modo a la vez súbito y pausado, como si aflorase° desde un lugar profundo y siempre hubiera estado dentro de él: «Habrá un encuentro. Encontrará a alguien y saldrá del laberinto». No lo escribió: por las mañanas estaba demasiado ocupado en sus trabajos y no tenía tiempo de meterse con el relato; además, había llegado un tiempo primaveral y solía emplear la tarde en tertulias

ropas... bedcovers

mucus

le... she reproached him

restlessness

he were emerging

y callejeos.° Pero desde que le dijo que el viajero del relato saldría de su angustia gracias a un encuentro, Berta no volvió a tener la pesadilla de aquel rostro que la miraba.

En la segunda semana de mayo, Berta tuvo que hacer un viaje, para negociar personalmente un presupuesto.° Estaba cada vez más harta de la compañía y de las reyertas° por el dominio del departamento. Además, creía que aquellas pugnas° la perjudicaban principalmente a ella, pues el resto de los posibles directores eran todos varones y la única cosa que parecían aceptar de modo unánime, ante la necesidad de hacer algunos ajustes con motivo de la nueva organización, era que las competencias° de ella no se incrementasen.

Berta tenía el propósito de que su viaje, incómodo por el destino —el otro lado del estrecho,° lo que le obligaba a transbordos y esperas—, durase lo menos posible; así, había previsto salir el jueves por la mañana y regresar la misma tarde del viernes. Ella se fue muy pronto y aquella noche él lamentó dolorosamente su ausencia. Tras un matrimonio desbaratado° y algunas aventuras sin fortuna, esta relación, pese a los problemas que a Berta la tenían tan nerviosa en los últimos meses, le había hecho encontrar un equilibrio que antes ignoraba, regularizando su modo de vida. Bebía mucho menos, fumaba solamente tabaco, estaba al día en sus lecturas, cumplía todos los encargos y hasta había perdido aquel furor de otros tiempos, la amargura que le inundaba cuando sentía pasar los días y los meses sin que fuese capaz de ordenar por escrito una ficción. La cama de ella, sin deshacer, le inquietaba de tal modo que acabó acostándose en el sofá de la sala, como si fuese un invitado que se había quedado a dormir aquella noche.

Berta le llamó al día siguiente, a primera hora de la tarde, cuando él estaba a punto de salir. Al parecer, había en Melilla[1] un viento muy fuerte y era probable que se cancelasen los vuelos de la tarde. Su voz sonaba cansada. No podía regresar aún. «¿Qué vas a hacer?» —preguntó, disimulando° la agitación repentina que la noticia había despertado en él. «No lo sé. Hay un barco que sale a las once de la noche.» «¿Un barco?» «Va a Málaga y allí hay que tomar el avión. Pero la travesía° dura toda la noche y dicen que el mar estará también muy picado.°» El silencio les separó como si se hubiese producido una interrupción del aparato. «Berta, Berta» —exclamó él ávidamente.

---

[1] **Melilla** A seaport on the northeast coast of Morocco that has belonged to Spain since 1497.

«Estoy aquí.» «¿Y mañana?» «Hay varios vuelos, pero acaso continúe el viento y no puedan salir.» «Tú no te preocupes» —dijo ella al fin— «yo estoy perfectamente. Leeré un par de novelas policiacas». «Llámame con lo que sea» —repuso él y ella se despidió, asegurando que lo haría.

Por la tarde no salió de casa. Se le presentó, acuciante,° la — intense
necesidad de continuar aquel relato comenzado tantos meses antes. Descubrió que el personaje de su historia estaba atrapado en una ciudad aislada, al otro lado del mar. El viento era cada vez más fuerte, el avión no podía despegar° y se iban can- — take off
celando los sucesivos vuelos. Entre el viento lleno de polvo y
arena que hacía volar pedazos de periódico y girones° de plás- — whirlwinds
tico, el viajero estaba sumido en una profunda confusión y se esforzaba en no perder la conciencia. Había subido al barrio viejo, pero aquellas casas vacías o en ruina acrecentaron su malestar y regresó una vez más al aeropuerto.

Sentada en una de las sillas de espera, con un pequeño maletín oscuro colocado cuidadosamente a sus pies y un bolso de mano en el asiento contiguo, estaba la mujer que había
visto anteriormente en la cola° de los pasajeros. El viajero se — line
acercó al grupo de personas que escuchaban ante el mostrador las razones del empleado. Éste aludía a una llamada de la península que tendría lugar en poco tiempo, para autorizar el vuelo de la última hora, aunque era evidente que no esperaba que las noticias fuesen favorables.

Titubeó unos instantes, tras el impulso de regresar al exterior, donde los arbustos° que rodeaban las cristaleras se com- — bushes
baban° bajo el soplo del viento. Por fin se acercó a las sillas, se — bent
sentó en el asiento vacío más cercano a la mujer y permaneció inmóvil, contemplando el perfil de ella, que estaba también quieta, con ambas manos posadas sobre un libro cerrado. Tenía las piernas juntas y una actitud un poco forzada, señal acaso de impaciencia. La miraba tan fijamente que, apercibida de su atención, la mujer volvió el rostro. Pero cuando sus ojos le descubrieron, hubo en ella un sobresalto evidente, como si algo en las facciones del viajero le hubiese sorprendido hasta el susto. La alteración fue tan grande que se alzó súbitamente y el libro cayó al suelo. El hombre disimuló su propio desconcierto inclinándose para recogerlo, pero ella fue más rápida.
En la actitud de la mujer había un gesto de desagrado, como
si se hubiera sentido agredida.° El hombre se puso también — attacked
de pie y, con un enorme esfuerzo por serenarse, le habló. Y

aunque sus palabras aludían al temporal° que a todos les tenía detenidos, intentaba, empleando un tono especialmente respetuoso, excusarse por aquel sobresalto que su presencia había provocado en ella y también iniciar un diálogo que, por nimio° que fuera el asunto, le distrajera durante un tiempo de su angustioso deambular.

storm

trivial

Estuvo escribiendo hasta muy tarde, esperando la llamada de Berta, que no se produjo. Se esforzaba por no preocuparse, atribuyendo la falta de noticias a incidentes sin importancia. Por fin se acostó —otra vez en el sofá— y permaneció mucho tiempo insomne. Cuando quedó dormido, soñó que estaba de nuevo resguardado del chaparrón bajo la marquesina de un portal y que el mismo transeúnte empapado de agua y portador de dos bultos se había acercado a él y repetía sus preguntas de aquella mañana. Mas, cuando estaba a punto de contestar —recuperando en el sueño la escena no como un recuerdo, sino llena de intensidad, tan verdaderos eran el ruido y el fulgor° metálico de la lluvia, y la sensación de humedad— apareció Berta. Él intentó hablarla, pero ella ni siquiera le miró: se dirigía, solícita, al viajero; le hacía cobijarse° ante el portal y, sacando de su bolso un paño blanquísimo, le enjugaba el rostro, el cuello, las manos, con meticulosidad y evidente ternura. Descubrió en los ojos y en el gesto de Berta una disposición amorosa insólita, de la que él nunca se había sentido objeto. Sintió que la tristeza inmovilizaba su cuerpo e intuyó que se quedaría para siempre quieto y solo en aquel portal, ante la lluvia.

brilliance

take shelter

Despertó al amanecer y se dispuso en seguida a continuar escribiendo el relato. El viajero perdido encuentra en el aeropuerto una pasajera, obligada también a esperar que cese el viento. Unas frases iniciales sobre la peripecia° que les afecta van enhebrando° un largo diálogo. Al cabo de un tiempo, reciben la noticia de que se ha cancelado el último vuelo de la jornada.° Juntos, los dos viajeros dejan el aeropuerto y recorren la ciudad, distraídos en su charla. Aquella ciudad lejana y ajena, y todas las circunstancias de su peculiar naufragio, facilitan en ambos una sinceridad que se va incrementando a lo largo de las horas. Al principio, el viajero habla de su trabajo, recuerda los tiempos primeros, en que lo continuo de los viajes tenía gusto de aventura, cuando llegaba a cada ciudad con el ánimo dispuesto para descifrar algunos de sus secretos. Ella le cuenta también los momentos inaugurales de su propio trabajo, cuando vivía cada proyecto como el desarrollo de una

unexpected circumstances
van... develop into

day

historia que estaba siempre encaminada° a cumplirse felizmente. — directed
Luego, él le relata todos los extremos de su progresivo miedo,
cómo al correr de los años y de los viajes ha ido sospechando
que un día olvidará su nombre, se perderá sin remedio entre las
callejuelas de una ciudad como ésta, entre las tiendecillas que
ofrecen quimonos, grabadoras y relojes de cuarzo. Ella le
cuenta entonces su lucha en la empresa° a lo largo del último — company
año, el cansancio creciente ante las conspiraciones.

   Desecharon° ambos el viaje en el barco que debería salir a — They ruled out
las once. Confiaban en que el viento cediese por la noche y el
avión regularizase su comunicación con la península a la
mañana siguiente. Cenaron juntos y luego se sentaron en uno
de los cafés cercanos a la plaza y permanecieron allí hasta la
hora del cierre. El viento había amainado.° Ante la gran plaza — died down
circular, construida para escenario de los desfiles° y las pom- — parades
pas militares, el parque alzaba fantasmalmente sus palmeras y
sus muros, extendía sus paseos blanquecinos y desiertos que
sólo ellos recorrían. Hablaron y pasearon durante otra hora, y
regresaron al hotel donde ambos se albergaban. El soñoliento
recepcionista les entregó las llaves. Habían bebido y estaban
los dos locuaces,° pero despejados.° Entonces ella recordó que — talkative / wide awake
tenía en su habitación un par de botellas de whisky, adquiridas
en la mañana como posibles regalos para el viaje de vuelta, y le
invitó a tomar una copa. Así, bebiendo y charlando, llegaron al
alba. Iba clareando cada vez más en la parte del mar cuando
ella le contó sus sucesivas decepciones amorosas, le habló de
su actual compañero, con quien la unía principalmente un
sentimiento amistoso y el esfuerzo de evitar la soledad. «Pero
estoy muy sola» —confesó. Entonces él acercó su rostro y le
relató la pérdida de su mujer, en un accidente, bajo la lluvia
del invierno. «Ese recuerdo no me deja vivir» —murmuró.
«No consigo olvidarla, no puedo olvidar aquello» —gimió—
«lo llevo siempre dentro, como un demonio que no tiene
piedad». Como una bestia que roía° su imaginación abriendo — gnawed at
continuos desgarrones.° Se separaron tras el desayuno, para — tears, wounds
descansar un par de horas antes de ir al aeropuerto. Sin
embargo, con la mañana, el viento había recuperado su vigor y
soplaba sobre la ciudad, velando entre remolinos de polvo el
perfil animal de los montes agazapados° a los lejos. — hidden

   A mediodía, Berta seguía sin telefonear. El relato había
avanzado mucho, pero al releerlo se suscitó en él extrañeza y
hasta aversión por lo escrito, y supo certeramente que aquello

no podía continuar: no estaba conforme con el desarrollo de la historia, que le parecía fruto de una lógica demasiado convencional. Decidió que el misterio del viajero perdido no podía al fin resolverse en un encuentro fortuito° y en una larga conversación con una mujer, por muy atractiva que ésta pudiera ser, e intentó reelaborarlo todo a partir del momento en que el viajero comienza a hablar con la pasajera en el vestíbulo del aeropuerto, intentando sustituir la relación entre ambos —tras aquel sobresalto de ella al descubrir el rostro del hombre— por un suceso de significación totalmente opuesta. En lugar de entablar conversación con el viajero, la mujer se pondría en pie, recogería su equipaje y se marcharía apresuradamente. Así, la aproximación entre ambos nunca podría ocurrir; la creciente intimidad del actual relato se trocaría° en alejamiento y apenas unas frases muy breves enlazarían intermitentemente a los dos personajes a lo largo de° una noche en que ella huiría mientras él pretendería° alcanzarla, sin conseguirlo nunca totalmente.

Mas el relato no se acomodaba al nuevo rumbo que había decidido marcarle. Cambió varias veces el texto, y a pesar de su repugnancia por el planteamiento inicial, sucesivas lecturas de la nueva redacción le obligaron a asumir que el encuentro, con la posterior intimidad de los viajeros, no resultaba menos dramático y novelesco que su desencuentro. Por otra parte, en el dilatado diálogo podían introducirse elementos que le diesen a todo una dimensión azarosa,° pues se le ocurrió que acaso el viajero empezaba a sospechar, tras los ademanes y rasgos de la pasajera desconocida, algún enigma que pudiera concernirle.

Era la media tarde del sábado y estaba lleno de despecho.° «Es un relato muy malo» —pensó, sabiéndose avasallado° por aquella historia que buscaba desarrollarse sin coincidir plenamente con su voluntad. Sólo había comido algo de fruta y unas galletas y se encontraba torpe y adormilado, pero se aferraba° al relato como a un conjuro° cuyo abandono pudiese acarrearle° toda clase de penas e infortunios. Se encontraba muy solo, en una tarde llena de malos presagios° que se alargaba con irreal lentitud, y el relato, aunque rebelde a algunos de sus designios, era al menos un testimonio de realidad y de coherencia.

Los dos viajeros se quedaron un día más en la ciudad. Su continua comunicación les había hecho cercanos y sentían con gusto la mutua compañía. El viento no cesaba y los vuelos seguían suspendidos, de modo que, aquella misma noche, tomaron un camarote° en el barco. El viajero iba descubriendo en la mujer, con desasosiego a la vez placentero y temeroso, las señales de una terrible familiaridad. Permanecieron en la gran sala donde algunas gentes bailaban, bajo reflejos fluorescentes. Apenas había transcurrido una hora cuando el baile se hizo muy difícil, a causa de los bamboleos° del navío entre el temporal. La caída de un bailarín sobre una mesita, con estrépito° de vasos rotos y chillidos histéricos, marcó el final de la velada° y la gente se retiró.

Las luces eran muy débiles y el camarote presentaba las trazas° de alguna cripta antigua que hubiese sido recientemente descubierta por la suerte y la habilidad de los arqueólogos. Ella se sentó en una de las literas° y se quitó los zapatos con un gesto en que el viajero encontró la clave definitiva de su inquietud. Ella tenía la cabeza inclinada y los cabellos le tapaban el rostro, pero el viajero sabía ya que se trataba de una presencia que sólo algún viejo engaño y la persistencia de un incomprensible desvarío° —si no se trataba de un sueño inmediatamente anterior del que ahora salía descubriendo su mentiroso tejido— le habían hecho creer desaparecida. Y cuando la mujer le miró, su esperanza se convirtió en júbilo al recuperar con toda certeza los rasgos vivos de su rostro.

Aquel quiebro de la trama° —un inesperado restallido en la imaginación— interrumpió definitivamente sus esfuerzos. Estupefacto, releyó el último fragmento: sin que él pudiese comprender las razones, el viajero perdido resultaba hallarse en plena irrupción en unos ámbitos nunca sospechados ni previstos por el narrador. Era ya madrugada y sacudía la oscuridad de las calles el frenesí intermitente de los conductores del sábado. No quiso continuar escribiendo y se fue a la sala, donde permaneció de pie durante mucho tiempo, embebido° en el desconcierto ante el desarrollo de su relato, que no parecía conducir sino a la confusión y a la locura. El progresivo desánimo le llevó por fin a la consideración implacable de la propia soledad.

Tardó en dormirse y a las nueve de la mañana el teléfono le sacó bruscamente du su sueño. Era Berta, que había llegado en barco a la península. En su voz había la ronquera° del insomnio y un vago malestar. «¿Estás bien?» —preguntó él con inquietud. «Muy bien» —repuso ella, pero su entonación era esquiva.° «Cuándo vienes?» Entonces ella le dijo que iba a tomar el avión a mediodía. «Tengo muchas cosas que hablar contigo» —añadió al fin, y en el tono de sus palabras le pare-

ció a él encontrar una amenaza° singularmente insidiosa. No   threat
supo responder sino que estaría esperando en el aeropuerto. Se
sentía muy nervioso y se fue a la calle. El domingo se mani-
festaba en la soledad y en el silencio. Comenzó a vagar, ajeno
5 al esplendor del sol, dejándose llevar por el mero azar de sus
pisadas. No quería pensar en Berta, preso° de una sombría   prisoner
premonición que reproducía los sentimientos de aquel sueño
del día anterior, cuando la había visto destinar a un desconocido tanta ternura; tampoco quería pensar en el relato que
10 esperaba en su escritorio cumplir su desenlace.° Sin embargo,   outcome
no conseguía olvidar ninguno de ambos asuntos y continuaba
su paseo de largas zancadas,° con los ojos demasiado abiertos,   strides
produciendo extrañeza y hasta aprensión en los escasos tran-
seúntes que se cruzaban con él.
15 Se había alejado mucho en su caminata cuando fue consciente de que era ya hora de acercarse al aeropuerto, mas un
impulso de inescrutables resonancias le obligó a regresar a casa.
Encendió el ordenador, introdujo el disco de ficciones, buscó
en el sumario el relato que estaba escribiendo desde hacía tan-
20 tos meses y dio las órdenes precisas para hacerlo desaparecer. Y
cuando el relato quedó borrado, suspiró. Una vez más había
sido incapaz de terminar una historia y acaso también esta vez
el recuerdo del planteamiento° no resuelto se iría pudriendo en   attempt
su obsesión, impidiéndole durante mucho tiempo ordenar los
25 elementos de otra. Pero faltaba ya muy poco para la llegada del
avión y salió de casa con apresuramiento.

Actividades preinterpretativas

COMPRENSION

Diga si las siguientes oraciones son verdaderas o falsas.

1. El personaje principal, «él», le conoció al viajero en un viaje de negocios.
2. El recuerdo del viajero le inspiró a «él» a escribir un relato.
3. Después de pensar en el argumento del relato que quería escribir, «él» lo redactó fácilmente.
4. Berta no quería que terminara el relato.
5. El viajero ficticio apareció en los sueños de Berta y de «él».
6. Berta no pudo volver de su viaje por varios días a causa del tiempo.
7. «Él» terminó de escribir el relato justo antes de llegar Berta.

José María Merino

BUSCANDO CLAVES

Busque en el cuento frases que indiquen o sugieran las cosas siguientes.

1. ambigüedad
2. interdependencia
3. casualidad (*coincidence*)
4. frustración
5. compasión
6. triángulos
7. metamórfosis

Actividades interpretativas

OPINIONES Y ANALISIS

Conteste a las siguientes preguntas.

1. ¿Cómo es el ambiente que se establece en la primera escena del cuento? ¿Qué tipo de lenguaje se usa para crear ese ambiente? Explique.
2. ¿Qué le sugiere a Ud. la transformación del viajero en recuerdo y después en personaje ficticio? ¿Cuáles son algunos cambios que acompañan estas transformaciones? ¿Qué representa el viajero perdido?
3. ¿Cúal es el enlace entre «él» y los personajes que crea? ¿Qué representa la creación literaria para «él»? Justifique su respuesta.
4. ¿Cómo es Berta? ¿Cómo es la relación entre Berta y «él»? ¿Cómo explica Ud. la preocupación de Berta por el protagonista del relato de «él» y la presencia del viajero en sus sueños? ¿Por qué deja de soñar Berta después de que su compañero promete sacar de su laberinto al viajero?
5. En su opinión, ¿por qué es Berta el único personaje a quien se le da nombre? ¿Por qué cree Ud. que se le conoce al compañero de Berta sólo como «él»?
6. ¿Cómo explica Ud. el asombro de «él» ante las cosas que le pasan al hombre de su relato? ¿Qué le sugieren las semejanzas y la confusión entre lo que pasa en el cuento y lo que pasa en la vida de Berta y «él»?
7. ¿Cómo le afecta a «él» su sueño? ¿Por qué? ¿Cómo contrastan el sueño y el relato?

8. ¿Qué sugieren las distintas versiones del relato? En su opinión, ¿por qué decide «él» revisar el relato, y por qué lo destruye luego? ¿Qué relación puede haber entre el narrador de «El viajero perdido» y «él»?

9. ¿Qué problemas o preguntas esenciales sugiere este cuento?

IDENTIFICACION Y COMENTARIO DE CITAS

Identifique el contexto de las siguientes citas y la manera en que apoyan los temas y las ideas principales del cuento.

1. «Persistía en su mente aquel rostro despavorido sobre una figura empapada y tal insistencia iba adquiriendo la brumosa consistencia de los elementos novelescos.»

2. «El hombre no pasea: vaga, con las manos en los bolsillos, el cuerpo algo encorvado y un andar de largas y lentas pisadas. Se detiene a veces ante los escaparates, pero no contempla los objetos ofrecidos sino la superficie del cristal, buscando un ángulo que le permita descubrir su propio reflejo, como para reconocerse.»

3. «Se encontraba muy solo, en una tarde llena de malos presagios que se alargaba con irreal lentitud, y el relato, aunque rebelde a algunos de sus designios, era al menos un testimonio de realidad y de coherencia.»

Actividades de síntesis

TEMAS PARA ESCRIBIR

1. Analice el proceso de la creación literaria y la relación entre la literatura y la vida en «El viajero perdido». Considere, entre otras cosas, las fuentes de la ficción, la relación entre el escritor y su obra, la intrusión de la ficción en la realidad y los paralelos entre el proceso creador y la vida.

2. Analice el tema del viaje en «El viajero perdido», considerando los posibles motivos de los viajes que se realizan en el cuento y sus consecuencias.

3. Analice el tema de la identidad en «El viajero perdido». Considere la naturaleza de la identidad personal y las posibilidades de perder y de recuperar la identidad.

4. Analice cómo se usa el lenguaje en «El viajero perdido» para construir imágenes que apoyan las ideas principales del cuento.

OTRAS PERSPECTIVAS

1. Describe su propio proceso creador. ¿Le resulta fácil o difícil crear obras originales? ¿Qué cosas le influyen a la hora de ponerse a trabajar? ¿Cómo se pone Ud. a trabajar?

2. ¿Cómo se distinguen los sueños y la fantasía? ¿Son muy diferentes las cosas que nos imaginamos despiertos y las que soñamos? ¿Cuáles son aspectos positivos y negativos de los sueños y de la fantasía? Explique.

3. ¿Cómo se imagina Ud. el encuentro que han de tener Berta y «él» en el aeropuerto? Justifique su respuesta.

1. Compare y contraste el tema de la identidad en «Fábula» y «El viajero perdido».

2. Compare y contraste el significado de la confusión entre el sueño y la vigilia en «El viajero perdido» y «Quince de agosto».

3. Compare y contraste el tema del viaje en dos de las obras siguientes: «A ninguna parte», «Quince de agosto», «La despedida» y «El viajero perdido».

Como la vida misma

Rosa Montero
(1951–   )

Rosa Montero, a native of Madrid, launched her writing career as a journalist. In the late seventies and early eighties she was one of Spain's foremost chroniclers of *la transición*, publishing interviews and articles that addressed contemporary issues with a candor that had not been possible under Franco. She has long been associated with one of Spain's most influential newspapers, *El País*, where she was the first woman to serve as editor of the Sunday magazine. Montero's first novel was published in 1979; she has also written screenplays for television and worked in theater. Two of her novels have been translated into English, and she has taught and lectured at universities in the United States and Europe.

Like her journalism, Montero's creative works address social issues such as relations between the sexes, family life, sexuality, the workplace, and the abuse of power, particularly in terms of how these issues relate to the lives of Spanish women. Her novels mingle varied approaches to fiction, ranging from a journalistic emphasis on detail and clear communication of a message to a stylized focus on aesthetics, rather than content, and on the process of writing itself. The vivid, believable characters who populate Montero's works lend credence and a universal quality to scenarios that merge fantasy and reality, ambiguity and certainty.

PRINCIPAL WORKS

1976	*España para ti siempre*	(interviews)
1979	*Crónica del desamor*	(novel)
1981	*La función Delta*	(novel)
1982	*Cinco años de país*	(interviews)
1983	*Te trataré como a una reina*	(novel)
1987	*Amado amo*	(novel)
1990	*Temblor*	(novel)
1991	*El nido de los sueños*	(novel)
1993	*Bella y oscura*	(novel)

PREPARATION

"Como la vida misma," published as part of a weekly series Montero wrote for the Sunday supplement of *El País* in the early eighties, illustrates Montero's ability to capture vignettes from daily life, reveal their moral significance, and involve the reader. As you read, consider what factors might have led Montero to choose the traffic jam as a means to probe attitudes, motives, and values that characterize human relations in modern society.

CONCEPTOS E IMAGENES

¿Qué conceptos e imágenes le sugieren las palabras y frases siguientes?

1. la vida urbana
2. el vecino
3. el coche
4. la agresividad
5. la responsabilidad social

Como la vida misma

Las nueve menos cuarto de la mañana. Semáforo en rojo, un rojo inconfundible.° Las nueve menos trece, hoy no llego. Atasco. Doscientos mil coches apretujados° junto al tuyo. Tienes la mandíbula° tan encajada° de tensión que entre los dientes permanece aún, apresado,° el sabor del café matinal. Escudriñas al vecino. Está intolerablemente cerca. La única vía de la calle se convierte a estas horas en vía doble. La chapa° del contrario casi roza la tuya, qué impudicia.° Verde. Avanza, imbécil. Tira,° tira. ¿Qué hacen? No arrancan.° No se mueven, los cretinos. Están de paseo, con la inmensa urgencia que tú tienes. Doscientos mil coches que han salido a pasear a la misma hora con el único fin de fastidiarte. ¡Rojjjjjjjjjjo! (bramido soterrado°). ¡Rojo de nuevo! No es posible. Las nueve menos diez. Hoy desde luego que no llego-o-o-o (gemido desolado). El vecino te atisba° con mirar esquinado° y rencoroso, como si tú tuvieras la culpa de no haber sobrepasado el semáforo (cuando es obvio que los culpables son las canallas° de delante). Te embarga° un presentimiento de desastre, una premonición de catástrofe y derrota. Hoy no llego. Por el retrovisor° ves cómo se acerca un chico en un vespino,° zigzagueando entre los coches. Su facilidad te indigna, su libertad te subleva.° Mueves el coche unos centímetros, arrimándolo una pizca° al del vecino, y compruebas° con alivio que el transgresor se encuentra bloqueado, que has detenido su insultante avance: te jorobaste,° listo, paladeas.° Alguien pita° por detrás. Te sobresaltas, casi arrancas. De pronto adviertes que el semáforo sigue aún en rojo. ¿Qué quieres, que salga con el paso cerrado, imbécil? (en voz alta y quebrada por la rabia). Pip, piiiiiiip. Dale al pito, así te electrocutes (ya gritando). Te vuelves en el asiento, te encaras con° la fila de atrás, ves a los conductores a través de la capa de contaminación y polvo que cubre los cristales de tu coche. Gesticulas desaforadamente.° Los de atrás contestan con más gestos. El atasco se convierte en un santiamén° en un concurso mímico. Doscientos mil conductores solitarios encerrados en doscientos mil vehículos, todos ellos insultando gestualmente a los vecinos: frenéticos manotazos al aire, ojos desorbitados, codos° volanderos, dedos engarabitados,° escurrir de habas rabiosas° por las comisuras° de la boca, dolor de nuca° por mirar hacia atrás

Rosa Montero

con ansias asesinas. En éstas, la luz se pone verde y los de atrás del todo, a partir del coche doscientos mil uno, organizan un estrépito° verdaderamente portentoso.° Ante tal algarabia° reaccionas, recuperas el volante, al fin arrancas. Las nueve menos cinco. Vas codo con codo, aleta° con aleta con un utilitario cochambroso.° Unos metros más allá la calle se estrecha, sólo cabrá un coche. Te miras con el vecino con el ánimo traspasado de odio y desconfianza. Aceleras. Él también. Comprendes repentinamente que conseguir la prioridad en el estrechamiento se ha convertido en el objetivo principal de tu existencia: nunca has deseado nada con tal ímpetu y tal ansia. Avanzas unos centímetros de morro. Te sientes rozar la plenitud.° Entonces, el utilitario hace un quiebro grácil° de cadera, se sube al bordillo, te adelanta, entra victorioso en la estrechez.

Corre, corre, mascullas con la línea de los labios fríos, fingiendo gran desprecio: ¿adónde vas, *chalao*?° tanta prisa para adelantarme sólo un metro... Pero la derrota escuece,° inquieta. La calle adquiere ahora una fluidez momentánea, puedes meter segunda, puedes meter tercera, te embriaga el vértigo de la velocidad. A lo lejos ves una figura negra, una anciana que cruza la calle con tembloroso paso. Pero tú estás intoxicado de celeridad,° no puedes remediarlo, sientes el relumbrar de los tantanes° de la caza del peatón y aprietas el acelerador sin la menor clemencia. Te abalanzas sobre la anciana, la sorteas° por milímetros, la envuelves del viento de tu prisa: «Cuidado, abuela», gritas por la ventanilla; estas viejas son un peligro, un peligro, te dices a ti mismo, sintiéndote cargado de razón. Estás ya en la proximidad de tu destino, y los automóviles se arraciman en los bordillos,° no hay posibilidades de aparcar. De pronto descubres un par de metros libres, un milagroso pedacito de ciudad sin coche: pegas un frenazo,° el corazón te late apresuradamente. Los conductores de detrás comienzan a tocar la bocina:° tócate las narices, porque no me muevo. Intentas maniobrar,° pero los vehículos que te siguen te lo impiden, se escurren por el escaso margen de la derecha, te imprecan° al pasar. Tú atisbas con angustia el espacio libre, ese pedazo de paraíso tan cercano y, sin embargo, inalcanzable. De pronto, uno de los coches de la fila se detiene, espera a que tú aparques. Sientes una oleada de agradecimiento, intentas retroceder al hueco, pero la calle es angosta y la cosa está difícil. El vecino da marcha atrás para facilitarte las cosas, aunque apenas pueda moverse porque los otros coches te rozan el

noise / extraordinary / confusion

bumper
utilitario... filthy car

Te... You feel yourself reaching your prime / **quiebro**... slight turn

stupid
stings

speed
drums
la... you miss her

curbs

pegas... you brake suddenly
tocar... to honk their horns
maneuver

they curse

trasero.° Tu agradecimiento es tal que te desborda, te llena de   rear
calor. Al fin aparcas y la fila continúa. Sales del coche, cierras
la portezuela. Experimentas un alivio infinito por haber culmi-
nado la gesta, por haber cruzado la ciudad enemiga, por haber
conseguido un lugar para tu coche; pero, fundamentalmente,
te sientes aniquilado de gratitud hacia el anónimo vecino que
se detuvo; es una emoción tal que te quita las fuerzas, que te
deja por dentro como flojo. Apresuras el paso para alcanzar al
generoso conductor, detenido por el tapón° a pocos metros.   jam
Llegas a su altura, es un hombre de media edad, de gesto
melancólico. Te inclinas sobre su ventanilla, te sientes embar-
gado de bondad; muchas gracias, le dices en tono exaltado,
aún tembloroso tras la batalla. El otro se sobresalta, te mira de
hito en hito.° Muchas gracias, insistes; soy el del coche azul, el   te... stares at you
que aparcaba. El otro palidece, al fin contesta con un hilo de
voz: «Pero, ¿qué quería usted, que me montara encima de los
coches? No podía dar más marcha atrás». Tú te azaras,° por   te... get flustered
unos segundos no comprendes, al fin, enrojeces: «Pero si le
estoy dando las gracias de verdad, oiga, le estoy dando las gracias.» El hombre se pasa la mano por la cara, abrumado,° y bal-   overwhelmed
bucea;° «es que... este tráfico, estos nervios...» Reemprendes tu   stammers
camino, sorprendido. Y mientras resoplas en el aire frío matinal, te dices con filosófica tristeza, con genuino asombro: hay
que ver lo agresiva que está la gente, no lo entiendo.

Actividades preinterpretativas

COMPRENSION

Utilice las palabras siguientes para resumir el argumento de «Como la vida misma».

abuela	atasco
agradecimiento	doscientos mil
agresión	hoy no llego
aparcamiento	semáforo
arrancar	vecino

BUSCANDO CLAVES

Busque en el cuento frases que indiquen o sugieran las cosas siguientes.

1. egoísmo
2. problemas de la vida urbana
3. estrés
4. bondad
5. agresividad
6. ironía

Actividades interpretativas

OPINIONES Y ANALISIS

Conteste a las siguientes preguntas.

1. ¿Qué implicaciones tiene el uso de la narración en segunda persona y la repetición de la frase: «hoy no llego»?
2. ¿Cuáles son algunos sentimientos que se expresan de forma directa o indirecta en el cuento? ¿Qué sucesos los provocan? ¿Cómo contribuyen el lenguaje y las imágenes visuales a expresar estos sentimientos?
3. ¿Cuáles son algunas implicaciones de la frase: «Comprendes repentinamente que conseguir la prioridad en el estrechamiento se ha convertido en el objetivo principal de tu existencia»? ¿Cuáles son los valores que se expresan en el cuento?
4. ¿Cómo interpreta Ud. la descripción del espacio libre para aparcar como un «pedazo de paraíso»? ¿Qué hay que hacer para alcanzar ese paraíso?
5. ¿Qué parece representar el atasco? ¿Cómo parece explicar el cuento la agresividad de la gente? ¿Cómo interpreta Ud. la frase: «no lo entiendo», al final del cuento?

¿ESTA UD. DE ACUERDO?

Responda a las afirmaciones que siguen. Justifique sus respuestas basándose en ejemplos del cuento.

1. El «tú» del cuento somos todos.
2. Es cierto que los atascos son «como la vida misma».
3. El sentimiento que predomina en el cuento es la frustración.

Actividades de síntesis

TEMAS PARA ESCRIBIR

1. Analice cómo funciona el atasco como símbolo de la vida moderna en «Como la vida misma». ¿Cuáles son los elementos que le imparten universalidad al cuento? ¿Cómo lo hacen?

2. Considere cómo la narración en segunda persona apoya los temas y las ideas principales de «Como la vida misma». ¿Cómo sería diferente el cuento si se narrara en primera o tercera persona? Justifique sus opiniones con ejemplos del cuento.

OTRAS PERSPECTIVAS

1. ¿Está Ud. de acuerdo con el retrato de la vida moderna que ofrece «Como la vida misma»? ¿Cuáles son algunas posibles maneras de procurar que la gente sea menos agresiva?

2. Además de los atascos, ¿cuáles son otros aspectos de la vida urbana o rural que podrían servir como símbolos de la sociedad?

ENLACES

1. Compare y contraste las relaciones entre la gente en «La despedida» y «Como la vida misma».

2. Compare y contraste el concepto de la vida urbana en «Quince de agosto», «El viajero perdido» y «Como la vida misma».

3. Compare y contraste el uso del humor y de la ironía en «Los viejos», «La mujer y los libros» y «Como la vida misma».

Cuento de la peluca

Vicente Molina Foix
(1946–)

Vicente Molina Foix is a prolific writer whose works include novels, film criticism, screenplays, poetry, short stories, and plays. A native of Elche, a city in the province of Alicante, Molina Foix studied law and philosophy in Madrid. He then moved to England, where he received a master's degree in art history from the University of London and taught Spanish literature at Oxford. He has taught philosophy of art at the University of the Basque Country, and is currently literary director of the National Drama Center in Madrid.

Molina Foix's fiction is complex and enigmatic, and reflects his expansive knowledge of art, literature, and film. His works, often a mixture of reality, fantasy, and terror, challenge accepted cultural values and notions of time. Molina Foix often probes the influence of the mass media on contemporary society, especially in terms of how myths created by the media affect the self-image and identity of ordinary people.

PRINCIPAL WORKS

1970	*El museo provincial de los horrores* (novel)	
1973	*Busto* (novel): Premio Barral	
1979	*La comunión de los atletas* (novel)	
1983	*Los padres viudos* (novel): Premio Azorín	
1988	*La Quincena Soviética* (novel): Premio Herralde de Novela	

PREPARATION

"Cuento de la peluca," published in *Revista de Occidente,* is the story of a middle-aged man, Adolfo, who is deeply troubled by his baldness and goes to great lengths to acquire a wig that he believes will rejuvenate him. As you read, consider the messages and promises that captivate Adolfo, how they influence his expectations, and the author's use of irony to question such messages. Also look for the inclusion of symbols that subtly transform the story into an allegory of timeless concerns and prepare for its surprise ending.

CONCEPTOS E IMAGENES

¿Qué conceptos e imágenes le sugieren las palabras y frases siguientes?

1. la propaganda
2. el mito
3. la juventud eterna
4. la vanidad
5. la peluca

 Cuento de la peluca

Llegó por la mañana, en el primer correo: lo supo, antes de abrirlo, porque el paquete azul despedía el mismo aroma —genciana,[1] alcohol y mirra,[2] creyó adivinar— que impregnaba el salón del posticero° Alonso, allá en la capital. Había en su ciudad dos o tres peluqueros° que también anunciaban bisoñés° y postizos,° y más de una vez se había detenido ante el escaparate, mirando con recelo a derecha e izquierda, antes de enfrascarse en la visión culpable del *antes* y el *después*: un hombre con arrugas, ojeroso,° sin dientes, desde luego sin pelo, pasaba a convertirse en la foto contigua en un rostro risueño,° bronceado y terso, sólo porque su calva° la ocupaba ahora toda una plantación de espesísimo pelo. En las vueltas a casa desde el escaparate, muchas en muchos años pero todas tortuosas, trataba de pensarse y no sólo de verse agraciado él mismo con

° wigmaker
° hairdressers
° toupees / hairpieces

° with dark circles under his eyes
° pleasant
° bald spot

---

[1] **genciana** gentian, a flowering plant used for medicinal purposes.
[2] **mirra** myrrh, a resin used in incense and perfume.

un postizo igual; pese a sus treinta y ocho años, el pelo devastado, surcado° de canales que hacían su cabeza una gran red fluvial° en la que los meandros° día a día crecían, le avejentaba° el rostro, alterando, creía, no sólo su apariencia sino hasta su carácter. Todas sus energías Adolfo las sentía yendo a confluir en ese solar yermo° comido por la grasa, y estaba convencido de que aquél era el punto de fuga° por el que se esfumaban° su buen humor e ingenio, su ilusión y su empuje.°

Pero al mismo tiempo, nunca —se lo decía, sin pronunciar palabra, a esa parte de sí pinturera° y unfana° que le ponía a prueba con el plan de cosmética—, nunca entraría él en un local de esos donde, desde pequeño, había ido perdiendo, corte a corte, su hermosa cabellera. Y regresar ahora, al cabo de los años, podría, además, mover a la sonrisa a los viejos maestros autores del ultraje.°

Todo se aceleró por el súbito viaje —una estancia de un mes— a esa capital que él conocía bien del tiempo de estudiante. La primera quincena, enfrascado en las pesadas pruebas que había ido a calificar, sólo pudo rumiar,° y un día exploró, sin llegar a subir, un centro capilar cercano a su pensión. Las dos semanas últimas le dejaron ya tiempo de pasar a la acción: el número de los opositores menguaba,° y había intervalos entre prueba y prueba. Al posticero Alonso llegó por convicción; en la grosera lista de las páginas rosa del listín telefónico, era Alonso el único que no hacía en el suelto° promesas de mal gusto, y también era el único en anunciar su tienda como *postiquería*, una palabra nueva que evocó en él la lengua de su querida Italia.

La duda en decidirse trajo un inconveniente: fijado ya el precio y elegido el color, la calidad del pelo, la longitud exacta y el lugar estratégico de las canas° precisas, el atildado° Alonso le dijo, por desgracia, que antes de diez días no la tendría lista. A Adolfo le quedaba tan sólo una semana, y no había, por tanto, más remedio que el envío postal. Pero, por otro lado, él estaba dispuesto a lucir° la peluca —tras esos treinta días, suficientes, pensaba, para que el recuerdo de su total calvicie° se hubiese emborronado° en colegas y amigos— la primera jornada después de su regreso. Como quedarse en la pensión a aguardar la entrega hubiese encarecido el costoso capricho, Adolfo optó en volver, como estaba previsto, al terminar el mes, pero con una treta. Llegó a la estación en un correo° nocturno, y esa misma mañana llamó al oficial mayor, hablando, con la nariz pinzada, de un fuerte resfriado cogido en el trayecto.° Así esperó en casa, y al cabo de seis días, puntual y aromada, llegó la caja azul.

Fue quitando el papel con un cierto temor: no sabía en qué capa° estaría el pelo, y un daño al peluquín podría ya sentirlo en su propia cabeza. Envuelto en una seda y encajado en un mástil,° lo vio por fin entero, y lo vio muy igual a como él, en seis noches de sueños, lo había imaginado. Gran labor la de Alonso. Desencajó el postizo y se lo fue a poner; pero no, no era tiempo aún de renovar su cara sin antes prepararse como estaba mandado para ocasión así. Lo colocó en la cómoda° y *sólo* lo miró: era cabello auténtico, que le trajo el recuerdo de su pelo perdido por tantos sumideros° y en almohadas y vientos. La mano de Alonso también la percibía en el matiz° exacto encontrado al color: un negro natural, mate pero de aspecto sano, y aquellas pocas canas al lado de las sienes° para no escamar.°

Satisfecho del todo, Adolfo decidió custodiar la peluca en el armario-luna, y después se sentó a ordenar su tarea. Era martes, y estaba ya resuelto a acudir al trabajo el mismo día siguiente, con ella, por supuesto. Le quedaba un día para esa labor preparatoria que centró en dos frentes: se trataba, de un lado, de recibirla a tono,° halagarla,° obsequiarla,° y así lucirla bien, pero también tenía que despedir con honra a su cabeza calva tanto tiempo *con él*. Dividiría el día en dos partes distintas, de duración igual, y las dos muy activas, vividas hasta el tope.° Ya tenía pensado que esa noche —un día es un día— no se iría a la cama, y no perder así unas horas preciosas de conmemoración.

La mañana, hasta el frugal almuerzo, y parte de la tarde, las dedicó a limpiezas, llevadas a conciencia, de lencería° y ropa. Fundas,° sábanas, mantas, toallas, y la capucha,° claro, del albornoz de felpa,° tenían que perder cualquier resto de trato con la *otra* cabeza. Cepillaba la caspa,° limpiaba con alcohol la copa° del sombrero (¿tendré que usarlo ahora?; sólo quizá de viaje o si sopla el Levante),[3] y no dudó° en tirar redes,° loción y cremas que en sus años de joven había utilizado contra la seborrea. Puesto ya a la higiene, aprovechó el empuje° y pasó a la casa; mejoró el dormitorio apartando la cama y haciendo que la luz, un día su enemiga, ahora diera de lleno sobre el cabezal:° sus lecturas nocturnas serían ya más largas. Cuando miró el reloj pasaban de las nueve, y era ya, pues, la hora de la segunda parte.

---

[3] **el Levante** a wind that blows from the southeastern part of Spain.

Embozado° y hasta con antiparras° descendió al portal, y, no viendo mirones,° anduvo y anduvo, pegado a las paredes, con la mirada gacha.° Muy cerca ya del puerto, en una zona oscura, se metió en un taxi y respiró tranquilo. Se sentía de incógnito, y así iba a vivir una noche entera. Qué gracia descubrir los barrios periféricos de nombre familiar pero nunca pisados, y hacerlo despidiéndose de su ciudad de siempre y de su antiguo yo.

La animación de la Ciudad Polígono° le llenó de sorpresa. Bloques° altos y parque no parecían ser promesa de bullicio. Pero allí lo encontró. Bajadas las solapas y sin las gafas ya, se dedicó a *mirar*, él que nunca lo hacía al caminar, por prisa. Andaba ahora despacio y parándose a todo. Escaparates pobres con ropita de niños y zapatos en saldo° llamaban su atención, y llegó a anotar una o dos direcciones pensando en regresar en su siguiente vida a comprar algo de eso. En un chaflán,° un cine le animó a entrar; desde los diecisiete no veía películas, y ese gran cartelón de colores chillones° le pareció el anuncio de un placer prohibido. Luego, una vez dentro, molesto por el ruido y el olor a ozopino,° no aguantó° hasta el final: la acción era muy rápida, y no entendía por qué el resto de la sala se reía al unísono con frases que a él le parecían serias. Salió: daban las doce.

La noche, tan odiada de siempre, en esta ocasión le daba confianza. Se aventuró, y andando, hasta el lejano barrio de la Cruz de Madera. Allí estaban, aun él lo sabía, los bares de peor fama y hasta un local —decían— donde no era raro morir de un culatazo.° Se cruzó en su paseo con un coche-patrulla, y, por primera vez en su vida de adulto, sintió el vago temor de lo inescrutable. Pero lo que él hacía no iba contra la ley.

Entraba en uno y otro, sin dejar al azar ni sótano ni barra. Y, abstemio° como era, en todos consumía: estaba hecho a la idea de que por ese alcohol fuera a pagar su hígado, y en el riñón las piedras se hinchasen aún más; y tenía su lógica que hasta incluso las vísceras° se sumaran con cólicos a la festividad. Y así bebió y mezcló, pagando en ocasiones una, dos o más rondas a los torvos° clientes que no decían palabra a sus fanfarronadas°. Ahora bien: para alguien como él, que desde su tropiezo° marital, y de eso hacía años, no se había acercado a ninguna mujer, la prueba más difícil era hablarles ahora y hasta pegar su boca al escote de una. Se llamaba Marina, pero le daba igual. Marina, Luisa, Gladys, a todas dijo algo, y era tal su alegría y su seguridad previéndose distinto al cabo de unas horas, cubierto con el pelo que le esperaba en casa, que no dudó en lanzarles un pellizco conjunto. Se olvidaba que él, en esta madrugada, *aún tenía el cogote puntiagudo y pelado.°*

    aún... the back of his head was still pointed and bald

Salió de «Le Moulin» finalmente con otra, extranjera, le dijo, un nombre con dos «úes». Con ella aún acudió, en un coche de lujo que la chica tenía, al último garito° —ya en las estribaciones° de la Autopista al Mar—, que abría a esas horas: casi las cinco y media. Allí jugó Adolfo e invitó a la rubia a perder a las cartas. Los amigos de ella le trataron muy bien: no les chocaba nada ver a un desconocido, y entre el humo espeso acabó por perderla. Mostraría prudencia: un regreso sin prisas, en el que aún le cupo un encuentro en la playa con la Gladys de antes, que corría desnuda y le obligó a bañarse.

gambling house
outskirts

A las 8, y no estaba seguro si traído en un coche por sus amigos nuevos o pagándole a alguien, entró en el portal, y lo hizo con suerte: la portera° torcía, en el momento justo, la esquina de la calle, retrasada de misa. Una hora bastaba para ponerse a punto. Se quitó los tirantes,° el pantalón a rayas,° la camisa manchada, y todo lo enrolló con la idea de un fuego. Tomó una ducha fría, se bebió dos cafés y fue a picar la fruta. Mientras se afeitaba se miró a los ojos, y así fue el recordar lo cansado que estaba: le caían los párpados, ocupándole el ojo, las ojeras° llegaban casi hasta la mejilla, y creyó advertir unas arrugas nuevas en mitad de la frente. No importa: dormiría a gusto al volver del trabajo, y en los días siguientes, ya en su nuevo ser, se iría reponiendo de una noche tan larga y llena de experiencias.

concierge

suspenders / a... striped

bags under his eyes

Terminada la barba, pasó a lo importante. Se enjabonó patillas,° la pelusa del cuello y toda la cabeza, con la idea fija de que el futuro pelo ocupase el campo sin tener que reñir con las greñas del propio que le sobrevivían.[4] «Curioso», se dijo ante el espejo: la espuma de afeitar le formó un tupé que le poblaba el cuero,° haciéndole más joven; veía el negativo de lo que iba a ser, en cosa de minutos, su negra pelambrera.° Con cuidado llevaba la cuchilla por todo el cráneo y junto a las orejas. El agua arrastraba los últimos jirones de su pelo aborigen, y pronto —era seguro— se habría olvidado de que un día lo tuvo.

sideburns

skin
thick head of hair

Se permitió el capricho de vestirse primero: ponerse la corbata, anudarse cordones, sacar brillo al charol. Llevaba lo

---

[4] **sin**... without having to fight with anything that survived from the original.

Vicente Molina Foix

mejor, y aunque por el pasillo notó que las rodillas no le hacían caso, y fuertes agujetas° le pinchaban los brazos, llegó hasta el armario donde *ella* aguardaba.

cramps

Eran las 9 y cuarto, y allí estaba, en efecto, dispuesta a coronar una fecha festiva y a un hombre de valor. La sacó con temblor de su armazón° de caña° y la puso en alto para que el primer sol le diera buen color. Era, sí, su peluca, pero algo distinta; bien peinado y en forma, tal como lo dejara la mañana anterior, el pelo que Alonso tan primorosamente hiciera se había vuelto blanco, blanco como una espuma, desde el flequillo al cuello.

frame / cane

Actividades preinterpretativas

COMPRENSION

Conteste a las siguientes preguntas.

1. ¿Qué había contemplado Adolfo en los escaparates?
2. ¿Por cuánto tiempo se quedó Adolfo en la capital? ¿Por qué estaba allí?
3. ¿Dónde compró la peluca?
4. ¿Cómo era la peluca?
5. ¿Qué quería hacer Adolfo antes de ponerse la peluca?
6. ¿Cómo pasó Adolfo el día en que llegó la peluca? ¿Y la noche?
7. ¿Cómo llegó Adolfo a casa?
8. ¿Qué descubrió Adolfo cuando sacó la peluca del armario?

BUSCANDO CLAVES

Busque en el cuento frases que indiquen o sugieran las cosas siguientes.

1. contrastes
2. ilusiones
3. símbolos de la vida y de la muerte
4. ironía
5. inseguridad
6. cosas sagradas o de mucho valor

Actividades interpretativas

OPINIONES Y ANALISIS

Conteste a las siguientes preguntas.

1. ¿Por qué se preocupa Adolfo al compararse con los hombres en las fotos de los escaparates? ¿Qué representan las fotos para él?
2. ¿Cómo es Adolfo? ¿Por qué decide comprarse una peluca? Explique.
3. ¿Qué importancia tienen la hora a que llega la peluca en el correo, su olor y el homenaje que Adolfo le rinde?
4. ¿Qué representan las actividades a las que se dedica Adolfo de día y de noche después de llegar la peluca? ¿Qué pretende hacer él? ¿Qué palabras o imágenes les dan un valor universal o alegórico a las actividades?
5. ¿Cómo cambia Adolfo a lo largo del cuento? ¿A qué se deben los cambios, y qué sugieren?
6. ¿Cómo explica Ud. la transformación de la peluca? ¿Qué representa la peluca? Justifique sus respuestas.
7. ¿Cuál parece ser el argumento principal del cuento? ¿Qué mitos o ilusiones explora? Explique.
8. ¿Qué importancia tienen las palabras en cursiva? ¿Por qué cree Ud. que el autor las escribió así?

¿ESTA UD. DE ACUERDO?

Responda a las afirmaciones que siguen. Justifique sus respuestas basándose en ejemplos del cuento.

1. La sociedad crea aspiraciones imposibles de alcanzar.
2. Adolfo no podía gozar de la vida a causa de su calvicie.
3. Los esfuerzos de Adolfo por mejorar su aspecto físico pueden justificarse.

Actividades de síntesis

TEMAS PARA ESCRIBIR

1. Analice la voz narrativa en «Cuento de la peluca», enfocándose en la presentación de Adolfo. ¿Cree Ud. que la narración apoya a Adolfo, que se burla de él o que lo describe de una forma neutral? Justifique sus opiniones con ejemplos del cuento.

2. Analice el concepto del tiempo en «Cuento de la peluca». Considere, por ejemplo, las funciones que cumplen las referencias al paso del tiempo y a las diferentes horas del día.

3. Describa a Adolfo antes y después de la llegada de la peluca. Explique el significado de los cambios que Ud. nota y cómo se comunican en el cuento.

4. Analice los diferentes niveles de interpretación —tanto sociales como universales— en «Cuento de la peluca».

OTRAS PERSPECTIVAS

1. Nombre algunas «pelucas» comunes en la vida de hoy —es decir, cosas que la gente compra o hace con la esperanza de mejorar su vida. ¿Qué valores sociales sugieren estas «pelucas»? ¿Ud. se ha comprado una alguna vez?

2. ¿Cree Ud. que la publicidad tiene mucha influencia en su autoimagen, manera de pensar o comportamiento? ¿Por qué sí o por qué no?

ENLACES

1. Analice el tema del tiempo en «Quince de agosto» y «Cuento de la peluca».

2. Compare y contraste el problema de la identidad en «El viajero perdido» y «Cuento de la peluca».

3. Compare y contraste el tema de la vanidad en «Quince de agosto» y «Cuento de la peluca».

4. Compare y contraste los valores sociales sugeridos en «Cuento de la peluca» y «Como la vida misma».

A través de las ondas

Soledad Puértolas
(1947–)

Soledad Puértolas' fiction and literary criticism have made her one of the more prominent Spanish writers of her generation. Puértolas was born and raised in Zaragoza. She studied journalism in Madrid, and earned a master's degree in Spanish literature from the University of California. She currently works for the Ministry of Culture in Madrid, and frequently contributes stories and articles to newspapers and journals.

Much of Puértolas' fiction has an air of mystery to it, created by ambiguous situations, deliberately sketchy characterizations, and incomplete scenarios that send a message about the difficulty—or impossibility—of grasping every aspect of a situation. Puértolas is an admirer of the narrative effects that can be achieved by film techniques; consequently, she often reveals information through visual images. Like the images she creates, Puértolas' language is often spare and suggestive of multiple points of view. Her works often address moral issues such as responsibility for others, friendship, and the impact of relationships on individuals.

PRINCIPAL WORKS

1971   *El Madrid de la lucha por la vida* (literary criticism)

1980   *El bandido doblemente armado* (novel): Premio Sésamo

1982   *Una enfermedad moral* (stories)

1986   *Burdeos* (novel)

1986   *La sombra de una noche* (novel)

1988   *Todos mienten* (novel)

1989   *Queda la noche* (novel): Premio Planeta

1992   *Días del arenal* (novel)

1993   *La vida oculta* (essays): Premio Anagrama de Ensayo

PREPARATION

"A través de las ondas," a mystery, presents a crime and its aftermath from various perspectives, requiring the reader to assume the role of detective and decide what *really* happened and why. The story puts an allegorical spin on a familiar format, raising questions about the reliability of appearances, the nature of truth, and the role of chance in determining destiny. As you read, identify situations or events that are deceptive or ambiguous, and try to imagine the story visually. How does the author's style make this easy or difficult to do?

CONCEPTOS E IMAGENES

¿Qué conceptos e imágenes le sugieren las palabras y frases siguientes?

1. «A través de las ondas»
2. ser / parecer
3. el destino
4. la huida
5. la autoridad
6. la libertad
7. el azar *(chance)*

A través de las ondas

1

La mujer de cabello negro y andar ligero, aunque no excesivamente armónico, se detuvo frente al escaparate de Las Magnolias y permaneció absorta en la contemplación de su abarrotado interior. Llovía muy ligeramente, aunque el calor era tan intenso que la lluvia no podía constituir una molestia. La gente andaba apresuradamente, entrando y saliendo de las tiendas, algunos, los menos, abrían los paraguas, ya que la lluvia se había presentado de improviso. Pero nadie se detenía frente a los escaparates. Las gotas de agua caían sobre el cabello negro de la mujer y oscurecían la parte superior de su chaqueta. Era de un color apagado e indefinido, a diferencia de la falda, de colores muy vivos. Aunque el más vivo de todos se encontraba algo más abajo, sobre el pavimento. En él descansaba el par de zapatos más inapropiado que cabe imaginar° para un día de lluvia.

que... that one could possibly imagine

Pero la mujer parecía indiferente a cuanto pudiera caer del cielo. Sus ojos se habían posado en el escaparate y parecían atrapados en el mismo cristal. Al fin, decidió seguir andando, pero su ritmo, antes ligero, se hizo más lento. Al llegar al extremo de la calle volvió a detenerse. Miró a derecha e izquierda antes de escoger el lado por el que proseguiría su paseo. Finalmente se decidió por la derecha. Apenas dados unos pasos, volvió su mirada para contemplar la calle que, levemente inclinada, terminaba en el puerto. En su mirada había un matiz de nostalgia. Algo, no del todo material, quedaba atrás. Andaba como si cada paso le supusiera un terrible esfuerzo. Las manos, que colgaban a ambos lados de su cuerpo, trazaban° en el aire pequeños e indescifrables gestos. La mujer hablaba sola, sin duda.

traced

Había llegado a una pequeña plaza en la que varios bancos° dispuestos en forma circular ofrecían asiento. Estaban todos libres, debido a la lluvia. La mujer se dirigió a uno de ellos, se sentó, colocó el bolso sobre su falda y elevó los ojos hacia el cielo. De vez en cuando movía los labios y dejaba escapar un murmullo ininteligible. La lluvia cesó, en algunos puntos del cielo la densidad de las nubes se debilitó y una luz blanca fue empalideciendo su color gris plomo.° Sobre las hojas de las

benches

lead

Soledad Puértolas

palmeras resbalaban lentamente las gotas de agua. La mujer tomó repentinamente conciencia de aquellos cambios y salió de su inmovilidad. Tras un largo suspiro se desprendió de su chaqueta mojada, sacó del bolso un pequeño espejo de mano y trató de arreglar el desorden de sus cabellos. No devolvió a su imagen un gesto de satisfacción. Sus pensamientos no podían ser rescatados° de su profunda sima.° Tomó un cigarrillo y una caja de cerillas. Le llevó algún tiempo encenderlo pues las cerillas, tal vez a causa de la humedad, no conseguían prenderse. Finalmente, se levantó y echó a andar.

Había llegado a los límites de la ciudad. Los barrios residenciales empezaban allí. Las calles, bordeadas de palmeras, presentaban un aspecto solitario. La mujer contempló la calle que se extendía ante sus ojos. A un lado, un edificio público de una sola planta:° se extendía en medio de una abundante vegetación. Más allá, comenzaba una ordenada sucesión de viviendas.° Una mujer ya mayor salió del edificio sospechosamente escondido entre los arbustos y envió una fugaz mirada a la joven. La muchacha tiró al suelo la colilla del cigarrillo, la pisó y reanudó su camino con paso firme. Su mano derecha se cerraba sobre el bolso con una presión excesiva. Cruzó la calle perpendicular y se adentró en el barrio residencial.

En los jardines que se divisaban detrás de los setos° imperaba el orden y la limpieza. Los estilos de las casas variaban, pero todas estaban provistas de un amplio porche bajo el que unas sillas y una mesa sugerían la posibilidad de comidas al aire libre. Desde las terrazas del segundo piso debía contemplarse una hermosa vista de la bahía. La chica se había detenido frente a la casa que hacía esquina y la examinaba con interés. Su mirada inquisitiva se deslizó por el terreno que la rodeaba.

Los perros habían ladrado a lo largo de la calle acusando la presencia de un extraño, pero en aquel jardín reinaba el más absoluto silencio. La mujer avanzó hacia la puerta de hierro, dudó un instante y rodeó con su mano el picaporte° que cedió suavemente a su presión, facilitándole la entrada al jardín. Unas baldosas de piedra° marcaban el sendero° que conducía a la puerta de la casa. Tenían un trazado arbitrario que la chica siguió. Un casi imperceptible temblor poseía su cuerpo. Elevó su mano para presionar el timbre, pero no lo hizo. Probó de nuevo suerte° e hizo girar el picaporte, y la segunda puerta también se abrió. Produjo el suficiente ruido como para atraer la atención del interior de la casa de donde una voz de hombre llegó en tono interrogante.

La mujer había alcanzado el centro de la habitación y se quedó plantada allí, enmudeciendo.° *keeping quiet* Al fin encontró su voz.

—Soy yo —dijo únicamente.

—Pasa —gritó el hombre.

La mujer recorrió el pasillo y llegó a una amplia sala.

—Hola —dijo desde la puerta.

Había un hombre allí. Estaba sentado frente a la ventana. Carecía° *He lacked* de todo vigor. Era uno de esos hombres en quienes la pasión por dar órdenes y ser obedecidos crea una ilusión de fortaleza. Pero no pudo hablar. Cuando vio a la mujer su tensión se acentuó. La voz de ella se elevó, dominante:

—Tenemos una cuenta pendiente.° *una... unfinished business*

Sacó una pistola de su bolso y apuntó al estómago del hombre, que se agitó en su sillón.

—No te muevas —ordenó—. Un solo movimiento y disparo. Sabes que soy capaz.

El hombre obedeció.

—Siempre te he admirado —dijo al fin—. No tiene sentido° *No... It doesn't make sense* que hables así.

—No he venido para hablar.

El teléfono sonó y ambos se miraron fijamente.

Después, ella acentuó el desafío° *challenge* de su mirada, dejó escapar un insulto, adelantó la pistola y se dispuso a° *se... she prepared* disparar. El hombre empalideció. El teléfono continuaba sonando. La sala quedó repentinamente oscurecida por el preludio de la tormenta. Las manos de la mujer empezaron a descender y las facciones del hombre se relajaron. Sonaron dos disparos. El hombre se deslizó de la butaca con una mancha de sangre en la sien izquierda.

La mujer se tambaleó. Su mano no se había movido. Acercó la pistola a sus ojos y la examinó. El gatillo° *trigger* no había sido apretado. Miró al hombre que yacía en el suelo y esperó que algo sucediera, pero nada sucedió. El teléfono había dejado de sonar. El cielo era sacudido con el estrépito de los truenos. La mujer guardó la pistola y abandonó la sala. Su mirada recorrió el jardín desierto. Llovía abundantemente. Salió a la calle y echó a correr. Las pocas personas que transitaban por la avenida corrían. La mujer la atravesó, torció a la derecha y se internó con paso apresurado en el laberinto de calles cercano al muelle. Desapareció en el zaguán° *vestibule, foyer* de un edificio de apartamentos.

2

La calle perdía sus contornos tras el constante movimiento de mi limpiaparabrisas.° No era probable que la mujer abandonase su refugio. A causa de la tormenta, se suspenderían los vuelos nocturnos, y para tomar un tren que la alejase suficientemente de allí debería esperar un par de horas. Yo tenía que asegurarme de que el hombre había muerto. Mis fallos° eran cada vez más frecuentes, debido al temblor que había quedado en mi mano después del accidente.

Desde que aquella mujer se había cruzado en mi vida había estado esperando esa oportunidad. Había sabido siempre lo que podía hacer por ella. Cuando adiviné° lo que se proponía sólo me había preguntado si tendría el suficiente valor como para llevarlo a cabo.° Ella también se lo había preguntado. Había avanzado lentamente hacia su meta, había titubeado y había temblado y, finalmente, no había sido capaz.

Hice avanzar mi coche por las calles encharcadas° dejando a los lados los edificios envueltos en la lluvia. El calor empezaba a ser soportable. Mi mente estaba perfectamente clara; sabía cómo controlar aquel área de la ciudad. Cuando llegué al barrio residencial que la muchacha había abandonado corriendo, empezaba a anochecer. La puerta de hierro del jardín continuaba abierta. Atravesé el césped° y empujé la puerta de la casa, pero ésta ya había sido cerrada desde dentro. Presioné el timbre y me preparé para mi segunda actuación. Alguien se aproximaba hacia mí tras la puerta cerrada.

—Policía —informé con voz de mando—. Abra.

Coloqué la tarjeta de identificación ante la mirilla.° El hombre abrió, tal vez dispuesto a confiarme su reciente desastre. Se había curado la herida de la sien y no había duda de que lo había hecho él mismo. Estaba más pálido, a pesar de que debía haber ingerido una fuerte dósis de alcohol. Me contempló con timidez, antes de decidirse a hablar. Mi estatura siempre me ha ayudado mucho.

—Hemos recibido una llamada —aventuré.

—¿Una llamada? —preguntó—. No he sido yo.

Le observé desde el centro del vestíbulo, tratando de valorar su sinceridad. No tenía por qué mentir. Saqué la pistola y le apunté. Estaba muy cerca de él.

—Usted no es... —empezó.

—Soy el hombre que la quiere —dije.

windshield wipers

errors

I guessed

llevarlo... carry it out

flooded

lawn

peephole

Eran las palabras que había acariciado mi mente durante largo tiempo. Cuando las hube pronunciado toda relación con él quedó rota.

—Despídase de la vida —dije, y disparé.

Era imposible fallar. Me sentí algo incómodo por la pérdida de facultades que me obligaba a actuar así. Produje el suficiente desorden en las habitaciones, rompí algún objeto de dudoso valor y cogí el dinero que encontré. Después de borrar todas las huellas, abandoné la casa.

En la calle no transitaba nadie. La gastada carrocería° de mi coche brillaba bajo la lluvia. Me senté en su interior y respiré profundamente. Todo había salido bien. Hice girar la llave de contacto y me alejé de aquel barrio.

Sólo pensaba en ella. Me dirigí lentamente hacia el puerto mientras meditaba sobre la forma más adecuada de hacer mi aparición. A la derecha, las brillantes luces de las tiendas más lujosas de la ciudad atrajeron mi mirada. Se aproximaba la hora de cerrar y, debido a la tormenta, la calle iluminada tenía un aspecto solitario y vano. Dejé mi coche frente a una pequeña tienda enmarcada en dorado. Era el único cliente y las dependientas entablaron° una breve y silenciosa lucha para atenderme. No me costó mucho° encontrar lo que quería.

Nuevamente en el coche, y con un envoltorio de papel de seda° junto a mi asiento, alcancé mi meta. El edificio de apartamentos se alzaba frente a mí con algunas de sus luces encendidas. Me adentré en él con paso decidido. El conserje hablaba con unos inquilinos.° Todos se quejaban del tiempo. Encendí un cigarrillo en el ascensor, desobedeciendo las órdenes impresas.

Anduve un largo trecho° del angosto pasillo y me detuve frente a la puerta de su cuarto. No se filtraba luz por debajo, ni se percibía ningún ruido. La golpeé suavemente y, al no obtener respuesta, aumenté la fuerza de mis golpes. Pero ella ya no estaba allí. La cerradura era simple y se abrió sin demasiadas dificultades para darme paso a la habitación vacía y levemente desordenada donde aún flotaba el olor de su perfume. Excepto ese olor, no había dejado nada. Revolví° el cuarto con obstinación y deshice la cama en busca de un objeto olvidado, convencido de que la gente siempre olvida algo en los hoteles, sobre todo si sale de ellos huyendo. Bajé al vestíbulo de mal humor porque el tiempo corría a más velocidad que yo. Los inquilinos que minutos antes se quejaban de la tormenta con el conserje habían desaparecido. Se habían refugiado en sus pequeñas habitaciones o habían decidido andar bajo la lluvia. Me dirigí al conserje con la cartera en la mano. Mientras la abría, le pregunté:

—La chica del cuarto piso, de cabello oscuro y corto, buena figura... ¿Cuándo salió?

El hombre miró el billete que sobresalía de la cartera.

—Me gustaría ayudarle —dijo—. Siempre me gusta ayudar en estos casos. Pero no la vi. No vi a ninguna chica esta tarde.

—Al menos, debió verla entrar —indiqué—. Yo estaba afuera cuando ella entró aquí. Haga un esfuerzo. Debió de salir hace poco, con una maleta.

—Pagó la cuenta esta mañana —dijo el hombre, encogiéndose de hombros—. Le dije que podía quedarse un día más. Me gusta ayudar, ya se lo he dicho. Pero no la he visto esta tarde.

Me alejaba, desesperado por su colaboración, cuando me hizo un gesto.

—Pudo salir por la puerta de atrás —susurró°—. No es lo normal, pero...

Dejó su frase sin acabar mientras yo alcanzaba la puerta. Desde una cabina telefónica me cercioré° de que se habían suspendido los vuelos nocturnos.

—Jamás habíamos tenido una tormenta como ésta —me comunicó, feliz, el encargado.°

Parecía ser una suerte para él, pero indudablemente lo era para mí. Conduje mi coche a toda velocidad hasta la estación. Cuando llegué, hacía media hora que había salido un tren de vía estrecha° que recorría la costa y faltaba algo menos de una hora para la salida del tren que conducía a la primera ciudad importante del interior. En la sala de espera había un par de familias numerosas y una pareja de ancianos que, rodeados de toda clase de bultos, dormitaban con sus cabezas recostadas contra la pared. La noche no parecía muy adecuada para una mudanza.° Pregunté por la chica, pero nadie la había visto. Obtuve la misma respuesta de los mozos de estación, del hombre que despachaba los billetes y de los empleados de la cafetería. Pedí un whisky doble y traté de ordenar mis pensamientos. Parecía un hecho° que ella se movía sin ser vista y, si no hubiera sido porque yo mismo había sido testigo de su entrada en el edificio de apartamentos, hubiese llegado a la conclusión de que estaba siguiendo una pista equivocada.° Era difícil aceptar que después de haber matado a un hombre por

A través de las ondas

ella la había perdido sólo porque no había sido lo suficientemente rápido.

Cuando empezaba a desesperarme de mis errores tuve una ráfaga° de inspiración. Se había perdido, pero mis presupuestos° todavía eran válidos. Nadie iba a asociarme con aquel asesinato, lo que me daba libertad de movimientos, mientras que ella actuaría como quien sabe que se ha convertido en una persona sospechosa. A lo mejor era cierto que no había pisado aquella estación. Se había determinado huir, lo más probable era que, después de haber evitado la mirada del conserje, se hubiera cambiado de ropa y hubiese descendido por la escalera de servicio del edificio. Una vez en la calle, debía de haber telefoneado, como yo, para saber si había vuelos nocturnos, y por el mismo procedimiento se podía haber enterado del horario de los trenes. Su llamada podía haber coincidido con la inmediata salida del tren de vía estrecha, y yo decidí que ella había subido a él, no en aquella estación, sino en la siguiente. Debía de haberlo alcanzado en un taxi.

Yo jugaba con una ventaja: ella no sabía que era yo quien la estaba siguiendo. Huía de lo desconocido y yo era el último ser de quien ella podría sospechar. Tenía la certeza de que ella había tomado ese tren e iba a detenerse en uno de los pueblecitos costeros, como una veraneante más. Era lo más inteligente. Es uno de los principios de la huida: acudir a un lugar en el que uno se pueda confundir entre la gente, no quedarse nunca aislado. Escogí el punto más animado de la costa, un lugar que había estado de moda unos años atrás y donde en la actualidad se ofrecían vacaciones relativamente baratas. Conocía bien aquel lugar y conocía ese tren: se detenía en seis estaciones y se arrastraba con lentitud. Llegaría antes que él al destino fijado, aunque ahora la lluvia se había vuelto contra mí y era peligroso conducir por la estrecha carretera que bordeaba la costa. Su firme° no se encontraba en el mejor estado.

Afortunadamente, no había mucha circulación aquella noche. Adelanté a algunos coches que parecían ir, como yo, en obstinada persecución de algo. Había conseguido que en la cafetería de la estación me vendieran una botella de whisky y me sentía invadido de una extraña euforia porque estaba convencido de que la iba a encontrar y todo lo que había hecho por ella cobraría sentido. Dejé de pensar en los sucesos de la tarde y me recreé en el cálido y brillante futuro que me aguardaba.° De momento, quería hacer un viaje, recorrer ciudades

° burst
° assumptions

° surface

que... that awaited me

hermosas, residir en lujosos hoteles, contemplar exuberantes espectáculos. Era un viaje que había soñado hacer desde hacía mucho tiempo y al fin había conseguido el dinero necesario. Luego nos instalaríamos en un pueblecito del interior, de esos que siempre necesitan una tienda que le provea de un artículo que habitualmente se compra en la ciudad. Un amigo había instalado una tienda así y se había enriquecido en un par de años. Podía, incluso, empezar a trabajar con él. Imaginé una casa bajo cuyas ventanas crecían geranios y cuyo interior se preservaba de las miradas de la curiosidad pública por medio de inmaculadas cortinas blancas. Estaba harto de apartamentos, de cuartos grises y estrechos pasillos, de comedores compartidos y sórdidos cuartos de baño. Mi visión parecía terriblemente real mientras mi coche avanzaba por la carretera, golpeado por la lluvia persistente y envuelto en la oscuridad.

Iba dejando a mi izquierda los pequeños pueblecitos de la costa. Las luces de neón de los bares próximos a la carretera salpicaban° por unos instantes la noche, después se desvanecían.° De repente, las luces de colores empezaron a proliferar. Los carteles de los bares, restaurantes, salas de baile, se sucedían y competían entre sí tratando de llamar la atención de un público en ese momento ausente. Me desvié hacia el centro urbano, lo atravesé y doblé por la dirección de la estación.

Parecía olvidada del mundo, con su pequeña luz amarilla sobre la puerta. En mi reloj faltaban todavía unos minutos para la llegada del tren y así me lo confirmaron en la oficina de información. Me dirigí a la cafetería y pedí un café muy cargado.°

Aquel escenario se había mantenido extrañamente al margen de los adelantos del mundo moderno y yo, tal vez influido negativamente por él, sentí que mi anterior entusiasmo se extinguía. En su lugar, surgió la impresión de haberme equivocado y se hizo súbitamente poderosa. Ella no llegaría en aquel tren. Resultaba más verosímil que se hubiese encaminado hacia el interior, donde tenía conocidos de quienes recibir ayuda y consejo. La imagen del hombre muerto invadió mi mente. No era la primera vez que mataba a un hombre, pero nunca lo había hecho de aquel modo. Su figura desmadejada,° a mis pies, me golpeaba casi literalmente los ojos.

Dos hombres más compartían mi espera. Uno de ellos, sentado a una mesa del fondo, ojeaba una guía de hoteles. El otro, más joven, consumía bebidas no alcohólicas en la barra y mantenía una conversación que quería ser ingeniosa sobre las posi-

bilidades de diversión en una noche de lluvia. Fue él quien afirmó que el tren estaba a punto de llegar y salió al andén,° que empezó a recorrer de arriba a abajo. El silbido° del tren irrumpió en el aire, pero no experimenté emoción alguna, con-
5 vencido de mi error. Lentamente, y precedida de una nube de humo, apareció la máquina y, tras ella, se sucedieron los vagones, hasta que uno se inmovilizó frente a mí e, involuntariamente, me puse en pie para abarcar con mi mirada la longitud del tren. El ruido de la máquina se atenuó y algunos
10 mozos se dispusieron a prestar ayuda a los viajeros. Las puertas de los vagones se abrieron. Dos vagones más allá, un grupo de jóvenes con mochilas° a la espalda saltó alegremente bajo la lluvia hasta quedar bajo la protección del porche. El hombre de la guía de hoteles había salido también al andén y se acer-
15 caba a un vagón para recibir a una pareja de cierta edad que lo saludó con una expresión maravillada que me hizo recordar a los ancianos que aparecerían a la mañana siguiente en algún punto del interior con todas sus pertenencias.

De la puerta abierta del vagón que había quedado frente a
20 mí no descendió nadie. Yo comprendía que aquello era lo normal, lo que había que esperar, pero continué de pie, examinando el andén. Entonces la puerta se iluminó y una figura de mujer envuelta en una gabardina de color claro° pisó el primer peldaño° de las escaleras.

25 No podía ser ella. Era imposible que hubiera decidido seguir el plan que yo había pretendido adivinar y que descendiera por la puerta que casualmente había quedado frente a mí. Pero era ella. A pesar del pañuelo anudado bajo la barbilla, la gabardina clara y los zapatos oscuros. En ese momento recordé
30 que había comprado unos zapatos para sustituir los que debían haberse estropeado por la lluvia. Los había olvidado en alguna parte, tal vez en la habitación donde sólo flotaba el olor de su perfume. Su mirada recorrió el andén ya vacío, lo atravesó y entró en la cafetería. Yo me senté, dándole la espalda. Un
35 mozo trató de coger su maleta, pero ella se negó. Se sentó a la barra y pidió un café. Su voz llegó nítida hasta mi mesa. El camarero se mostró muy solícito y trató de entablar un diálogo con ella:

—No tendrá ningún problema de alojamiento, estamos a
40 final de la temporada.

Ella no contestó, consumió su café, pagó y se inclinó para recoger la maleta del suelo, pero yo me adelanté. Ella me miró y tardó algunos segundos en reconocerme, durante los cuales el miedo brilló en el fondo de sus ojos.

—Una casualidad —dije alegremente.

El camarero no debió dudar ni por un momento de mi mentira, pero ella dudó. Le cogí del brazo suavemente y salimos a la calle, donde estaba aparcado mi coche. Abrí la puerta y la ayudé a subir.

—Te he estado siguiendo —dije mientras nos dirigíamos hacia el centro urbano—. Pero voy a ayudarte —añadí en un tono que pretendía ser tranquilizador.

Ella tuvo una intuición, pero quiso rechazarla.

—Te preguntarás por qué lo hice —dije, deseando acortar esa parte de nuestra conversación.

—¿Hiciste qué?

—Por qué le maté.

Trató de abrir la puerta del coche, pero yo se lo impedí. Cuando comprendió que yo era mucho más fuerte que ella, dejó de luchar.

—Sé por qué lo has hecho —dijo.

—Es mejor que aceptes mi ayuda —repuse—. Puede que ya te estén buscando. Estuviste allí, y tal y como ibas vestida, alguien te recordará. Y tenías un buen móvil° para matarlo. Pero yo seré tu coartada.°

motive
alibi

Yo sabía que había muchos puntos débiles en aquella versión de los hechos, pero a ella tenía que parecerle factible.° Probablemente, nadie llegaría a describirla bien y si alguien lo hacía, era dudoso que se lanzaran en su persecución. Se cometían muchos robos los sábados por la tarde. Dada la ineficacia de la policía, cada barrio acabaría por tener su propio servicio de vigilancia.

feasible

—Está bien —suspiró.

Un hombre feliz, acompañado de una muchacha envuelta en una gabardina clara, subió las escaleras del Hotel El Pasajero, cruzó su umbral y se dirigió hacia la recepción. Había atravesado algunas de las fronteras de la edad, e iba vestido austeramente, con ciertos detalles que revelaban un gusto propio. Sus gestos eran joviales, su voz sonaba cansada. Había vivido durante mucho tiempo de una forma gris, pero aquella noche la luz brillaba para él.

Actividades preinterpretativas

COMPRENSION

Utilice las palabras siguientes para resumir el argumento de «A través de las ondas».

el apartamento	el hotel
la casa	la huida
el disparo	la lluvia
la estación	la persecución
la gabardina	el tren

BUSCANDO CLAVES

Busque en el cuento frases que indiquen o sugieran las cosas siguientes.

1. la decepción
2. la soledad
3. contrastes
4. paralelos
5. colores y los sentimientos que evocan
6. luces y los sentimientos que evocan
7. sonidos
8. laberintos físicos y mentales

Actividades interpretativas

OPINIONES Y ANALISIS

Conteste a las siguientes preguntas.

1. ¿Cómo es la mujer? ¿Qué sugieren de ella su aspecto físico, su ropa y sus gestos?
2. ¿Qué tipo de ambiente crea el lenguaje de la primera escena? ¿Qué contrastes se notan entre la mujer y el ambiente que la rodea? ¿Qué funciones cumplen estos contrastes?

3. ¿Cómo es el hombre que vive en la casa? ¿Qué tipo de relación parece haber mantenido con la mujer? ¿Cómo lo sabe Ud.? En su opinión, ¿por qué amenaza la mujer al hombre? ¿Qué elementos se destacan en los momentos que siguen al breve diálogo entre el hombre y la mujer?

4. ¿Desde qué punto de vista se narra la segunda parte del cuento? ¿Cómo explica el narrador el encuentro entre la mujer y el hombre de la casa? ¿Por qué va el narrador a la casa? ¿Qué tipo de persona parece ser el narrador? ¿Cree Ud. que cuenta la verdad sobre los hechos? ¿Por qué sí o por qué no?

5. ¿Cómo contrastan las experiencias de la mujer y las del narrador después de abandonar la casa? ¿Cuál parece ser la relación entre los dos? ¿Cómo lo sabe Ud.? ¿Cómo interpreta Ud. el razonamiento que emplea el narrador para adivinar los movimientos de la mujer?

6. ¿Cómo reaccionó la mujer al reconocer al narrador? ¿Por qué cree Ud. que ella se va con él?

7. ¿Desde qué punto de vista se narra el último párrafo del cuento? ¿Qué impresión da de los dos personajes descritos?

¿ESTA UD. DE ACUERDO?

Responda a las afirmaciones que siguen. Justifique sus respuestas basándose en ejemplos del cuento.

1. La voz narrativa cuenta la verdad en todo momento.
2. Los dos hombres quieren a la mujer.
3. La mujer no quiere a ninguno de los dos hombres.

TEMAS PARA ESCRIBIR

1. Analice el tema de la realidad en «A través de las ondas», teniendo en cuenta la estructura del cuento, los diferentes puntos de vista, posibles contrastes entre la apariencia y la «realidad» de las situaciones y el título del cuento.

2. Explore el significado de los personajes representados en «A través de las ondas». Considere la manera en que se les presenta, las relaciones entre ellos y su posible valor simbólico.

3. Considere cómo Puértolas utiliza símbolos —el escaparate, el espejo, la lluvia, el desorden y la imagen del laberinto— para apoyar los temas y las ideas del cuento.
4. Analice la importancia del azar en «A través de las ondas».

OTRAS PERSPECTIVAS

1. ¿Cómo se llega a la versión «definitiva» de un suceso? ¿Cuáles son algunas maneras de verificar lo que pasó? ¿Cuáles son los métodos que emplean los periodistas, la policía, los abogados y otros profesionales?
2. Imagine que se presentara la policía en el hotel y que detuviera a la pareja como supuestos asesinos. ¿Qué preguntas y respuestas se escucharían?
3. ¿Cuáles son algunas maneras de crear y mantener un aire de incertidumbre en una obra de ficción o en una película? ¿Puede Ud. nombrar cuentos, novelas o películas que lo consiguen?

1. Compare y contraste el viajero en «El viajero perdido» y los personajes de «A través de las ondas». ¿Qué tipo de relaciones establecen estos personajes con otras personas?
2. Compare y contraste la función que cumple la ambigüedad en «Quince de agosto», «Redacción» y «A través de las ondas».
3. Compare y contraste la presentación de los personajes en «La naranja es una fruta de invierno», «A ninguna parte», «El viajero perdido» y «A través de las ondas».
4. Compare y contraste el papel del lector en dos de las obras siguientes: «Fábula», «Quince de agosto» y «A través de las ondas».
5. Compare y contraste el concepto de la realidad en «Fábula», «Redacción», «El viajero perdido» y «A través de las ondas».

Muerte y resurrección

José Ortega y Gasset
(1883–1955)

José Ortega y Gasset—philosopher, essayist, journalist, art and literary critic, and lecturer—was one of Spain's most influential intellectuals during the first half of the twentieth century. In contrast with the writers of the Generation of '98, Ortega perceived Spain's problems as not just its own, but also as those of Western civilization in general.

After completing his doctorate at the University of Madrid in 1904, Ortega studied in Germany, where he developed an interest in Immanuel Kant's theories of reason and their application to physical science. In 1910, he was appointed professor of metaphysics at the University of Madrid and became a distinguished teacher. He founded the prestigious intellectual journal *Revista de Occidente* in 1923. During the Spanish Civil War, he went into voluntary exile, residing in various European countries and Argentina until he returned to Madrid in 1945. He achieved international fame, giving lectures in the United States, Germany, and Switzerland from 1949 to 1952.

A prolific writer and erudite scholar, Ortega published numerous essays in newspapers and journals that were later compiled in works such as *Meditaciones del Quijote* and *El Espectador*. His essays cover a wide range of topics, including the visual arts, literature, politics, reason and the sciences, social problems, and love. *España invertebrada* and *La rebelión de las masas* illustrate his profound preoccupation with interpreting Spain's situation.

Ortega's prose is complex in thought and style. To express abstract thoughts in concrete terms, he primarily uses metaphors. His prose is also replete with historical, literary, and artistic allusions since he wrote for an intellectually elite audience. Ortega's philosophy expresses three principal beliefs. First, each person, object, or event can be seen from multiple points of view or perspectives. Second, individuals are the product of their own free will, and one must understand them within the context of their lives and their immediate circumstances, best expressed by the oft quoted phrase *Yo soy yo y mi circunstancia.* Finally, the role of reason must correspond to the individual's spiritual or personal side, as opposed to the abstract or the absolute. This *razón vital*, as he called it, allows individuals to triumph over a particular situation and thus control their own destiny.

PRINCIPAL WORKS

1914	*Meditaciones del Quijote* (essays)
1916–1934	*El Espectador* (eight volumes of essays)
1921	*España invertebrada* (essays)
1923	*El tema de nuestro tiempo* (essays)
1925	*La deshumanización del arte* (essays)
1930	*La rebelión de las masas* (essays)

PREPARATION

"Muerte y resurrección," first published in the *Revista de Occidente,* exhibits the main principles of Ortega's philosophy. As you read, identify the different concrete images he uses to illustrate them and how they relate to the essay's title, "Muerte y resurrección."

CONCEPTOS E IMAGENES

¿Qué conceptos e imágenes le sugieren las palabras siguientes?

1. la muerte
2. la resurrección
3. la existencia
4. el paisaje
5. los gestos
6. la voluntad
7. el acto moral
8. el martirio

Muerte y resurrección

Todos nuestros actos, y un acto es el pensar, van como preguntas o como respuestas referidos siempre a aquella porción del mundo que en cada instante existe para nosotros. Nuestra vida es un diálogo, donde es el individuo sólo un interlocutor:° el otro es el paisaje, lo circunstante.° ¿Cómo entender al uno sin el otro? La más reciente biología —con Roux, con Driesch, con Pavlov, con von Uexküll— comienza a corregir los métodos del siglo XIX en el estudio del fenómeno vital, buscando la unidad orgánica, no en el cuerpo aislado frente a un medio homogéneo e idéntico para todos, sino en el todo funcional que constituyen cada cuerpo y su medio.° La araña no se diferencia ante todo del hombre porque reacciona de manera distinta ante las cosas, sino porque ve un mundo distinto que el hombre. Y es ella vitalmente tan perfecta o imperfecta dentro de su mundo, con sus hábitos crueles de cazadora, como el pobrecito de Asís[1] en el suyo besando las llagas de los apestados.°

Y cuanto más profunda y personal sea en nosotros la actividad que realizamos, más exclusivamente se refiere a una parte del mundo, y sólo a ella, que tenemos delante de nosotros. A veces, hallamos° en nuestra acción una como zozobra° y titubeo, como inquietud y torpeza. El idioma francés expresa esta situación muy finamente con la palabra *dépaysé*. Estamos despaisados, hemos perdido el contacto con nuestro paisaje. Y, sin embargo, no es fuera donde notamos la perturbación, sino dentro de nosotros. Como nos han quitado la otra mitad de nuestro ser, sentimos el dolor de la amputación en la mitad que nos queda.

Devolvamos a nuestros pensamientos el fondo en que nacieron: presentémoslos humildemente como cosas que hallamos en nuestro paisaje, que se levantan ante nosotros ni más ni menos que aquellos olmos° junto a aquel río, que estos humos trémulos sobre las chimeneas aldeanas. Así lo hicieron los hombres mejores: no se olvida Descartes[2] de contarnos que su nuevo método reformador de la ciencia universal le ocurrió una tarde en el cuarto-estufa° de una casa germánica, y

---

[1] **el pobrecito de Asís**   a reference to Saint Francis of Assisi (1182–1226).
[2] **Descartes**   René Descartes, a French philosopher and mathematician (1596–1650).

Platón,³ al descubrirnos en el *Fedro*⁴ la ciencia de amor, que es la ciencia de la ciencia, cuida de presentarnos a Sócrates⁵ y su amigo dialogando en una siesta canicular,° al margen del Ilisos, bajo el frescor de un alto plátano° sublime, en tanto que sobre sus cabezas las cigarras° helénicas vertían su rumor.

Son éstos unos pensamientos de El Escorial,⁶ durante una fiesta de Resurrección.°

Era un día de los comienzos de abril, que es en el Guadarrama⁷ tiempo muy revuelto.° Fugitivo el invierno, aún se revuelve hosco y hace que su retaguardia° dé unas últimas embestidas° a la joven primavera invasora. El combate se realiza sobre el testuz° granítico del Monasterio, nuestra gran piedra lírica. Hay allí un amplísimo jirón° de purísimo azul a quien ponen cerco° las nubes blancas, nubes que llegan rápidas y se amontonan en guerrera turbulencia, como escuadrones de caballeros sobre potros° de lomos° y pechos redondos. Son nuestras nubes españolas que se encrespan° en telones° verticales, poblando el cielo de un entusiasmo barroco;° son las nubes mismas que nuestros orives° y nuestros escultores ponen detrás de las cabezas inclinadas de los Cristos, nubes de gloria y de triunfo después de la muerte.

El Monasterio es un sepulcro inmenso, sobre el cual este cielo de abril parece el escenario dispuesto a una resurrección.

Mas no conviene que entremos en San Lorenzo atravesando la Lonja;° correríamos algún riesgo. Para estos días de combate elemental se hizo un conducto subterráneo que nos permite llegar sanos y salvos al interior del edificio. Pues hay en El Escorial un tremendo ser, todo ímpetu y coraje, pasión y voluntad, que sojuzga° estos días por entero al contorno. Es el viento, el viento indomable.° Baja de la Merinera, allá en lo alto, baja arrollándolo todo,° y se rompe la frente contra la esquina occidental del Monasterio; dando aullidos de dolor,

---

³ **Platón**   Plato, an ancient Greek philosopher (ca. 428 B.C.–348 or 347 B.C.).
⁴ *Fedro*   Phaedrus, a work by Plato that unites a discussion of the psychology of love with the subject of how a scientific rhetoric might be built on the foundation of logical method and scientific study of human passions.
⁵ **Sócrates**   Socrates, an ancient Greek philosopher (ca. 469 B.C.–399 B.C.).
⁶ **El Escorial**   the monastery-palace of San Lorenzo de El Escorial, founded in 1563 and located in a town of the same name near Segovia. The area is a popular vacation spot for residents of Madrid, and Ortega's family often summered there.
⁷ **el Guadarrama**   a mountain range in central Spain.

después de hacer teclear° las pizarras° de las techumbres, rueda por las vertientes, gana el valle entre tolvaneras° y en un gran brinco postrero° aspira hacia Madrid.

No en vano ha sido el viento siempre para la imaginación humana símbolo de la divinidad, del puro espíritu. En la Biblia suele Dios presentarse bajo la especie de un vendaval,° y Ariel, el ángel de las ideas, camina precedido de ráfagas.° Mientras por materia entendemos lo inerte, buscamos con el concepto de espíritu el principio que triunfa de la materia, que la mueve y agita, que la informa y la transforma y en todo instante pugna contra su poder negativo, contra su trágica pasividad. Y, en efecto, hallamos en el viento una criatura que, con un mínimo de materia, posee un máximo de movilidad: su ser es su movimiento, su perpetuo sostenerse a sí mismo, trascender de sí mismo, derramarse° más allá de sí mismo. No es casi cuerpo, es todo acción: su esencia es su inquietud. Y esto es, de uno u otro modo, en definitiva, el espíritu: sobre la mole° muerta del universo una inquietud y un temblor.

Si queremos hallar dentro del monasterio algo digno de este furioso viento que barre La Lonja y sacude los árboles, tenemos que penetrar en las salas Capitulares y detenernos ante el *San Mauricio*[8] del *Greco*.[9]

Sabido es que el pintor cretense[10] envió este lienzo a Felipe II[11] para optar° en un concurso a la dignidad° de real° pintor. La obra no satisfizo, y el Greco continuó hasta la muerte hincado° en Toledo.

La escena que representa es de las más exaltadas que refiere la leyenda áurea.° La legión tebana,° compuesta de 6.666 soldados, se niega a° reconocer los dioses paganos. El emperador ordena entonces que sea diezmada.° Cumplida la sentencia decimal, segadas° las juveniles gargantas, cargado el aire con la acritud de la sangre que humea, Mauricio reúne a sus legionarios y les dice estas sencillas palabras: «Os felicito al veros prestos a morir por Cristo —sigamos a nuestros compañeros en el martirio».

rattle / slate shingles
dust storms
brinco... final leap

gale
gusts of wind

to spill over

mass

to be considered / post / royal

entrenched

golden / Theban
se... refuses to
sea... be decimated, every tenth man killed
slit

---

[8] **San Mauricio**   the complete title of the painting is *El martirio de San Mauricio*; it was painted between 1580 and 1582.
[9] **El Greco**   El Greco, meaning **el Griego** or *the Greek*, is a pseudonym for Domenikos Theotocopoulos (1541–1614).
[10] **cretense**   from Crete, a Greek island in the Mediterranean, where El Greco was born.
[11] **Felipe II**   Philip II was king of Spain from 1556–1596; he commissioned the construction of the Escorial.

Este momento, la vibración esencial de estas palabras, constituyen el tema del Greco. Es un grupo de hombres ensimismados, y, sin embargo, en profunda conversación y comunicación. Parece que ha descendido cada cual al fondo de sí mismo y ha encontrado allí a los demás.

Forman un grupo de conspiradores: conspiran su propia desaparición. Yo llamo a este cuadro la «invitación a la muerte», y en la mano de San Mauricio, que vibra persuasiva, en tanto que sus palabras convencen a sus amigos de que deben morir, encuentro resumido todo un tratado° de ética. Esa mano y la mano de nuestro Don Juan,[12] poniendo su vida a una carta° bajo la luz de un candil en algún garito ominoso, tienen secreta afinidad, que bien merecía ser meditada.

En este cuadro, como en todos los italianos, hacen las figuras gestos que, al pronto, no entendemos. No son, en efecto, los que se emplean en los usos ordinarios de vivir. ¿Quiere decir que no son reales? Nuestra nativa propensión a no creer en lo heroico nos lleva a dudar de la realidad de estos gestos, en que se expresan acciones ejemplares y sentimientos esenciales. Un como plebeyismo° ambiente nos mueve a medir la vida con el metro de nuestras horas inertes. Pero Mauricio está aquí en la cima° de su propia existencia, ha tomado en vilo su propia vida° y la va a regalar. ¿Creéis que a esta voluntad pueda corresponder una actitud consuetudinaria?°

Los gestos, decía yo, son reacciones a lo que se ve y se oye, al paisaje en torno. No caigamos en el error de suponer que Mauricio el Tebano veía el mismo paisaje que nosotros. Al contrario, partiendo de su actitud como de una cifra° henchida de sentido,° debemos reconstruir el mundo que a su alma se presenta. Es la pregunta que nos hacemos delante de la Gioconda:[13] ¿qué será, qué será lo que está viendo esta mujer para sonreír de tal manera?

La actitud de San Mauricio es la actitud ética por excelencia.

La bondad o maldad de que habla la ética es siempre la bondad o maldad de una volición, de un querer. No las cosas son buenas o malas, sino nuestro querer o nuestro no querer.

Ahora bien; notad qué dos significados más distintos puede tener la palabra *querer*. En el uso ordinario de la vida, cuando

---

[12] **Don Juan** a universal literary figure based on legend, who exemplifies the doctrine of free will, and is characterized by reckless defiance of conventional morality.
[13] **la Gioconda** Italian name for the *Mona Lisa*, a portrait of a woman by Leonardo da Vinci, a Renaissance painter (1452–1519).

decimos querer algo, no pretendemos decir que si quedásemos solos en el mundo ese algo y nosotros estaríamos satisfechos. No: nuestro querer ese algo consiste en que nos parece necesario para otra cosa, la cual queremos a su vez para otra. De estas cadenas de voliciones, en que un querer sirve a otro querer, se compone el tejido° de nuestra habitual existencia: Con una porción de nuestro ánimo prestamos un servicio a otra porción de él, y así sucesivamente. Tal modo de querer —de querer utilitario— convierte nuestra morada° íntima en una casa de contratación.°

Mas ¿qué semejanza puede existir entre ese querer lo uno para lo otro con aquel en que queremos algo por ello mismo, sin finalidad ninguna? Nuestro querer negociante, nuestra voluntad a la inglesa° —y digo esto porque el utilitarismo es la moral inglesa—, había colocado las cosas todas en cadenas interminables donde cada eslabón° es un medio para el próximo, y, por tanto, tiene el valor relativo del lugar que ocupa en la cadena. Mas este querer de nueva y más pura índole° arranca de esa cadena una cosa y, solitaria, sin ponerla en relación con nada, lujosa y superfluamente, por ella misma la afirma. Frente a esta actitud de nuestra voluntad todas las demás actitudes adquieren un sentido meramente económico donde las cosas se desean como medios. El querer ético, en cambio, hace de las cosas fines, conclusiones, últimas fronteras de la vida, postrimerías.° Termina en nosotros el vaivén° de la contratación, deja de ser nuestro espíritu una pluralidad de individuos elementales cada cual con su pequeño afán egoísta que es preciso contentar. Entra en ejercicio lo más profundo de nuestra personalidad, y reuniendo todos nuestros poderes dispersos, haciéndonos, por caso raro, solidarios con nosotros mismos, siendo entonces y sólo entonces verdaderamente nosotros, nos ligamos al objeto querido sin reservas ni temores. De suerte que no nos parecería soportable vivir nosotros en un mundo donde el objeto querido no existiera; nos veríamos como fantasmas de nosotros mismos, como infieles a nosotros mismos.

Por esto, San Mauricio toma su propia vida y la de sus legionarios y la arroja° lejos de sí. Precisamente porque conservándola no sería su vida. Para ascender a sí mismo, para ser fiel a sí mismo, necesita volcarse° íntegro en la muerte. Siempre en la voluntad de morir se busca una resurrección. Y el mismo acto en que se renuncia a la propia vida significa la suprema afirmación de la personalidad: es un volver de la periferia a nuestro centro espiritual.

La mayor parte de los hombres no hacemos sino querer en el sentido económico de la palabra: resbalamos° de objeto en objeto, de acto en acto, sin tener el valor de exigir a ninguna cosa que se ofrezca como fin a nosotros. Hay un talento de querer, como lo hay del pensar, y son pocos los capaces de descubrir por encima de las utilidades sociales que rigen nuestros movimientos que nos imponen esta o aquella actitud, su querer personalísimo. Solemos llamar vivir a sentirnos empujados por las cosas en lugar de conducirnos con nuestra propia mano.

Por tal razón yo veo la característica del acto moral en la plenitud con que es querido. Cuando todo nuestro ser quiere algo —sin reservas, sin temores, integralmente— cumplimos con nuestro deber, porque es el mayor deber de la fidelidad con nosotros mismos. Una sociedad donde cada individuo tuviera la potencia de ser fiel a sí, sería una sociedad perfecta. ¿Qué significa lo que llamamos hombre íntegro sino un hombre que es enteramente él y no un zurcido° de compromisos de caprichos, de concesiones a los demás, a la tradición, al perjuicio?

En este sentido me parece Don Juan una figura de altísima moralidad. Notad qué lealmente va Don Juan por el mundo en busca de algo que absorba por completo su capacidad de amar: se afana° incansablemente en la pesquisa° de un fin. Mas no lo encuentra: su pensamiento es escéptico aun cuando es su pecho heroico. Nada le parece superior a lo demás: nada vale más, todo es igual. Pero sería incomprensivo tomarle por un hombre frívolo. Lleva siempre en la mano su propia vida, y como todo le parece del mismo valor, consecuente con su corazón, está dispuesto a ponerla sobre cualquier cosa, por ejemplo, sobre este caballo de copas.[14] Tal es la tragedia de Don Juan: el héroe sin finalidad.

El Greco se ha pasado la vida pintando muertes y resurrecciones. No concebía la existencia en forma de pasividad. Los hombres de sus retratos tienen almas fosforescentes, prestas a fenecer° en una última llamarada.°

Recuerdo la honda impresión recibida hace años en París un día que subí los innumerables escalones de una casa en la calle Caulaincourt, donde, en el último piso, tiene su estudio Zuloaga.[15]

---

[14] **caballo...**   a playing card from the suit of goblets (**copas**) in the Spanish deck.
[15] **Zuloaga**   Ignacio Zuloaga (1870–1945) was an impressionist painter known for his portrayals of traditional Castilian figures and landscapes.

Es un aposento° modestísimo, desmantelado,° y yo diría que en medio del lujo de París parecen afirmar aquellas cuatro paredes el derecho a la desolación y a la rudeza que se alza en el fondo de todos los cuadros zuloaguescos. Únicamente pendía en uno de los muros una pintura: la *Apocalipsis*, del Greco, o, mejor dicho, la parte inferior° de esta composición que en una de sus correrías por el interior del cuerpo castellano logró descubrir Zuloaga. Este cuadro, según se desprende° del inventario de los bienes del Greco, recientemente descubierto por el señor San Román, debió ser uno de los últimos que pintó Domenico Theotocopuli, y es como una postrera visión de la materia por un espíritu que va a consumirse quemado por sus propios ardores. En primer término, a la izquierda, la enorme figura de San Juan,[16] el viejo virgen, con las manos en alto, en ademán° equívoco° de espanto y evocación. Y tras él, bajo una gran batalla que riñen en lo alto las nubes, cuerpos desnudos y flameantes que aspiran a volatilizarse y sumirse en aquel drama aéreo y semiespiritual de los cielos. Y nada más. ¿Es necesario más? La *Apocalipsis* es un cuadro ejemplar; ante él sentimos, con pavorosa proximidad, el tema más sencillo y más profundo de la pintura: un poco de materia puesta a arder.

room / empty

lower

según... according to what may be deduced

gesture / ambiguous

Actividades preinterpretativas

COMPRENSION

Conteste a las siguientes preguntas.

1. ¿Qué es la vida, según el ensayo?
2. ¿Cómo explica Ortega la diferencia entre el hombre y la araña?
3. ¿Cómo es el viento de abril en San Lorenzo de El Escorial?
4. Según el ensayo, ¿cómo se diferencian la materia y el espíritu?
5. ¿Cuáles son los personajes históricos o literarios que se mencionan en el ensayo?
6. ¿Qué escena histórica representa el *San Mauricio* del Greco?
7. ¿Cuáles son algunas características de las obras del Greco?

---

[16] **San Juan**   St. John the Evangelist, one of the twelve apostles of Jesus, is cited as the author of the last book of the New Testament, the Revelation or Apocalypse.

8. ¿Qué relación ve Ortega entre el *San Mauricio* del Greco y la *Gioconda* de da Vinci?
9. ¿Cuáles son los dos significados que se dan a la palabra **querer**?
10. Según el ensayo, ¿cuál es el mayor deber de la fidelidad con nosotros mismos?

BUSCANDO CLAVES

Busque en el ensayo frases que indiquen o sugieran las cosas siguientes.

1. la perspectiva del individuo
2. la naturaleza
3. la firmeza
4. el movimiento, la energía y la fuerza
5. contrastes

Actividades interpretativas

OPINIONES Y ANALISIS

Conteste a las siguientes preguntas.

1. ¿Qué pretende decir Ortega al describir la vida como un diálogo entre el individuo y su entorno?
2. ¿Qué sugiere la descripción del monasterio de El Escorial como «piedra lírica»? ¿Qué conceptos sugieren la imagen del combate entre el viento y el monasterio?
3. ¿A base de qué elementos encuentra Ortega apoyo para sus ideas en los cuadros del Greco? Según él, ¿por qué no se pueden entender fácilmente los gestos de San Mauricio?
4. Según Ortega, ¿cuáles son los aspectos positivos o negativos del querer utilitario y el querer ético? ¿Por qué considera él la actitud de San Mauricio «la actitud ética por excelencia»? ¿Cómo entiende Ud. las palabras: «Siempre en la voluntad de morir se busca una resurrección»?
5. ¿Por qué es Don Juan una figura de altísima moralidad para Ortega? ¿Considera Ud. lógico su argumento? ¿Por qué sí o por qué no?

¿ESTA UD. DE ACUERDO?

Responda a las afirmaciones que siguen. Justifique sus respuestas basándose en ejemplos del ensayo.

1. Según el ensayo, la sociedad ideal sería una en la cual todos se mantienen fieles al líder o soberano.
2. La comparación que hace Ortega entre el hombre y la araña es lógica.
3. Los comentarios expresados en el ensayo reflejan, sobre todo, una educación cristiana.

Actividades de síntesis

TEMAS PARA ESCRIBIR

1. Analice la descripción del monasterio de El Escorial en abril como metáfora de la existencia. Piense, por ejemplo, en la relación entre el individuo y la muerte y las posibles maneras de tratar con ese destino.
2. Analice el concepto de la relación entre el individuo y sus circunstancias expuesto en «Muerte y resurrección». Considere, entre otras cosas, el simbolismo del paisaje y los gestos y el significado del martirio de San Mauricio.
3. Analice el concepto de lo moral en «Muerte y resurrección». Considere, entre otras cosas, las diferencias que se establecen entre los actos auténticos y los inauténticos.

OTRAS PERSPECTIVAS

1. ¿Podrían sustituirse los personajes que figuran en «Muerte y resurrección» por otras figuras históricas o literarias? ¿Cuáles? Explique.
2. ¿Qué obras de arte que conoce Ud. parecen comunicar algo esencial sobre la existencia humana? Explique.
3. ¿Qué posibles consecuencias sociales podría tener caracterizar el acto moral por la plenitud con que es querido? Justifique su respuesta.

ENLACES

1. Compare y contraste el concepto del arte en «En la edad del pato» y «Muerte y resurrección».

2. Compare y contraste el concepto de la existencia en «A través de las ondas» y «Muerte y resurrección».

3. Compare y contraste el tema de la autenticidad en dos de las obras siguientes: «Orquesta de verano», «Cuento de la peluca» y «Muerte y resurrección».

4. Compare y contraste la relación entre el individuo y sus circunstancias en «Quince de agosto» y «Muerte y resurrección».

5. Compare y contraste el concepto del heroísmo en «El inquisidor» y «Muerte y resurrección».

Apéndice literario

Algunos términos literarios

alegoría (*allegory*): cuando en una narración o historia, los personajes y los incidentes representan ideas abstractas, normalmente morales o éticas, en términos concretos. La alegoría hace uso principalmente de la metáfora y la personificación.

ambiente (*setting*): los elementos como el paisaje, lugar geográfico y social en que se desarrolla una historia.

anticipación (*foreshadowing*): cuando el autor anticipa una pequeña insinuación de lo que va a pasar, sin revelar mucho, para dejar al lector en suspenso.

antítesis (*antithesis*): consiste en contrastar una palabra, una frase o una idea a otra de significado opuesto.

argumento (*plot*): asunto o trama de que se trata una obra.

arquetipo (*archetype*): modelo o prototipo de un tipo de personaje, obra o concepto.

atmósfera (*atmosphere*): impresión general que nos da una obra al leerla, uniendo todos los elementos de que se compone, como tiempo, lugar, tema, personajes, etcétera. Según estos elementos, la obra puede ser de terror, de cinismo, romántica, etcétera.

caricatura (*caricature*): representación exagerada de un personaje.

ciencia-ficción (*science fiction*): narración en la que los hechos reales, los fantásticos y los imaginados pueden coexistir en el mismo plano.

contraste (*contrast*): cuando se ponen en oposición palabras, conceptos o acciones.

culminación (*climax*): punto de más intensidad en una obra. La acción llega a su momento culminante, y a partir de ahí, todos los problemas deben resolverse.

desarrollo (*development*): forma en que el autor va presentando los hechos e incidentes que llevan al desenlace de la historia.

desenlace (*ending*): solución que da el autor a la acción de la obra.

diálogo (*dialogue*): conversación entre los personajes de una novela, cuento o drama. El diálogo sirve como medio para desarrollar la trama y la acción, o para caracterizar a los personajes de la obra.

distanciamiento histórico (*historical distancing*): distanciar los sucesos en el tiempo. Se presentan sucesos o situaciones de la época actual en un tiempo pasado generalmente con propósito de producir la crítica o la especulación intelectual.

doble (*doubling*): se refiere generalmente a un personaje o cosa duplicada por medio de la división o de la repetición.

doble sentido (*double meaning*): palabra o expresión que se presta a más de una interpretación.

estilo (*style*): modo en que un autor se expresa.

fábula (*fable*): obra alegórica de enseñanza moral.

forma (*form*): estructura de la obra.

género (*genre*): división de obras en grupos determinados, según su estilo o tema. En literatura, los géneros principales son la poesía, el drama, la novela y el ensayo.

imagen (*image*): representación de una cosa determinada con detalles exactos y evocativos.

intertextualidad (*intertextuality*): referencias a otros textos o medios de expresión (obras literarias, pinturas, películas, formas de comunicación popular como canciones o el periódico, etcétera) dentro de un texto.

ironía (*irony*): palabras o acciones que dan a entender lo contrario de lo que se dice o se hace.

laberinto *(maze):* estructura verdadera o metafórica en donde uno se pierde fácilmente y de donde es difícil salir.

leitmotiv *(leitmotif):* frase o idea que se repite en una obra.

metaficción *(metafiction):* obra de ficción que analiza sus propias características y trata temas como el proceso creador o la relación entre la literatura y la vida.

metáfora *(metaphor):* manera de expresarse que produce una comparación mental a través del cual el sentido de una palabra se cambia por otra.

mito *(myth):* historia inventada, que a menudo se basa en un hecho real o histórico, que expresa o simboliza ciertos aspectos de la existencia humana.

monólogo *(monologue):* parte de una obra en la que el personaje habla solo.

monólogo interior *(stream of consciousness):* las ideas que pasan por la mente de un personaje en una novela o cuento, presentadas según van surgiendo sin una secuencia ordenada.

moraleja *(moral):* enseñanza moral contenido en un cuento o fábula.

narrador(a) *(narrator):* el (la) que cuenta la historia.

paradoja *(paradox):* palabra o expresión que abarca una contradicción.

parodia *(parody):* imitación burlesca de algo serio cuyo propósito es criticar o satirizar.

personaje *(character):* persona en una novela, un drama, un cuento o un poema.

personificación *(personification):* especie de metáfora en la que se les atribuyen cualidades humanas a objetos o cosas inanimadas.

protagonista *(protagonist):* personaje principal de una obra.

punto de vista *(point of view):* según quién sea el narrador de la obra, así es el punto de vista. Si el narrador puede ver todo lo que pasa, se le llama «autor omnisciente». Si es un personaje, puede ser el «yo testigo» o el «yo personaje». Según todo esto, el punto de vista puede resultar móvil o estático, microscópico o telescópico, universal o individual.

retrovisión *(flashback):* técnica cinematográfica usada por novelistas, cuentistas y dramaturgos. A través de una serie de retrocesos al pasado, en una historia, el lector conoce los hechos que llevaron al momento presente.

sátira *(satire):* composición cuyo objetivo es criticar o poner en ridículo a personas o cosas.

símbolo *(symbol):* imagen, figura u objeto que se utiliza para expresar una idea.

símil *(simile):* comparación expresa de un objeto con otro para darle un sentido más vivo.

subtema *(subtopic):* en una obra, temas secundarios que pueden desarrollarse en contraste, separada o paralelamente a la acción principal.

tema *(theme):* pensamiento central de la obra.

tipo *(type):* personaje en una obra que representa ciertos aspectos de una clase social, pero que no tiene individualidad.

Vocabulario

This vocabulary provides contextual meanings of words and expressions that are glossed when they first appear in the book, as well as vocabulary in the exercises that may be unfamiliar to some students. Cultural references explained in footnotes, certain low-frequency words and expressions, proper names, and neologisms are not included.

Adjectives are listed in the masculine form. The following abbreviations are used: *dim.*, diminutive; *f.*, feminine; *m.*, masculine; *pl.*, plural; *sing.*, singular.

A

a to; at; by
   a ciencia cierta for certain
   a deshora unexpectedly
   a hurtadillas stealthily
   a la corta in the short run
   a la inglesa English-style
   a la larga in the long run
   a la redonda in any direction
   a lo largo during
   a lo mejor maybe
   a ninguna parte going nowhere
   a palos with a club
   a ras del suelo level with the floor
   a rayas striped
   a salto de mata on the run
   a tientas groping
   a tono in the proper way
   a través de over; through
abanicarse to fan oneself
abarcable manageable
abarcar to include
abarrotado filled; crowded
abastecer to provide for
abatir to depress; to humiliate
abismarse to become absorbed in; to stare
abjurar to renounce
abocarse to hand down (*a decision*); to confront
aborrecer to hate
abrumado overwhelmed
abstemio *m.* teetotaler
abusar to go too far, to overdo
acantilado *m.* cliff
acaramelado sweet
acariciar to caress
acarrear to transport, to bring; to cause
acatamiento *m.* respect
acatar to respect
acechanza *f.* trap
acechar to watch; to wait for
acecho watching, spying
   en acecho vigilant
acera *f.* sidewalk; curb
acercarse a to move in on
acertar to guess correctly
acomodado comfortable (*financially*)
acomodarse to adjust to
acompasado rhythmic
acongojado distressed
acordar to agree
   acordarse de to remember
acosar to hound
acribillar to pierce; to bother
acta *f.* (*but* **el acta**) document
actual current (*time*)
acualera *f.* watercolor
acuciante intense, persistent
acudir to go
   acudir a las mientes to occur to, to cross one's mind
acuoso watery
acurrucado crouched
achicharrarse to become burned
achispar to make tipsy
adarme *m.* dram (*weight*)
adelantar to move ahead, to advance; to gain
ademán *m.* gesture

adentrarse to enter into
adivinar to guess
adormilado asleep
adrede on purpose
advertencia *f.* warning
advertir to warn
afán *m.* desire; anxiety
afanarse to work hard; to strive for
aferrar to grab
aferrarse a to stick to
aflojar to loosen
aflorar to emerge
afluente *m.* tributary
afluir to flow
agarrar to grab
agazapado hidden
aglutinar to join
agolparse to flock; to crowd together
agostar to wither
agotar to exhaust
agradecer to appreciate; to thank
agredido attacked
agriado embittered
agriar to embitter
agrietado cracked
agrio sour
aguacero *m.* downpour
aguantar to bear; to last
    aguantar mecha to grin and bear it
aguar to spoil (*a party*)
aguardar to await
aguja *f.* needle
agujeta *f.* cramp
ahilado *m.* person faint with hunger
ahínco *m.* zeal
    con ahínco zealously
ahogar to suffocate
ahogo *m.* shortness of breath
ahumar to smoke
ahuyentar to make disappear
ajedrez *m.* chess

ajeno belonging to another; removed from
ajetreo *m.* bustle
ajusticiar to execute
ala *f.* (*but* **el ala**) brim (*of a hat*)
alambre *m.* wire
álamo *m.* poplar
alarde *m.* ostentation
alargar to hold out (*something*)
alba *f.* (*but* **el alba**) dawn
albor *m.* light of dawn
albornoz *m.* bathrobe
alborotado rowdy; disheveled
alborozo *m.* jubilation
alcance *m.* reach
    al alcance within reach
alcanzar to reach
alcotán *m.* falcon
aleccionar to coach
alejarse to lead away from
alelado stupidly, dully
aleluya *f.* verse
alero *m.* eave
aleta *f.* bumper
aleteador fluttering
alfiler *m.* pin
    alfiler de cabeza gorda decorative pin
alfilerazo *m.* pinprick
algarabía *f.* confusion
alhaja *f.* jewel
alivio *m.* relief
alma *f.* (*but* **el alma**) soul
almagre *m.* rust color
alminar *m.* minaret
almohada *f.* pillow
alpargata *f.* espadrille
alusión *f.* allusion
alzarse to rise
allende beyond
amainar to die down, to subside
amanecer *m.* dawn
amante *m., f.* lover
amargarse to become bitter
ambiente *m.* atmosphere

ambos both
amenaza *f.* threat
ametralladora *m.* machine gun
amigdalitis *f.* tonsilitis
amontonar to pile up; to throw together
amparado secure
analfabetismo *m.* illiteracy
ancho *m.* width
andarín(ina) *m., f.* hiker, tireless walker
andén *m.* platform (*train station*)
andrajoso ragged
anegar to flood
angarillas *f. pl.* handbarrow
anguila *f.* eel
angustiar to distress
anhelante yearning
anidar to nest; to live
anillo *m.* ring
    anillito (*dim.*) **de sello** sealing ring
ánimo *m.* spirit
anonadar to dumbfound
ante before; in the face of
antelación *f.* advance, prior
    con antelación in advance
antiparras *f. pl.* eyeglasses
antojo *m.* whim
    por antojo on a whim
antropofagia cannibalism
añil bluing
añorar to yearn for
apacible peaceful
apaciguar to relax
apagadamente listlessly
apagado extinguished; lifeless
apercibirse de to notice
apesadumbrado distressed
apestado *m.* plague victim
apestoso foul-smelling
apilar to pile up
aplastante overwhelming
aplastar to crush
aplomo *m.* aplomb

apoderarse de to take over
aposento *m.* room
apostar to bet
apresado trapped
apresuradamente fast, hurriedly
apresurarse a to hasten
apretar to press; to squeeze; to huddle
apretujado squeezed, jammed
apuesta *f.* bet
apuesto elegant
apurarse to worry
apuro *m.* difficulty
aquilatar to examine closely
araña *f.* spider
arañar to scrape; to scratch
arbusto *m.* bush
arder to burn
arena *f.* sand
argüir to argue
armario *m.* closet, wardrobe
   armario de luna mirrored wardrobe
armazón *m.* frame
arrancar to pull up; to pull out; to start up *(motor)*
arrastrar to drag
arrebujado huddled
arreciar to grow worse
arreo *m.* trapping, adornment
arrimarse a to approach; to move closer to
arrodillado kneeling
arrojar to fling
arrollar to sweep away
arropar to enfold
arroyo *m.* stream
arruga *f.* ripple; wrinkle
artero crafty
asar to roast
asediado besieged
aserradero de madera *m.* sawmill
asilo *m.* home for the elderly, rest home

asomar to show, to be visible; to appear
asombroso amazing
asqueroso disgusting
asunto *m.* matter
atabón *m.* sun-dried brick
atadura *f.* tie, bond
atar to tie
atasco *m.* obstruction; traffic jam
ataúd *m.* coffin
atentado *m.* attack
aterrar to terrify
atildado dapper
atinar to manage, to get along
atisbar to stare
atontado *m.* dim-witted person
atosigar to bombard
atragantar to choke
atreverse to dare
atrevido daring
atronar to deafen
atusarse to fix
augurar to predict, to warn
aullido *m.* wail; howling
áureo golden
auto *m.* judicial ruling; car
automóvil *m.* automobile, car
   automóvil de choque bumper car *(carnival ride)*
avasallar to control, to subjugate
avejentar to age prematurely
avellano *m.* hazel tree
avergonzar to shame
averiguado verified, certain
averiguar to find out
axila *f.* underarm
ayuno *m.* fasting
ayuntamiento *m.* local government; city hall
azar *m.* chance
azararse to become flustered
azaroso risky
azogue *m.* public plaza
azoramiento *m.* confusion

B

bacalao *m.* codfish
bacilo *m.* germ
bachiller(a) *m., f.* high-school graduate
balar to bleat
balbucear to stammer
balbuceo *m.* stammering
baldosa *f.* floor tile
   baldosa de piedra flagstone
bamboleo *m.* listing (to one side), swaying
banco *m.* bench
bandeja *f.* tray
barandilla *f.* banister; footboard
barbilla *f.* chin
barca *f.* small boat
   barca voladora flying boat *(carnival ride)*
barquero *m.* boatman
barraca *f.* shack
barreno *m.* blast
barriga *f.* stomach
barroco baroque, extravagant
bártulos *m. pl.* household goods
barullo *m.* commotion
báscula *f.* scale
basta enough
bata *f.* bathrobe
batido under fire
baúl *m.* trunk
bazuqueo *m.* the firing of bazookas
beato pious
beca *f.* scholarship
becario(a) *m., f.* scholarship student
beneficencia *f.* benevolence
beneficio *m.* income
bicho *m.* bug
bifurcarse to branch off, to fork; to split
bigote *m.* mustache

biombo *m.* folding screen
bisabuela *f.* great-grandmother
bisoñé *m.* toupee
blanco white; *m.* white wine
blandear to soften
bloque *m.* apartment building
bobalicón dumb, stupid
bobo foolish
bocacalle *f.* intersection
bocina *f.* horn
bochorno *m.* shame
boina *f.* beret
bolígrafo *m.* ballpoint pen
bombilla *f.* light bulb
boquerón *m.* sardine
bordillo *m.* curb
borrador *m.* rough draft
borrego *m.* fool
borroso blurry
bosque *m.* woods, forest
   bosque abajo down through the woods
bostezo *m.* yawn
bota *f.* wineskin
bote *m.* jar
botica *f.* pharmacy
bragas *f. pl.* panties, underpants
bramido *m.* roar
brasa *f.* coals
brecha *f.* opening
brega *f.* struggle
bregar to fight
brincar to jump
brinco *m.* leap
brindar to offer
brizna *f.* piece
brochazo *m.* brush stroke
bromista joking
bronca *f.* fight
brote *m.* shoot, sprout
bruja *f.* witch
brumoso hazy, foggy
bruto gross
buchón plumped like a pigeon
bulto *m.* shape; package

bullanguero rowdy
burbuja *f.* bubble
burilado *m.* engraving
buscar to look for
   buscar a tientas to grope

C

caballería *f.* cavalry
caballete *m.* easel
caballito (*m.*) **del diablo** dragonfly
cabecear to flit; to nod
caber to fit
cabezal *m.* headrest
cabezota *f.* big head
cabo *m.* end, tip; loose end; corporal
   al cabo de after
cacillo *m.* small ladle
cacharro *m.* pot
cada each, every
   cada cual each one
   cada dos por tres frequently
caer to fall
   dejar caer to let fall
caja *f.* box; coffin
calado jammed down
caldo *m.* broth
calva *f.* bald spot
calvicie *f.* baldness
callado quiet
callejeo *m.* stroll
camarote *m.* room
camastro *m.* makeshift bed
campanario *m.* bell tower
campo *m.* camp; countryside
   campo disciplinario punishment camp
can *m.* dog
cana *f.* white or gray hair
canalla *f.* scum, despicable person
canario *m.* native of the Canary Islands

candidez *f.* candor, naive idea
cándido naive
canicular midsummer
canijo rickety
canonjía *f.* canonry (*a church office*)
cansino tiring
cántara *f.* jug
cántaro *m.* jug
cantera *f.* quarry
canto *m.* crust of bread
canturrear to hum
caña *f.* pole; cane
cañaveral *m.* cane thicket
capa *f.* cape; shape; coating
capar to castrate
capricho *m.* whim
capucha *f.* hood
capullo *m.* bud
cara *f.* face
   de cara lavada barefaced, without makeup
carcajada *f.* guffaw, peal of laughter
carcoma *f.* termite
carcomido rotted
cárdena purplish, violet
cardenalicio reddish
cardo *m.* thistle
carecer to lack
carga *f.* burden; load
cargado strong (*coffee*)
cariacontecido glum
caridad *f.* charity
carne *f.* flesh; meat
   carne fiambre cold cut
carrera *f.* career; course of study; race
   carrera de saco sack race
   hacer carrera to pursue a university degree
carro *m.* cart
   carro de bueyes oxcart
carrocería *f.* body (*of a car*)
carta *f.* letter; playing card

cartón *m.* cardboard
    cartón piedra papier mâché
cascabel *m.* bell
caserío *m.* small village
caserón *m.* large house
caseta *f.* booth (*at a fair*)
caso *m.* event; matter
    hacer caso to pay attention
caspa *f.* dandruff
castaño *m.* chestnut tree
    castaño de Indias horse-chestnut tree
casualidad *f.* coincidence
causa *f.* trial
cautela *f.* caution
cauto cautious
cavar to dig
cavilar to think
cayado *m.* shepherd's crook
caza *f.* hunting
    ir de caza to go hunting
cazar to hunt
cazurramente sullenly
cegador blinding
ceja *f.* eyebrow
    enarcar las cejas to arch one's eyebrows
celada *f.* ambush
celeridad *f.* speed
celo *m.* zeal
    celos *m. pl.* jealousy
célula *f.* cell
cenefa *f.* trim
ceniciento ashen
ceniza *f.* ash
ceñirse to limit oneself
    ceñirse a la tarea to focus on a task
cerca *f.* fence
cerciorarse to assure oneself; to make sure
cerdito *m.* (*dim.* **cerdo**) little pig
cereza *f.* cherry
cerezo *m.* cherry tree
cernir to sift, to sieve
cesante *m., f.* unemployed person

césped *m.* lawn
cesta *f.* basket
cesto *m.* basket
cielo *m.* sky; heaven
ciempiés *m.* centipede
cierre *m.* lock
    echar el cierre to lock up
cifra *f.* code
cigarra *f.* cicada
cigüeña *f.* stork
cima *f.* peak
circunstante circumstantial
ciruela *f.* plum
ciruelo *m.* plum tree
cita *f.* date, appointment
ciudadela citadel
civil civilian
claro light (*color*)
clavado motionless
clavar to nail; to fix (*one's gaze*)
clavo *m.* nail
coadjutor(a) *m., f.* assistant
coartada *f.* alibi
cobijarse to take shelter
cobijo *m.* refuge
cochambroso dirty
cochino *m.* pig
codazo *m.* poke
    dar codazos to elbow
codicia *f.* greed
codo *m.* elbow
coger to grab
    coger a tientas to grope
cogitación *f.* reflection
cogote *m.* back of the head
cohete *m.* rocket; fireworks
cohibido restrained
cojín *m.* cushion
cojo lame
cola *f.* glue; line
colación *f.* snack
colilla *f.* cigarette butt
colmar to fulfill
colocación *f.* employment
combar to bend
comedir to arrange

comensal *m.* dining companion
comisura *f.* corner (*of the mouth*)
cómitre *m.* commanding officer
cómoda *f.* bureau, chest of drawers
comparecer to appear
competencia *f.* responsibility
complacido satisfied
componérselas to work things out
comprobar to confirm
compulsar to compare
con with
    con ahínco zealously
    con arreglo a according to
    con desaire carelessly
    con escarnio mocking
conceder to grant
concurso *m.* contest
concha *f.* shell
conejo *m.* rabbit
confiado self-confident
confianza *f.* trust
confín *m.* edge
congoja *f.* anguish
conjuntamente together
conjuración *f.* conspiracy
conjurar to conspire
conjuro *m.* spell
conmovedor moving, touching
consternado frightening
consuetudinario ordinary
contorno *m.* area, surroundings
contrarrestar to counter
contratación *f.* trade, commerce
converso *m.* convert
copa *f.* crown (*of a hat*)
corcho *m.* cork
correo *m.* mail train
correr to run
    correr mucho mundo to travel through much of the world
corretear to frolick
corro *m.* ring (*of trees*)
corte *m.* length (*of cloth*)
corteza *f.* bark

Vocabulario

corto short
cosquilleante tickling
costar to cost; to be difficult
costra *f.* crust
cotidiano daily; everyday
crecido high *(level)*
cretona *f.* cotton fabric
criada *f.* maid
criar to raise; to bring up
crispado drawn, gaunt
cromo *m.* picture card
cruce *m.* crossroads
crujir to creak; to crunch
cruz *f.* cross
cuadra *f.* stable
cuadrilla *f.* gang
cuajado crowded
cuando menos at least
cuartelillo *m.* barracks
cuarto-estufa *m.* sauna
cuartucho *m.* dingy room
cubierto *m.* place setting
cuchicheo *m.* whisper
cuello *m.* neck
cuenta *f.* account
   caer en la cuenta de to realize
   cuenta pendiente *f.* unfinished business
   dar cuenta de to give an account
   darse cuenta de to realize
   tener en cuenta to keep in mind
cuento *m.* story, tale
   cuento de hadas fairy tale
cuerdo sane, sensible
cuerno *m.* horn
cuero *m.* skin
cuervo *m.* crow
cuesta *f.* hill
   cuestecilla *(dim.)* little hill
cuestión *f.* question, matter
   el nudo de la cuestión the crux of the problem
cueva *f.* cave
cuitado *m.* wretch

culatazo *m.* blow
culebra *f.* snake
   culebrilla *(dim.)* tiny snake
culebrear to slither
culona big-bottomed
cumbre *f.* peak
cumplido fulfilled
cúmulo *m.* accumulation
cuna *f.* crib, cradle
cuneta *f.* ditch
cura *m.* priest
curarse to recover *(from an illness)*
cuscurro *m.* breadcrust

CH

chaflán *m.* intersection
chal *m.* shawl
chalao stupid
chapa *f.* license plate
chapado a la antigua old-fashioned
charanga *f.* tune
checo Czech
chiflado crazy
chillón loud
chimenea *f.* fireplace
chinche *m.* bedbug
chiquillería *f.* children
chismear to gossip
chispa *f.* spark
chispear to sparkle
chisquero *m.* lighter
chorizo *m.* sausage
chorro *m.* stream
chunga *f.* joke
   en chunga jokingly

D

dar to give; to hit
   dar al magín to imagine
   dar asco to sicken, to disgust
   dar con to come upon

   dar en el clavo to get or understand *(something)*
   dar la lata to pester
   dar la vuelta to turn around
   dar licencia to give permission
   dar por averiguado to be certain *(of something)*
   dar rodeo to take the long way around
   dar un parón to stop suddenly
   dar vueltas to go around in circles
de of; from; about
   de allí a poco after a bit
   de confianza trustworthy
   de consuno by mutual agreement
   de elección chosen
   de improviso without warning
   de lado sideways
   de ordinario usually
   de otra suerte otherwise
   de pronto suddenly
   de puntillas on tiptoe
   de rebote on the rebound
   de rechazo indirectly
   de refilón in passing
   de sobra in excess; more than enough
   de trecho en trecho every so often
deberes *m. pl.* schoolwork
decidor witty
dedo gordo *m.* big toe
delantal *m.* pinafore
deleitarse to take delight in
deleite *m.* pleasure
demacrado emaciated
demorarse to delay
departamento *m.* train compartment
depilarse to depilate, to remove hair
   depilarse las cejas to pluck one's eyebrows
depósito *m.* charnel house

depurador cleansing
derogado abolished
derramarse to spill over
derrota *f.* defeat
derrumbarse to collapse
desafinar to be out of tune
desafío *m.* challenge
desaforadamente furiously
desalentador discouraging
desaliñado messy
desamparo *m.* helplessness
desánimo *m.* dejection
desasosegar to make uneasy
desasosiego *m.* restlessness
desazón *f.* discomfort, anxiety
desazonado uneasy
desbaratado failed
desbordar to flow over
descabalado incomplete
descalzo barefoot
descaradamente shamelessly
descargar to unload; to relieve
descarriado *m.* lost sheep
descartar to rule out; to put aside
descolgarse to come down
descomunal enormous
descubrir to reveal; to discover
desdeñar to scorn
desdibujado faded
desdichado poor fellow, unfortunate wretch
desdoblarse to have children, to reproduce
desechar to decide against
desembocar to lead to
desempeñarse to carry out one's duties
desenlace *m.* outcome
desenredarse to manage for oneself
desentenderse to feign ignorance; to ignore
desenterrar to dig up
desfilar to parade
desfile *m.* parade

desgaire *m.* carelessness
  al desgaire haphazardly
desganadamente unenthusiastically
desgarrado torn
desgarrón *m.* tear, wound
desglosado separated
deshidratado dehydrated
deshincharse to disinflate, to go flat
designio *m.* plan
deslizarse to slip
deslomar to break the back of
deslumbrar to outshine
desmadejado weakened
desmandado unrestrained
desmantelado empty
desmejorado damaged, in bad shape
desmenuzar to separate
desmirriado emaciated
desmochado toppled, severed
desnudo bare, naked
desolador distressing
desorbitado exhorbitant
despanzurrar to gut
desparejado odd, unmatched
despavorido terrified
despechado disgusted
despecho *m.* indignation; dejection
despedido dismissed
despedir to bid farewell; to dismiss
despegar to separate; to take off (*airplane*)
despego *m.* indifference, coldness
despejado confident; wide awake
desperdicio *m.* waste
desperdigado scattered
desperezarse to stretch
despistado disoriented
desplazado out of place
desplazarse to move
desplegar to unfold

despojado stripped
desprender to pull away, to become detached; to deduce
desprevenido unaware
destacar to stand out
destapar to uncover
destartalado dilapidated, ramshackle
destello *m.* flash
destino *m.* fate, destiny; destination
desvaído insignificant
desvanecerse to vanish, to disappear
desvariar to ramble
desvarío *m.* madness; delirium
desvelado wide awake
desvelarse to guard
desviar to change direction
devaneo *m.* delirium
diablo *m.* devil
diablura *f.* prank
dictaminar to express an opinion
dictar to pronounce a sentence
diestra *f.* right hand
diezmado decimated
digerir to endure, to swallow the idea of something
dignidad *f.* post, position
  dignidad apostólica *f.* apostolic office
dilatado long, extensive
diligencia *f.* procedure
dinero *m.* money
  dinero prestado *m.* loan
díscolo disobedient
disfraz *m.* disguise, costume
disfrazarse to disguise oneself
disimular to conceal; to downplay
dispar different; unmatched
disparatado huge
dispensar to excuse
disponerse a to prepare oneself (*to do something*)

Vocabulario **285**

doblar   to fold
docto   learned
dominguero *m.*   Sunday sightseer
don *m.*   gift, talent
dorado   gold
dosis *f.*   dose
dudar   to doubt; to hesitate
duro *m.*   five-peseta coin

E

echar   to throw; to cast; to dismiss; to light
  echar a perder   to ruin
  echar de menos   to miss, to be homesick for
  echar mano de   to fall back on; to lay hands on, to grab
  echárselo en cara   to reproach *(someone for something)*
educando(a) *m., f.*   pupil
efebo *m.*   youth
egoísmo *m.*   selfishness
embebido   engrossed
embellecer   to beautify
embestida *f.*   attack
embobado   fascinated
emborracharse   to get drunk
emborronar   to blur
emboscada *f.*   ambush
embozar   to disguise
embriagar   to intoxicate
embutido   stuffed
empañar   to fog up
empapar   to soak
empecinado   obstinate
empeñarse   to insist
empotrado   built in
empresa *f.*   company
empujar   to push
empuje *m.*   motivation, drive
en   in; at; on
  en alto   raised
  en chunga   jokingly
  en el suelto   jokingly
  en el trayecto   along the way
  en escala   proportionately
  en lo sucesivo   in the future
  en mayor medida   to a greater extent
  en saldo   on sale
  en tropel   in a mad rush
  en un santiamén   in an instant
  en vilo   bodily; uncertain
enajenación *f.*   trance
enarcar   to arch
enardecido   excited
encajado   clenched
encaje *m.*   lace; inlay
encamarse   to droop *(plants)*
encaminar   to direct
encañada *f.*   ravine
encañonado   contained
encaramado   perched
encararse   to confront
encargado *m.*   person in charge
encargo *m.*   order
encarnado   red
encerrar   to lock up
encogerse   to shrink, to contract
  encogerse de hombros   to shrug one's shoulders
encomendar   to commend
enconado   fierce
encontronazo *m.*   crash
encorvado   stooped, hunched
encresparse   to curl
encharcar   to flood
enfrascarse   to immerse oneself; to become absorbed
enfurtir   to shape
enganchado   stuck
engañar   to deceive
engaño *m.*   deception
engarabitado   raised
engrosar   to join
engullir   to devour
engurruñir   to shrink
enhebrar   to string together; to develop into
¡Enhorabuena!   Welcome!
enjugar   to wipe
  enjugarse la frente   to wipe one's brow
enmohecido   rusty
enmudecer   to keep quiet
enojo *m.*   anger
enredado   all jumbled together
enriscado   high up
ensayar   to practice
ensordecer   to deafen
ensueño *m.*   dream; fantasy
entablar   to start *(a conversation)*
enteco   sickly; thin, fragile
enterarse de   to find out
entereza *f.*   strength
enterramiento *m.*   burial
  enterramiento de piedra   tombstone
entornado   half-closed
entornar   to close halfway
  entornar el mirar   to half-close the eyes
  entornar los párpados   to squint
entorpecimiento *m.*   hindrance, obstruction
entraña *f.*   guts; womb
entrañable   endearing, intimate
entrecano   grayish
entrecortadamente   hesitantly
entrematarse   to kill each other off
entretenerse   to indulge
entrevisto   experienced, seen
entumecido   numb
envanecer   to make proud
envés *m.*   back *(of a two-sided object)*
envidiar   to envy
envuelto   involved

equivocado false, mistaken
equívoco ambiguous
erguido vertical; upright
erguirse to rise above; to straighten up
erizado bristly; prickly
erizo *m.* burr
esbelto sleek
esbozo *m.* outline
escabroso rough, difficult
escabullirse to slip through
escalofrío *m.* shiver
escalonado tiered
escamar to raise suspicion
escándalo *m.* scandal
escaño *m.* bench
escaparate *m.* display window
esclavina *f.* cape
escocer to sting
escondite *m.* hiding place
escopeta *f.* shotgun
escotado low-cut
escote *m.* neckline
escribanía *f.* inkstand
escupir to spit
escurrir (*m.*) **de habas rabiosas** stream of insults
esfera *f.* sphere
  media esfera *f.* dome
esfumarse to disappear
esgrimir to brandish, to put forth
eslabón *m.* link
espabilar to perk up, to come round
espada *f.* sword
espalda *f.* back
espanto *m.* shock
esparavel *m.* net
esparcido scattered
esparcimiento *m.* recreation
espartoso sticking up (*like grass*)
espesar to become thick or dense
espesor *m.* density
espina *f.* thorn
esquinado sideways

esquivar to avoid
esquivo reserved, cold
estallante explosive
estallar to explode
estampado printed (*cloth*)
estampido *m.* boom
estancia *f.* house, country house
estar to be
  estar de criada to work as a maid
  estar en su salsa to be in one's element
  estar harto to be fed up
estiércol *m.* manure
estilográfica *f.* fountain pen
estirado haughty
estirarse to stretch out
estirpe *m.* lineage
estopa *f.* string
estorbar to bother; to hinder
estrado *m.* drawing room
estrato *m.* layer
estrecho narrow; *m.* strait
estremecedor movingly
estremecer to make tremble, to shake
estrenar to wear or use for the first time
estrépito *m.* uproar; noise
estribaciones *f. pl.* outskirts
estribillo *m.* refrain
etílico alcoholic
evanescente fleeting
execrar to curse
exigencia *f.* demand
exigible demandable
expediente *m.* file, collection of papers

F

faca *f.* dagger
facción *f.* feature
factible feasible
factura *f.* bill

faja *f.* girdle
faldero *m.* skirt chaser
faltar to be missing; to lack
fallo *m.* error
familia-piña *f.* close family
fanatismo *m.* fanaticism
fanfarronada *f.* boast
farol *m.* lantern
farragoso disorganized
fe *f.* faith
feligresía *f.* parish
fenecer to die, to perish
festín *m.* banquet
fiar to sell on credit
finca *f.* farm
fingir to pretend
firme *m.* surface
flaco weak
flecoso splintered
flequillo *m. sing.* bangs
flojo weak
fornido robust
forrado covered; lined
fosco sullen
frac *m.* tailcoat
fragor *m.* noise
fraguar to set up (*a scene*); to plot
fregar to wash
freno *m.* brake
frente *f.* brow
fritanga *f.* fried food
frotar to rub; to polish
fruncido puckered
fruncir to pucker; to wrinkle
  fruncir el entrecejo to frown
fuego *m.* fire
  fuegos artificiales *m. pl.* fireworks
fuerte *m.* fort
fuga *f.* flight
fugarse to flee
fulgor *m.* brilliance
fulgurante brilliantly
funcionario *m.* civil servant
funda *f.* pillowcase

fusilar to shoot, to execute
fusta *f.* whip

G

gacho downward
gafudo four-eyed
galón stripe *(on a uniform)*
gallinero *m.* chicken coop
gallo *m.* cock, rooster
gamberrada *f.* mischief
gana *f.* desire
    darle (a uno) la gana to feel like
ganado *m.* livestock
garfio *m.* hook
garito *m.* gambling house
garrapiñada *f.* carmelized almond
garrido pretty, good-looking
gatillo *m.* trigger
gemido *m.* groan
gemir to groan
genial brilliant
genio *m.* temper
gesto *m.* look, facial expression; gesture
    gesto de guasa *m.* teasing expression
girar to turn
girón *m.* whirlwind
glasé *m.* taffeta
globo *m.* balloon
glóbulo rojo *m.* red blood cell
goloso *m.* glutton
goma de borrar *f.* eraser
gordo fat; big
gorra *f.* cap
gorro *m.* hat, cap
gozo *m.* enjoyment, pleasure
gozoso joyful
grácil slight
granjearse to win
grano *m.* blemish
grappa *f.* unaged brandy

grasiento oily
gredal *m.* clay pit
greña *f.* mop of hair
grillete *m.* shackle
grillo *m.* cricket
grima *f.* disgust
    dar grima to disgust
grito *m.* shout
grosero crude
grúa *f.* crane
gruñón grumpy
gruta *f.* grotto
guardapolvos *m.* dustcoat
guarecerse to take refuge
guarra *f.* sow
guiño *m.* wink
guiñol *m.* puppet
guiso *m.* stew
gusano *m.* worm

H

habilidad *f.* skill
hacer to do; to make
    hacer caso to pay attention
    hacer el distraído to feign ignorance
    hacer falta to be necessary
    hacer las bellaquerías to fool around
    hacer preso to take prisoner
hada *f.* fairy
    cuento *(m.)* **de hadas** fairy tale
halagar to treat with tenderness
hallarse to find oneself
haragán *m.* idler, loafer
haraposo ragged
harina *f.* flour
harka *m.* Moroccan rebel
harto fed up
    estar harto to be fed up
hastío *m.* weariness; annoyance
hecatombe *f.* disaster, catastrophe
hechizado spellbound

hecho grown-up; *m.* deed; fact
heder to smell
hedor *m.* stench
helenista *m.* Hellenist
henchido filled; swollen
henchimiento *m.* rise
hender to part, to split
heno *m.* hay
herir to wound
hervir to boil
hígado *m.* liver
higuera *f.* fig tree
hilo musical *m.* background music
hincado entrenched
hincharse to swell, to fill up
hipar to hiccup
hipo *m. sing.* hiccups
hirsuto bushy; hairy
hogar *m.* hearth, home
hogaza *f.* large loaf of bread
hoguera *f.* bonfire
hollín *m.* soot
hoja *f.* blade
hondura *f.* depth
hormiga *f.* ant
hortaliza *f.* vegetable
hortensia *f.* hydrangea
hosco gloomy; turbulent
hoyo *m.* grave
hueco hollow; *m.* empty space
huella *f.* mark
huérfano *m.* orphan
huerto *m.* orchard
hueso *m.* bone
huesudo bony
huir to escape
    huirse to flee
hule *m.* oilcloth
hundir(se) to sink
huraño unsociable
hurgar to rummage
hurtar to swipe; to avert
husmear to sniff around

I

idóneo suitable
ignorar to be unaware (*of something*)
impávido impassive
impertérrito dauntless
imponerse to assert oneself
importunar to insist
imprecación *f.* curse
imprecar to curse
imprescindible indispensable
imprimir to print
improperio *m.* insult
impudicia *f.* rudeness
inaudito extraordinary
inconducente inconducive
inconfundible unmistakable
incorporarse to sit up
increpar to reproach
incurrir to sin
indagación *f.* investigation
indagador inquisitively
indicio *m.* evidence
indignarse to become angry
índole *f.* nature, character; disposition
indomable untamable
inestimable invaluable
infancia *f.* childhood
　primera infancia early childhood
inferior lower
ingeniar to devise
ingeniosidad *f.* bright idea
ingresar to enroll
ingreso *m.* income; boarding school
inmutarse to lose one's composure; to change expression
inquilino *m.* tenant
insólitamente unusually
insólito unusual
interlocutor(a) *m., f.* participant in a dialogue
interpelar to ask; to question
interruptor *m.* light switch
interventor(a) *m., f.* auditor
inverosímil unlikely
investidura *f.* investiture

J

jacarandá *f.* jacaranda wood
jactarse to boast
jadear to pant
jadeo *m.* panting
jaquetón boastful
jauría *f.* pack of hounds
jerarquía *f.* hierarchy
jeroglífico *m.* hieroglyph
jirón *m.* piece
jornada *f.* day, workday
jornalero *m.* laborer
jorobar to exasperate, to annoy
judaizante *m., f.* Judaizer
judería *f.* Jewry
judío *m.* Jew
jugar to play
　jugársela (a alguien) to play a dirty trick (*on someone*)
junta *f.* meeting
juramento *m.* vow
justicia *f.* trial

L

labio *m.* lip
labor *f.* labor, work
　labores (*f. pl.*) **de aguja** needlework
labrado carved
ladrar to bark
ladrillero *m.* brickmaker
lagartija *f.* lizard
lameculos *m.* ass-kisser
lamer to lap, to splash
lapicero de color *m.* crayon
lápiz *m.* pencil
latido *m.* pounding
látigo *m.* whip
latir to beat, to throb
laxo lax; lethargic
lazo *m.* ribbon; snare
lecho *m.* bed
lechuza *f.* owl
legajo *m.* bundle of documents
legar to bequeath
lejano distant
lejanía *f.* distance
lencería *f.* linen goods
lenguaraz foul-mouthed
lenidad *f.* leniency
leña *f.* firewood
lepra *f.* leprosy
levantado drawn up (*a document*)
leve slight
libre free
　por libre independently, on one's own
licenciarse to obtain a university degree
liebre *f.* rabbit, hare
lienzo *m.* canvas; piece of fabric
lija *f.* sandpaper
limaco *m.* slug
limado worn smooth
limosna *f.* alms, charity
limpiaparabrisas *m. sing.* windshield wiper
linde *m., f.* boundary; border
lisiado broken-down
litera *f.* bunk bed
lóbrego gloomy
locuaz talkative
lomerío *m. sing.* hills
lomo *m.* loin
lona *f.* canvas
lucero del alba *m.* morning star
lucir to show off
lucha *f.* conflict

lugar *m.* spot, place
lúgubre dismal
luna *f.* mirror; moon
luz *f.* light
    pera de la luz light switch

LL

llaga *f.* sore, wound
llamarada *f.* sudden blaze; flash
llevar to take; to carry; to wear
    llevar a cabo to carry out
    llevar a rastras to drag
    llevarle (años) a alguien to be older than someone
lloriquear to whimper

M

maceta *f.* flowerpot
madera *f.* wood; wooden shutter
    madera labrada carved wood
madrugar to get up early
magín *m.* imagination
    dar al magín to imagine
mago *m.* magician
mahometano *m.* Muslim
majo nice
malentendido *m.* misunderstanding
maleza *f.* underbrush
maloliente foul-smelling
malvado fiendish
malla *f.* mesh
mancebo *m.* man
mancha *f.* stain; spot
mandíbula *f.* jaw
maniobra *f.* maneuver
maniobrar to maneuver
mano *f.* hand
manoseado worn
manso gentle, meek
mantequería *f.* dairy
marabú *m.* hut
marcha *f.* movement

marchitado faded
marearse to become queasy
mariposa *f.* butterfly
    mariposa de aceite small oil lamp
marrullero *m.* cunning old man
martirio *m.* martyrdom
más more
    ¿qué más da? what does it matter?
mascullar to mumble
mástil *m.* stand
mate dull
matiz *m.* hint; shade
matorral *m.* thicket
matrícula *f.* tuition
mayor *m.* ancestor
mayordomo *m.* overseer; person in charge
mazapán *m.* marzipan
mazmorra *f.* dungeon
meandro *m.* curve
mechero *m.* lighter
mechón *m.* lock of hair
medida *f.* measure; extent
    en mayor medida to a greater extent
medio ambiente *m.* environment
medrar to progress
medroso fearful
melena *f.* mane
mendrugo *m.* bread crust
menguar to decrease
menta *f.* crème de menthe (*liqueur*)
mentón *m.* chin
merendar to snack
merodear to prowl
Mesías *m. sing.* Messiah
meta *f.* goal
meterse con to annoy, to provoke; to argue
mezquita *f.* mosque
mirar to look; *m.* look, gaze
    mirar de hito en hito to stare

mirar esquinado *m.* sideways look
mirilla *f.* peephole
mirón *m.* spectator
mismo same; self; itself
    dar lo mismo to be all the same
    sí mismo yourself (*formal*), himself, herself
mito *m.* myth
mitra *f.* mitre
moco *m.* mucus
mochila *f.* backpack
modista *f.* dressmaker
mohín *m.* grimace
mojarse to get wet
mojón *m.* boundary marker
    mojón de referencia reference point, landmark
mole *f.* mass
molido worn out, exhausted
monja *f.* nun
mora *f.* berry
morada *f.* dwelling
morder to bite
moro *m.* Moor, Muslim
mortecino deathlike; dim
mostrador *m.* counter
mote *m.* nickname
moza *f.* young woman
mudanza *f.* move, relocation
mueca *f.* grimace
    mueca de hastío look of annoyance
muecín *m.* Muezzin (*Muslim priest*)
muelle *m.* dock, wharf, pier
    muelles de la cama bedsprings
mundo *m.* world
muñeca *f.* wrist
muñón *m.* stump
musgo *m.* moss
muslo *m.* thigh
mustio withered

N

naciente rising
nacimiento m. birth
naufragar to flounder
náufrago m. shipwrecked person
nave f. ship
neblinoso misty
negarse a to refuse to
negrura f. blackness
nena f. little girl
nexo m. tie, bond
ni neither, nor
   ni siquiera not even
nimio trivial
nítido clear
nogal m. walnut tree
noria f. Ferris wheel; waterwheel
novio m. boyfriend, fiancé
nube f. cloud
   poner por las nubes to speak highly of
nublar to cloud
   nublarse to cloud over
nuca f. nape of the neck
nudo m. crux; knot
   el nudo de la cuestión the crux of the problem

O

obcecación f. blindness
obsequiar to lavish attention on
ocultar to hide
odio m. hatred
ojera f. bag (*under the eyes*)
ojeroso with dark circles under the eyes
oleada f. profusion
olivar m. olive grove
olmo m. elm tree
olla f. pot
onda f. wave, airwave
oposición f. civil service examination
optar to select; to be considered for
ordenador m. computer
ordenarse to become ordained
orear to dry out
orfebre m. jeweler
orgulloso proud
oriundo native
osado daring
otorgado granted
oveja f. sheep
   oveja soltera sheep that has not been bred
oxidado rusted

P

paisaje m. landscape
paisano m. peasant
paje m. page (*attendant*)
pala f. paddle
paladear to savor
paliza f. beating
palo m. pole; walking stick; club
palpar to touch
pana f. corduroy
pantalla f. screen; shade
pantufla f. slipper
paño m. fabric
papada f. double chin
papandujo overripe
papel m. role; paper
   papel de barba butcher paper
   papel de seda tissue paper
   papel engomado flypaper
papeleta f. report card
par m. pair
   de par en par wide
para
   para colmo on top of everything else
   para con when dealing with; toward
   para optar to be considered
pardo brown
parentela f. relatives
parentesco m. kinship
parlanchín chattering, talkative
parón m. sudden stop
parpadear to blink
partido split
   tomar partido to take sides
párvula f. small child
pasar to pass; to happen; to spend time; to move
   pasar a mejor to feel better
   pasar por alto to overlook
   pasársele por la jeta to decide on a whim
   pasársele por las narices to get it into one's head
pasionaria f. passion flower
pasmado fixed, frozen
pasodoble m. Spanish dance
pasto m. food
pastor m. shepherd
pata f. hoof; leg (*of a cauldron*)
patán m. bumpkin
patilla f. sideburn
patinador m. skater
pato m. duck
   edad (f.) **del pato** awkward age
   pagar el pato to take the rap
patrocinar to sponsor
paulatino gradual
pavoroso frightening
payaso m. clown
pecado m. sin
pecador m. sinner
pechuga f. bosom
pedernal m. flint
pedir to ask for; to beg
   pedir disculpas to beg pardon
pegar to stick
   pegado a stuck
   pegar un frenazo to brake suddenly
   pegar un tiro to shoot (*with a gun*)

pegoteado gooey
pegujal *m.* small landholdings
peinado *m.* hairdo
pelado peeled, stripped; hairless, bald
pelambrera *f.* thick head of hair
peldaño *m.* step (*of stairs*)
pelea *f.* fight
película *f.* film, movie
pelo *m.* hair
    pelo canoso gray hair
pelotillero *m.* bootlicker
peluquero *m.* hairdresser
pellizcarse to pinch oneself
pena *f.* pain, sorrow, trouble
    merecer la pena to be worth the trouble
pendenciero quarrelsome
pender to hang
pendiente pending
    estar pendiente de to be concerned about
pendón *m.* despicable person
penosamente arduously
penuria *f.* scarcity
peña *f.* rock
peonza *f.* top (*toy*)
pepita *f.* nugget
peral *m.* pear tree
percatarse to notice, to become aware
perder to lose; to miss
perecedero mortal
peregrino *m.* pilgrim
perentorio urgently
perfil *m.* outline
peripecia *f.* unexpected circumstances
perlado pearled
perra *f.* a nickel's worth (*of something*)
pertenecer to belong
pertinacia *f.* tenacity
pesadilla *f.* nightmare
pesado offensive

pescuezo *m.* neck
pese a in spite of
pesquisa *f.* search
pestaña *f.* eyelash
peste *f.* plague
petaca *f.* pouch
petardo *m.* firecracker
picado rough (*sea*)
    picado de viruela pockmarked
picaporte *m.* latch
picar to goad; to snack, to nibble on
pícaro *m.* rogue
pie *m.* foot; bottom of a page
    a pies juntillas firmly
piedra *f.* stone
    piedra de mechero lighter flint
    piedra negra millstone
pieza *f.* room
pila *f.* battery
pimentón *m.* paprika
pinar *m.* pine grove
pincel *m.* paintbrush
pinchar to stick; to stab
pingar to drip
pinturero vain
piña *f.* pine cone
piropo *m.* compliment
pirulí *m.* lollipop
pisar to step on, to stand upon
piso *m.* floor; apartment
pisotear to trample
pista *f.* trail
pitar to whistle; to honk
pitillo *m.* cigarette
    liar un pitillo to roll a cigarette
pito *m.* whistle
pizarra *f.* slate; shingle
pizca *f.* a tiny bit
pláceme congratulations
planta *f.* floor (*of a building*)
planteamiento *m.* proposal
plátano *m.* plane tree

platea *f.* main floor (*of a theater*)
plática *f.* conversation
plaza *f.* position, job
plebeyismo plebian, common
plenitud *f.* fullness; prime of life
plomizo leaden
plomo *m.* lead (*metal*)
pluma *f.* pen
poder to be able
    no poder ni ver to be unable to stand the sight of
podrirse to rot
polizón *m.* stowaway
pólvora *f.* gunpowder
polvoriento dusty
poner to put; to place
    poner cerco to lay siege
    poner el lazo to snare
    ponerse a to begin (*to do something*)
    ponerse colorado to blush
poniente *m.* west
ponzoña *f.* poison
por by; through; over; by means of; during; in, per; for
    por la jeta on a whim
    por libre independently, on one's own
porfiado *m.* beggar
porquería *f.* garbage
porrón *m.* carafe
portarse to behave
portentoso extraordinary
portero *m.* concierge
porvenir *m.* future
postergar to postpone
posticero *m.* wigmaker
postizo *m.* hairpiece
postrero last, final
postrimería *f.* death, end of life
potro *m.* rack (*instrument of torture*); colt
pozo *m.* well (*for water*)
prado *m.* meadow
prejuicio *m.* prejudice

prelado *m.* prelate
premioso burdensome
prenda *f.* article of clothing
   juego (*m.*) **de las prendas** strip poker
prender to light, set afire
preocupado worried
presa *f.* capture
   hacer presa to capture
presagio *m.* omen
presenciar to see, to witness
preso imprisoned; under arrest
prestar to loan; to lend
   prestar oído to listen
presupuesto *m.* budget; assumption
pretender to want; to attempt; to seek; to try
pretérito former
previsible foreseeable
prismáticos *m. pl.* opera glasses; binoculars
privarse de to deprive oneself
probar to try
   probar suerte to try one's luck
procesado *m.* defendant
proclive inclined
profundidad *f.* depth
prole *f.* offspring
proporcionar to provide
proteico protean, varying
provecho *m.* benefit
providencia *f.* measure
   primera providencia preliminary measure
prueba *f.* evidence
pugna *f.* battle
pulmón *m.* lung
pulpero *m.* octopus vendor
pulpo *m.* octopus
puntal *m.* pillar; support
puntiagudo pointed
puñado *m.* handful

Q

qué what; how; which
   qué impudicia how rude
   qué más da what does it matter
   qué va not at all
quebrado broken
quedar to remain
   quedar clavado to remain motionless
quepis *m.* cap
querella *f.* quarrel
quincena *f.* two weeks, fortnight
quinqué *m.* oil lamp
quiosco *m.* newsstand

R

rabino *m.* rabbi
rabo *m.* tail
racimo *m.* bunch
ráfaga *f.* burst; gust of wind
raído worn
rajar to split, to slice
ralo thin
ramaje *m.* branches
ramal *m.* branch (*of a road*)
ramplón vulgar
rango *m.* degree, level
rapar to snatch (away)
raquítico stunted
rasgo *m.* characteristic, trait
rasguear to scratch; *m.* scratching
rastrillar to conduct a sweep
rastro *m.* vestige
raya *f.* stripe
real royal
rebajado reduced
rebaño *m.* herd
rebasar to overflow
rebote *m.* rebound
   de rebote on the rebound

rebullir to become agitated; to stir; to boil
recelo *m.* distrust
receloso suspicious
reclamar to call for
recodo *m.* corner
recóndito hidden
recorte *m.* clipping
recostar to recline
recuerdo *m.* memory
recurso *m.* resource
red *f.* net, network; hairnet
   red fluvial network of rivers
   redecilla *f.* (*dim.*) netting, mesh
redacción *f.* essay
redactar to draft, to write
redonda *f.* area
   a la redonda in any direction; around
redondo round
regar to irrigate; to wash down
regente *m.* director
regir to run, manage
   regirse por to be guided by
regocijarse to enjoy oneself, to be delighted
regocijo *m.* joy
regodeo *m.* pleasure, delight
reguero *m.* stream
rehuir to avoid
reina *f.* queen
reino *m.* kingdom
relamido stuck-up
relampagueante glaring
relato *m.* story
remar to row
rematado finished, capped
remiendo *m.* patch
remilgo *m.* fuss
remitir to send back
remolón sullen
rendija *f.* crack

rendirse a to show up at
renegrido blackened
reñido hard-fought
reñir to scold
reparar to notice
repecho *m.* steep slope
repentinamente suddenly
repiquetear to chime
reponerse to recover *(from an illness)*
reprender to reprimand
reptante slithering
resabio *m.* aftertaste
resbaladizo slippery
resbalar to slide
resbalón *m.* slip
rescatar to capture; to rescue, retrieve
rescoldo *m.* embers
resplandor *m.* glow
resquicio *m.* chink; crack
restallar to crack
restañar to stop
restregar to cleanse
retaco *m.* fellow
retaguardia *f.* rear guard
retahíla *f.* line
retazo *m.* fragment
retener to hold
retorcido twisted; evil-minded
retornar to return
retrepado reclined
retrete *m.* toilet
retroceso *m.* retrocession; stepping back
retrovisor *m.* rearview mirror
reuma *m.* rheumatism
revenirse to come off
reventar to burst
reverbero *m.* reverberation
revolotear to flutter
revoloteo *m.* flutter
revolver to rummage in; to search; to turn back

revuelo *m.* commotion
revuelto turbulent; stormy *(weather)*
reyerta *f.* dispute
rezagado *m.* remainder, one left behind
rezar to pray
rezongar to grumble
riachuelo *m.* stream
ribetear to border
rielar to glitter
rifar to raffle
riñón *m.* kidney
ristra *f.* string, line
risueño pleasant
rizoso spiraling
roce *m.* touch
rociar to sprinkle
rodajita *f.* slice
rodal *m.* wheel rut
rodar to film
  rodar al revés to film in reverse
rodeado surrounded
rodearse de to surround oneself
roer to gnaw
romería *f.* fair
romper to break; to figure something out
ronquera *f.* hoarseness
roña *f.* mange
ropa *f.* clothing; bedclothes
  ropa talar robes
rosquilla *f.* sweet roll
rozar to brush against; to border
rueda *f.* wheel
  rueda de mazapán round cake of marzipan
rugoso wrinkled
ruinoso dilapidated
rumbo *m.* course
rumiar to ruminate
rumor murmur
rutilante brilliant

S

saber to know
  por lo sabido for reasons already known
  saber a to taste like
sacar to get, to obtain; to bring out
  sacar a cuento to bring up
  sacar los colores a la cara to make one blush
  sacar notas to get grades
saco *m.* sack
sacudir to shake
salir to leave; to appear
salmodia *f.* monotonous chant
salpicar to dot
salsa *f.* sauce
  estar en su salsa to be in one's element
saltamontes *m.* grasshopper
salto *m.* jump, leap
  a salto de mata on the run
sano healthy
santón *m.* hypocrite
sañudo angry
sarro *m.* pile of dirt
sayón *m.* executioner
seboso greasy
seco dry; skinny
secundar to respond, to second
segado slit
seguir to continue
sempiterna endless
sendero *m.* path
seno *m.* breast, bosom
sentido *m.* direction; meaning
señuelo *m.* lure; bait
sereno sober
servirse to help oneself
seso *m.* brain
seto *m.* fence
sien *f.* temple
silbido *m.* whistle *(sound)*

sima *f.* abyss
simulacro *m.* pretense
sin without
    sin más remilgos without any fuss
sinuoso wavy
siquiera even; at least
    ni siquiera not even
sisar to cheat; to filch
siseo *m.* hissing
soberbia *f.* pride
soborno *m.* bribery
sobra *f.* excess
    de sobra more than enough
sobresalto *m.* fright
sobrevenir to occur
sojuzgar to subjugate
solapa *f.* lapel
solapado artful; sly
solar *m.* plot, lot
soledad *f.* solitude; loneliness
soler to tend to
soltar to loosen, to let loose, to release
    soltarse to free oneself
sollozo *m.* sob
sombrío somber
son *m.* sound
sonado sensational
sondear to probe
sonrisa *f.* smile
sonrojado flushed
soñoliento sleepy
soplar to blow out, on; to inflate
soportar to bear
sorber to sip, drink
sordo unspoken, silent; deaf
sortear to dodge, to miss hitting
sostén *m.* support
sótano *m.* basement
soterrado low, hidden
soto *m.* grove
sublevar to incite
sucedáneo *m.* substitute
sucesivo consecutive
    en lo sucesivo in the future

sudor *m.* sweat
suelo *m.* floor
sueño *m.* sleep
    estar reñido de sueño to be exhausted
suerte *f.* luck
sumidero *m.* drain
supervivencia *f.* survival
súplica *f.* plea
surcado furrowed
surcar to cut through
surgido visible
suspender to fail (*a class*)
susto *m.* fear
susurrar to whisper
    susurrarse to be rumored
susurro *m.* whisper

T

tabla *f.* board; plaque
tacaño *m.* stingy one
tacón *m.* heel
táctica *f.* tactic
    táctica de entorpecimiento obstructionist tactic
tajo *m.* cut, slash
taladrar to pierce (*with a sound*); to drill
tallar to cut
taller *m.* mechanic's shop; workshop
tamaño *m.* such a large scale; size
tambalearse to lurch along
tamizar to filter
tantán *m.* drumbeat
tantear to watch for an opportunity
taparse to cover
tapón *m.* obstruction
taquilla *f.* box office
tarambana *m.* madcap; scatterbrained
tarea *f.* task, homework
tarlatana *f.* muslin
tarro *m.* jar

tebeo *m.* comic book
teclado *m.* keyboard
teclear to rattle
tejado *m.* roof
tejanos *m. pl.* jeans
tejer to weave
tejido *m.* tissue; fabric
tela *f.* web
telaraña *f.* cobweb
teleférico *m.* cable car
telón *m.* curtain
temer to fear
temeridad *f.* risky or foolish act
temor *m.* fear
temple *m.* temper
templete *m.* bandstand, pavilion
temporal *m.* storm
tenderete *m.* stall
tenebroso dark, shadowy
tener to have
    tener en cuenta to keep in mind
    tener presente to recall
    tener sentido to make sense
teñir to color, to dye; to imbue
tercamente stubbornly
terciopelo *m.* velvet
terne bullying
terremoto *m.* earthquake
tersura *f.* smoothness
tesoro *m.* treasure
testuz *m.* facade
tibieza *f.* tepidness
tierno soft; tender
tierra *f.* earth, dirt
    tierra paniega wheat field
tieso stiff
tijera *f. sing.* scissors
tingladillo *m.* (*dim.* tinglado) little shed
tino *m.* good judgment
    con tino wisely
tintineante jingling
tiovivo *m.* merry-go-round
tira *f.* strip
tirante *m.* suspender

tirar to throw; to fire
   tirar al blanco to shoot at a target
tísico *m.* consumptive
tisis *f.* tuberculosis
titubear to hesitate
titubeo *m.* hesitation
tocado *m.* hat
tocar to be covered (*in a class*); to be one's turn; to touch
   tocar la bocina to honk the horn (*of a car*)
tojo *m.* spiny, evergreen shrub
tolvanera *f.* dust storm
tomar to take; to get; to drink
   tomar en vilo to make uncertain
   tomar noticia to receive news
   tomar partido to take sides
tontería *f.* foolishness
tope *m.* top, limit
   hasta el tope to the fullest
torbellino *m.* whirlwind
torcer to twist
   torcer el gesto to grimace
tormento *m.* torture
tornasol *m.* sunflower
torpeza *f.* clumsiness
torvo fierce
tragar to swallow
   tragarse to keep inside
trago *m.* drink; gulp
traje *m.* dress; suit
   traje de noche evening gown
trajineo *m.* movement, activity
trama *f.* plot, scheme
trámite *m.* procedure
tramo *m.* flight
trampa *f.* trap
transeúnte *m.* passerby
tranvía *m.* streetcar
traqueteo *m.* rattle (*of a train*)
trasera *f.* back end
trasero hind, back, rear
traspuesto drowsy
trastocado mad, deranged
trasvase *m.* displacement
tratado *m.* treatise
travesía *f.* crosswind
trayecto *m.* trajectory
traza *f.* outline
trazar to trace
trecho *m.* stretch; period
   de trecho en trecho every so often
tregua *f.* lull
trenza *f.* braid
trepar to climb; to rise
treta *f.* trick
tristeza *f.* sadness
triturar to grind
tropel *m.* crowd
   en tropel in a mad rush
tropezarse con to bump into
tropiezo *m.* stumble
tutelar to keep guard

U

ubre *f.* udder
ufano proud
ultraje *m.* insult
ulular to howl
umbral *m.* threshold
uña *f.* fingernail
urdir to plot, scheme
utilitario *m.* automobile, car

V

vaho *m.* vapor
vaivén *m.* fluctuation
valerse to take advantage
vano *m.* opening
vaporoso sheer
vara *f.* pole
varón *m.* male
vástago *m.* descendent
váter *m.* bathroom
velada *f.* evening
velar to keep watch
   velarse to look after oneself
velo *m.* veil
   velillo (*dim.*) **de luto** small mourning veil
vencedor victorious
vencer to defeat
venda *f.* blindfold
vendaval *m.* gale
veneno *m.* poison
venganza *f.* revenge
verde green; risqué, off-color
vergüenza *f.* shame
vericueto *m.* rough spot
versátil ever-changing
verter to pour out, to spill
vertiente *f.* course; slope
vertiginoso dizzying
vespino *m.* moped
vez *f.* time; turn
vía *f.* track
vidrios *m. pl.* eyeglasses
vidrioso glassy
viga *f.* beam
vigía *m.* sentinel, lookout
vilano *m.* thistledown
vincularse to become united
viña *f.* vineyard
viruela *f.* smallpox
víscera *f.* internal organ
visera *f.* visor
vislumbrar to glimpse
víspera *f.* the day before, eve
vivencia *f.* personal experience
vivienda *f.* house, dwelling
volante *m.* steering wheel
volar to fly
   echar a volar to take flight
volcar to tip over
   volcarse to give oneself
voluntad *f.* will
vuelo *m.* ruffle
vuelta *f.* turn; twirl
   dar la vuelta to turn around, to run around, to go in circles
   dar vueltas to discuss (*a matter*); to fuss about; to beat around the bush

vuelto *m.* return
vulgar common

Y

yegua *f.* mare
yema *f.* bud
yermo barren
yerno *m.* son-in-law

Z

zaguán *m.* vestibule
zalema *f.* bow of reverence
zancada *f.* stride
zarandeado shaken
zarandear to shake, to jostle
zarza *f.* bramble
zarzamora *f.* blackberry

zozobra *f.* anxiety
zozobrar to flounder, to capsize
zumbar to pound, to buzz
zumbido *m.* buzzing
zurcido *m.* jumble
zurcir to darn; to join together
zurrar to beat

Acknowledgments

TEXT CREDITS

"Don Payasito" by Ana María Matute from *Historias de la Artámila,* Copyright © Ana María Matute, 1961. Reprinted with permission of Agencia Literaria Carmen Balcells.

"Fábula" by Juan Benet from *Trece fábulas y media,* 1981. Reprinted with permission of Santillana, Madrid.

"En la edad del pato" by Carmen Laforet from *La niña y otros relatos.* Copyright © Carmen Laforet, 1970. Reprinted with permission of Agencia Literaria Carmen Balcells.

"Los viejos" by Miguel Delibes from *Obra completa,* vol. IV, 1964. Reprinted by permission of Ediciones Destino, S.A.

"Las ataduras" by Carmen Martín Gaite from *Cuentos completos,* 1986. Reprinted with the permission of the author.

"A ninguna parte" by Josefina Rodríguez, reprinted with permission.

"Quince de agosto" by Beatriz de Moura, Copyright © 1987 Beatriz de Moura. Reprinted by permission of Tusquets Editores.

"Redacción" by Ana María Moix from *Ese chico pelirrojo a quien veo cada día,* Copyright © Ana María Moix, 1974. Reprinted with permission of Agencia Literaria Carmen Balcells.

"La despedida" by Ignacio Aldecoa, reprinted with permission.

"La mujer y los libros" from *El personal* by Mercedes Ballesteros, 1975. Reprinted by permission of Ediciones Destino, S.A.

"La naranja es una fruta de invierno" by Camilo José Cela from *El gallego y su cuadrilla,* Copyright © Camilo José Cela, 1951. Reprinted with permission of Agencia Literaria Carmen Balcells.

"Orquesta de verano" by Esther Tusquets from *Siete miradas en un mismo paisaje,* 1985. Copyright © Esther Tusquets, reprinted by permission of the author.

"Como la vida misma" by Rosa Montero. Reprinted by permission of El País.

"A través de las ondas" by Soledad Puértolas from *Doce relatos de mujeres,* 1987. Reprinted by permission of Howard Morhaim Literary Agency.

PHOTO CREDITS

p. 9   Agencia Literaria Carmen Balcells, Barcelona
p. 18   Layle Silbert
p. 25   Agencia Literaria Carmen Balcells, Barcelona

p. 33	Alejandro Bachrach / Stock Photos, World View & Focus, Madrid
p. 42	Agencia Literaria Carmen Balcells, Barcelona
p. 88	Aguilar, Altea, Taurus, Alfaguara, S.A. de C.V., Mexico
p. 101	Ediciones Arión, Madrid
p. 109	Topham / The Image Works
p. 122	Juan Rivas / Tusquets Editores, Barcelona
p. 138	Alejandro Bachrach / Stock Photos, World View & Focus, Madrid
p. 160	Eduardo Firpi / Agencia Literaria Carmen Balcells, Barcelona
p. 171	Josefina Rodríquez de Aldecoa
p. 181	Alejandro Bachrach / Stock Photos, World View & Focus, Madrid
p. 188	Horst Tappe / Camera Press / Globe Photos
p. 201	Carme Masia
p. 217	Alejandro Bachrach / Stock Photos, World View & Focus, Madrid
p. 233	Photo by Anna Löscher
p. 240	Alejandro Bachrach / Stock Photos, World View & Focus, Madrid
p. 249	Nueva Agencia Literaria Internacional
p. 264	From a painting by Joaquin Sorolla y Bastida, Courtesy of The Hispanic Society of America